百折不撓を生きる

高潔・無私をみごとに生き切った明治の10人

明治編

美達大和

敬文舎

装　　丁　竹歳　明弘（STUDIO BEAT）
編集協力　阿部いづみ　　日高　淑子
原稿のデータ化など、以下の方々にご協力をいただきました。
あや／M.S／S.O／岡部　雅／川淵千英子／神　究／住田　航／瀬野瑞恵

はじめに

本書を手に取っていただいて、ありがとうございます。

本書の眼目は、明治の世にあって、それぞれの信条・信念を胸裡《きょうり》に秘め、懸命に生きた人たちの、芯《しん》のある骨太《ほねぶと》の生き方を知っていただき、それを皆さんの人生に役立てて欲しいということです。

現在の日本は、若者をはじめとして総じて内向きになり、往年の活気や野心のない時代といわれて久しくなりました。

若い世代には、遠大な野望を抱いて果敢に生きてやろうというよりも、安全安定志向、「寄らば大樹の陰」にとどまらず、保証まで求める人が増え、せっかくこの世に生まれ、自分の内にあるなにかを存分に使う、発揮させることなく人生を終えてしまうという、もったいない以上に、己《おのれ》への背信・侮辱《ぶじょく》ともいえる生き方に甘んじる人が少なくありません。

私は中学生のときにロマン・ロランの『ジャン・クリストフ』を読んで、「自分にしかなり得ないなにものかになるために生きる」という決意をしました。「自分にしかなり得ないなにものか」がなにかは具体的にはわかりませんでしたが、他者と代替性のないことということは念頭に置いていたのです。

社会や企業における人間の存在につき、たびたび、「歯車」という語が用いられますが、自身が単なる歯車であり、他者と容易に交換・代替できるようなもので終わってはならないという己のルールを定めていました。

そのためには絶えず自分を鼓舞《こぶ》し、なにをするのでも自分しかできない、自分だからできるのだ、ということを強く意識してきたのです。

いちど目標・志を定めたら決してぶれない、目の前にいかなる障害や壁があろうと諦めない、つねに自分のすることには最善を尽くす、目先の損得ではなく己の信条を優先する、など諸々の戒律がありますが、私が本書で紹介する人物たちの生き方には、それがみごとに具現化されています。

明治維新は、人びとを旧来の世襲や軛《くびき》から解き放ちました。このとき、以前どおりの枠の中で生きる人が多いなか、自分なりの志を抱いて悪戦苦闘しつつも己を貫いた、そんな人物たちに魅力を感じ、なんらかの教訓を見出したり、明日への活力、未来への展望をもつようになる人も少なくないはずです。

日本人が古来からもっていた公への奉仕の精神、利他心、自己の利得より信義・誠実を重んじる心など、現在の日本人に再認識していただきたいものが多くあります。

本書で紹介するのは、安全安定など求めることなく、絶えず前進・向上を心がけて生きている人たちばかりです。安定や現状維持を求めることは停滞であり、自分の可能性の否定でもあります。

よく、明治の人は偉かったと表現されますが、その足跡をたどってみますと、封建制や儒学《じゅがく》の残滓《ざんし》が色濃く残っていた時代の不条理や、世間の風圧・非難・妨害、あるいは自分の境遇のいっさいに嘆いたり愚痴《ぐち》ることなく、志に生きています。

そこには、私が社会に出たときに自分に言ってきた、「信念と情熱」があり、克己心がありました。障害や抵抗に屈することなく、初志を貫徹する生き方は、「自己を生きる」ことであり、「自分にしかなり得ないなにものかになる」ための道でもあります。

本書で紹介する人物たちは、まさに「自分にしかなり得ないなにものか」になろうとした人たちで、自己という資源を精一杯、活用しようとした人たちでした。

人生においては、自分の内に眠っているであろう潜在的な能力・資質を十分に発揮しないで安穏と生きている人が少なくありませんが、現代よりはるかに縛りが多かった明治の世に、己に忠実に、真摯《しんし》に生きた人びとを知って、これからの人生の燃料・糧《かて》にしていただけたら、望外の喜びです。

それでは、幕末・明治に生まれた人物たちの百折不撓《ひゃくせつふとう》の気骨ある人生を俯瞰《ふかん》する旅に出発しましょう。

・年号は和暦で示し、必要に応じて適宜（　）内に西暦を補いました。
・日付は、明治五年以前は西暦に直してありますので、史料の日付と異なる場合があります。
・年齢は数え年で記しました。
・史料は、読みやすさを考慮して、仮名は現代仮名遣いに改め、漢字は常用漢字を用いました。ただし、和歌などは原文のままとしました。

｜写真協力者一覧｜

写真の所蔵先、提供先を五十音順に並べました。
著作権には十分注意をしておりますが、お気づきの
点などございましたら編集部までご一報ください。

篠山美術館　カバー写真

yokohama postcard club　p332
恵那市観光協会岩村支部　p184, p218
お茶の水女子大学　p266
小浜市産業部　p371, p375
鹿児島県立図書館　p55, p87
鹿児島市教育委員会　p74, p98
救世軍　p219, p221, p224, p233, p238, p243, p247, p251, p252, p254
熊谷市教育委員会　p259, p260, p290
熊本市田原坂西南戦争資料館　p90
神戸市立図書館　p328
古河歴史博物館　p261
国立国会図書館「近代日本人の肖像」　p15, p17, p31, p109, p110, p112, p119, p123, p128, p136, p151, p158, p166, p167, p168, p174, p187, p193, p196, p215, p225, p229, p237, p257, p263, p268, p271, p278, p279, p291, p303, p359, p368, p384, p391
国立国会図書館ウェブサイト　p124, p145, p163, p164
堺市立中央図書館　p361
佐野市郷土博物館　p101, p103, p127, p142, p149
佐野市教育委員会　p150
静岡市　p35, p46
実践女子大学　p181, p199, p202, p211, p213, 216
衆議院事務局　p141
松竹大谷図書館　p325, p344, p351, p352, p355
聖徳記念絵画館　p57
せたな町教育委員会　p285, p286, p290
全生庵　p37, p52, p54
茅ヶ崎市美術館　p342
天龍寺　p27
東京都公文書館　p280
栃木県立博物館　p120, p141
福岡県建設労働組合　p277
薬丸自顕流顕彰会　p59

久保田家蔵　p288
個人蔵　p40

『東京女子医科大学八十年史』　p296, p315
『吉岡弥生』（日本図書センター）　p299, p306
『吉岡弥生伝』（柏書房）　p312

第一章　変わりゆく時世のなかで

山岡鉄舟
桐野利秋

長くつづいた封建制の世から明治になって大きく変わったのは、出自にかかわらず、能力さえあればみずからが望んだ立身出世ができるようになったことでした。

山岡は幕府の要職にあり、維新後は旧幕臣らとともに静岡で市井《しせい》の人として埋もれるつもりでしたが、西郷のたっての頼みで、一〇年間という年限を区切って明治天皇に仕えます。その後は世に出ることを厭《いと》い、剣・禅・書の道に邁進《まいしん》しました。山岡の追求した「剣禅一如」の道で真理をきわめたあとは、富貴・名誉のいっさいを求めず、みずからの心の望むまま、修養三昧《ざんまい》の人生に徹しました。

他方、桐野の存在意義であった剣術の腕と武士である矜持《きょうじ》が喪失し、武士の気風が廃《すた》れていく世に、桐野は居場所・存在意義を見出せず、忠誠を誓った西郷の蜂起を奇貨《きか》として、戦いのなかに滅ぶことを選んだと言えます。己《おのれ》を変えてまで生きながらえることに、桐野の誇りが許さなかったのです。

山岡・桐野の最期の在り方は異なりましたが、双方ともに武士・武人としての生を貫いたと言えるでしょう。

始末に困る
無私無欲の猛者

山岡《やまおか》鉄舟《てっしゅう》

生没：1836年7月23日～1888年7月19日

剣禅一如

山岡鉄舟は、どうつくられたのか

山岡鉄舟《やまおかてつしゅう》、皆さんは、この人物の名を聞いたことがありますか？
鉄舟は、幕末から明治にかけての豪傑で、「江戸城無血開城」をもたらした人物といわれます。
徳川幕府から新政府へ、流血をともなうことなく江戸城が開け渡された出来事でした。西郷隆《さいごうたか》盛《もり》と勝海舟《かつかいしゅう》の談合によって行われたのが通説になっていますが、それ以前に鉄舟が西郷に会いに行き、下交渉をしたことにより、穏便に成就したのです。

海舟という人は、たしかに能力もあり先が見える人物でしたが、はったり屋で、いまふうにいえばかなり話を盛《も》る御仁《ごじん》でもありました。無血開城は、自分の功績が大と語っていますが、実際は鉄舟の身命を捨てた働きによるものでした。この点、鉄舟はみずから語って訂正しようとはしていません。

鉄舟という傑物を語る際、たびたび持ち出される語は、「剣禅一如《けんぜんいちによ》」です。剣と禅の奥儀《おうぎ》をきわめた人、という意味で用いられますが、明治時代の剣術の第一人者とも称されています。

この鉄舟と海舟と、鉄舟の義兄の高橋泥舟《たかはしでいしゅう》の三人を「幕末の三舟《さんしゅう》」とも呼びます。いずれも徳川幕府に仕えた人たちです。

もうひとつ、鉄舟を語る際、セットで謳《うた》われる言葉があります。「生命《いのち》も名誉も金もいらぬ人間は始末に困る。しかし、始末に困る人でなければ、天下の大事はできぬ」という趣旨のことで、史料によって表現はいろいろあるものの、言いたいことは、これに尽きます。

鉄舟は天保《てんぽう》七年（一八三六）六月一〇日（現在の暦では一八三六年七月二二日）、幕臣でのちに飛騨《ひだ》の郡代《ぐんだい》となる父小野朝右衛門《おのあさえもん》、母磯《いそ》の四男として江戸で生まれました。鉄舟と名乗る以前は鉄太郎《てつたろう》と呼ばれるのがふつうで、公式の場では、山岡鉄太郎高歩《たかゆき》です。

高橋泥舟（1835～1903）旗本・山岡正業の次男。槍で神業に達したとの評を得る。鉄舟は泥舟の義弟。

父は六〇〇石取りの旗本《はたもと》でした。旗本というのは、将軍の直臣《じきしん》、つまり直属の家臣のことで、一万石未満の者をいいます。ざっくり言うと、徳川家康の家臣で一万石以上の大名になるほどの大身《たいしん》ではない家臣たちです。

ただし、名誉ある地位でした。鉄舟は養子に入って山岡姓となったのですが、それまでは小野姓です。六〇〇石はなかなかの名家であり、郡代の役職も決して低いものではありません。代官自体、幕府の直轄領の知事のような位置で、名士です。

嘉永《かえい》四年（一八五一）、鉄舟一六歳のとき、母の磯が中風《ちゅうふう》の発作《ほっさ》のために急逝します。中風とは、脳出血により手・足・半身が麻痺《まひ》することです。翌年二月には、父も黄疸《おうだん》で逝去しています。

鉄舟は四男ですが、兄たちが他家・親族の養子に入っていたので、実質は長男と同じで、五人の弟の面倒をみることになったのです。こうして、それまで、「若殿様」と呼ばれていた鉄舟の、当主としての人生がはじまります。父は鉄舟に幼い弟たちのことを託すとともに、三五〇〇両を渡していました。このとき、鉄舟一七歳です。

鉄舟は安政《あんせい》二年（一八五五）、槍術《そうじゅつ》の師だった山岡静山《せいざん》の死去により、山岡家を継ぐことになりました。そして静山の妹の英子《ふさこ》と結婚します。鉄舟二〇歳、英子一六歳でした。英子の兄が高橋泥舟です。

鉄舟は、世話になった兄や弟たちに父からの金を分け、自分は一〇〇両だけを持って山岡家に入りました。その翌年、技量抜群と評価され、幕府の講武所《こうぶしょ》の剣術世話役に推されています。

講武所というのは、安政元年、老中の阿部《あべ》正弘《まさひろ》の提案で設けられた武術講習所で、剣術・槍術のほかに銃砲や大砲の教練をやったところです。軍艦操練所も併設されています。

このときの日本は、アメリカのペリー准将が黒船でやってきて、世の中が騒然としたころでした。ペリーは翌年に再訪し、日米和親条約が結ばれ、下田と箱館《はこだて》が開港され、最恵国《さいけいこく》待遇とされることが決まっています。箱館が函館となるのは、明治に入ってからです。

最恵国待遇というのは、最恵国条款《じょうかん》により、どこかの国が日本ともっと条件の良い取り決めをしたならば、それはアメリカにも適用されるというもので、いまも外交・貿易・通商で使われています。

高山陣屋の鉄舟像　刀を右肩に担ぐ鉄舟。台座には「青雲 若き日の山岡鉄舟」と題されている。岐阜県高山市

ペリー来航により二五〇年の太平の世が一気に有事態勢となり、武術・剣術の熱が高まります。刀や鎧《よろい》などの値段が大きく上がりました。

日本は、徳川幕府創設の一七世紀はじめごろは、世界一強い軍事国でしたが、家康の天才的な戦略により平和が保たれていたのです。

北辰一刀流との出会い

鉄舟が剣術修行をはじめたのは九歳のときでした。近所に住んでいた旗本の次男である久須美《くすみ》閑適斎《かんてきさい》に師事しました。しかし、翌年に父が飛騨高山《ひだたかやま》の郡代となって赴任したので、高山で閑適斎の弟子にあたる地侍に習っています。この閑適斎からは、江戸に戻った一六歳のときに切紙《きりがみ》免状をもらっていますから、上達が早かったことがうかがえます。

高山では、鉄舟の剣術に大きな影響を与えることになった「北辰一刀流《ほくしんいっとうりゅう》」との出会いがありました。

師匠は井上清虎《いのうえきよとら》です。井上は、元は日向延岡《ひゅうがのべおか》藩士で、江戸の三大道場のひとつ、千葉周作《ちばしゅうさく》の玄武《げんぶ》館《かん》で腕を磨いた人物でした。井上は家格の高い家老の子息でしたが、側室の子というので父に疎《うと》んじられ、なんとか名を上げて認めてもらおう、そのために剣術の腕を磨くのだ、というので、いまの宮崎県延岡市から江戸に出てきたのです。

着の身着のまま、ぼろを纏《まと》ったような井上は、道場に納める月謝もなかったのですが、千葉周作という人が欲のない清簾《せいれん》な達人だったので、竹刀《しない》をつくる内職を紹介され、道場にある宿舎での起居を許されて修行しました。すでに千葉の門弟は三〇〇〇人といわれたころです。

ちなみに江戸三大道場とは、ほかに、鏡新明智流《きょうしんめいちりゅう》・桃井春蔵《もものいしゅんぞう》の「士学館《しがくかん》」、神道無念流《しんとうむねんりゅう》・斎《さい》藤弥九郎《とうやくろう》の「練兵館《れんぺいかん》」のことです。技は千葉、位《くらい》は桃井、力は斎藤と称されていました。

井上は決して剣の才能に恵まれた人ではありませんでしたが、励みに励んで免許皆伝となり、延岡に戻って父に認められたあと、幕府の兵事奉行にまで出世して、どんと五〇〇〇石の大身《たいしん》となりました。

井上が高山に来てくれたものの、父が他界したため、鉄舟は江戸に戻ることになり、正式に千葉の道場に入門しました。その鉄舟、身の丈《たけ》六尺二寸《すん》、体重二八貫《かん》といいますから、なんと一八八センチ、一〇五キロになります。巨漢の西郷でも、五尺九寸、二九貫、一七九センチ、一〇九キロです。当時の男性の平均身長は一五八センチでした。

「おまけ」で書くと、大久保利通《おおくぼとしみち》・木戸孝允《きどたかよし》も一七五センチの大男、伊藤博文《ひろぶみ》は一五八センチの標準です。

鉄舟を支えたのは、一三歳のときに父に言われた言葉でした。「人苟《いやし》くも忠孝の道を極めんと欲《ほっ》せば、形に武芸を講じ、禅理《ぜんり》を修練すること、第一の肝要《かんよう》なり」というものです。

海舟は鉄舟について、「彼の特性は、長者《ちょうじゃ》のいうことは真正直にこれを信ずるというのが彼の彼たるところだ」と、鉄舟が親の教訓を終生信奉したことは、宗教における信者のように固いものだったと述懐しています。

極限なしの剣術修行

鉄舟の剣術修行は、とにかく稽古《けいこ》、試合、稽古、試合の連続で、どこの道場であろうと試合をしに行くのが日課でした。当然、士学館・練兵館にも足繁く通っていましたし、師の千葉にも挑むように稽古をつけてもらっています。

並みの稽古ぶりではなく、二四歳のときには毎日一四〇〇回の立《た》ち切《き》りを行い、試合を一週間つづけても疲れなかったそうです。これはほかの人にはとうていできません。のちに鉄舟の流派を継《つ》いで二世になった香川善次郎《かがわぜんじろう》は、立ち切り一四〇〇回に挑みましたが、三日目には妻に助けられないと起き上がれなくなり、鉄舟から中止を言い渡されています。

極真空手にも、荒稽古で一〇〇人組手がありますが、達成したとしても、即座に入院するほど、身体へのダメージが大きい行《ぎょう》です。それが竹刀を手に一四〇〇回とは超人の域でしょう。講武所の世話役になっていた二一歳のとき、稽古があまりにも手温《てぬる》いので、木刀で欅《けやき》の羽目板《はめいた》を突き破ったこともあったということです。

鉄舟の生涯を正確に記している『全生庵記録抜萃《ぜんしょうあんきろくばっすい》』には、「試合することその数幾千万なるを知らず、刻苦精思《こっくせいし》すること凡《およ》そ二十年」「盛《さか》んに稽古されたころはほとんど狂気の如《ごと》く」とあります。家に客が来れば、防具を持ち出して「一本を」と求めたといわれています。

そうした鉄舟が出会ったのが、中西派一刀流の浅利《あさり》又七郎《またしちろう》でした。自分よりずっと小柄な浅利に鉄舟はどうしても勝てず、日夜、くふうを凝らしては試合を重ねました。そうして浅利に正式に師事します。これが文久三年（一八六三）、二八歳のときです。師の浅利を超えるのには、一七年の歳月が必要となりましたが、明治一三年（一八八〇）三月三〇日に、「貴下《きか》はすでに剣の極致に達せられた。とうてい前日の比《ひ》ではなく、私も遠く及ばない」として、流祖、一刀《いっとう》斎《さい》の夢想剣の極意を伝えられたのです。四五歳になっていました。

鉄舟は、生涯、人を斬ることなく、「降魔《ごうま》の剣」「慈悲の剣」と呼ばれる領域に達したのでした。その翌月、大悟《たいご》、悟りを開いたとし、自分が流祖として「無刀流《むとうりゅう》」を開いたのです。「心の外に刀無し」という意味で、なにものにもとらわれず、無だからこそ、何にでもなり得るという思いが込められています。

道場の名前は、「春風館」といいますが、禅の「電光影裏《えいり》、春風を断つ」が起源です。その道場では、前述のように立ち切り一四〇〇回以前に、三年間、毎日、立ち切り二〇〇回をできた者がつぎに進むことになっています。これはふつうではあり得ない量ですが、その理由につき、鉄舟はこのように語りました。

剣法というのは実地の場に臨んで死生を決断するところの道である。それを近頃では、遊戯か競技のように軽く考え、小手先《こてさき》の技を比べる勝負に走ってしまい、実地の場に臨んだときのように死力を尽くす者がほとんど見られない。当道場では、このような弊害を改めるために、数稽古を行い、各々《おのおの》、心身の力のあらん限りを尽くして実際の用に立てようとおもうのである。（中略）数百回、立ち切りの試合をやっているうちに、だんだんと本当の真剣勝負の気合いになってくる。これはひとえに必死真剣の精神力の発露と見るべきである。それでこそ実地の剣法ということができる。そういう心で修行しなければ、たとえ何十年修行したところで、それはササラ踊りの類《たぐ》いであって、真剣の場の用に立つものではない。

また、

心というものは元来、無限絶対のものであるから、ここまでというような局限はない。したがって、その心でもって相手に対しその心を働かせて技を行う時は、たとえ幾日、試合をしても、疲労したり衰弱したりする道理はないのである。修行者はこの辺の道理をよくよく工夫して、大いに頑張ってもらいたい。

鉄舟は自分の道場に通う弟子たちに、剣術の目的として、

ひとえに心胆練磨《しんたんれんま》の術をつみ、心を明らめ以《も》って己《おの》れ亦《また》天地と同根一体の理、果《は》たして釈然たるの境に到達せんとするにあるのみ。

と述べています。「天地と同根一体の理」には、鉄舟が剣だけではなく禅をも修得したことが表れていました。

修禅への道

鉄舟が禅の世界に足を踏み入れたのは、父の影響で一三歳のときです。父の「心に禅理を修練すること」という言葉に忠実な鉄舟ならではでした。本格的にはじめたときに、最初は武州《ぶしゅう》柴村《しばむら》、いまの埼玉県川口市の長徳寺《ちょうとくじ》の願翁和尚《がんおうおしょう》に師事しました。二〇歳前後のころです。

願翁和尚は「本来無一物《むいちもつ》」という公案《こうあん》を授けました。これができれば、これを真に体得できれば、たとえ白刃《はくじん》が身に迫ってきても動じることなく平然としていられると諭《さと》したのです。本来無一物とは、もともとこの世に在《あ》るものの実体は空《くう》であり、空にとらわれる、執着することは愚、それが本当にわかれば執着も恐怖もなく、いつでも平静な心でいられるという趣旨の公

滴水和尚（1822 ～ 99）９歳のときに出家、龍勝寺の住職大法和尚について出家得度した。

案でした。

明治になってからは静岡県三島の竜沢寺《りゅうたくじ》の星定《せいじょう》和尚に参じています。この話は歴史の上でも有名でした。このころ、鉄舟は三島までの三十数里の道を毎回、徒歩で往復しました。三十数里とは約一二〇キロ以上で、当時の人にとっても長い道のりになります。

勤務を終え、夕食をすますと、腰に握り飯を下げ、草鞋《わらじ》ばきで歩いて行き、着くと直《ただ》ちに参禅、終わると茶漬けを食べて休む間もなく草鞋ばきで箱根を越えて戻るという強行軍でした。

鉄舟の禅修行は止《や》むことなく、最後は京都・天竜寺の滴水《てきすい》和尚の下《もと》に参禅しました。天竜寺は臨済宗《りんざいしゅう》の寺です。滴水和尚はじつにきびしい人で、和尚の怒声や、鉄舟を打つ痛棒《つうぼう》の音を聞いた弟子たちは、和尚を憎んだとあります。鉄舟自身は、きびしい師のありがたさをはじめて知った、もし出逢っていなければ、今日の自分はなかったろうと語っていました。

他方、滴水和尚も、鉄舟と接したときは一回ごとに命がけで、自分も大いに力を得た、と語ったといわれています。

鉄舟はどこにいても毎晩午前二時まで坐禅をしたそうです。そのとき、ふだんは出てくるネズミが、ぴたりと出てこなくなるとあります。

鉄舟の手記には、「心胆錬磨之事」というのがありますが、

一度思《おもい》を決して事に臨む時は、猛火熱をも、厳氷涼をも、弾雨をも、白刃をも知らざるなり。是《こ》れ何事なるぞというに、心既に水火弾刃《だんじん》なきが故なり。

如何《いか》にして胆《きも》をして豪ならしむるかと尋ぬるに、先《ま》ず思を生死の間に潜め、生死は其《そ》の揆《き》一《いっ》なることを知ること肝要なるべし。


と記されていました。

さすがに海舟は、そのことにつき、

心を錬《ね》るとは、起居進退、つねに形に試みるとともに潜心工夫、その心に会得するの外《ほか》、道がないのだ。（中略）しばしば難境苦境に接して実地に修練し、時にあるいは生死の間に出入して、どんな難境にあっても、辛抱に辛抱をこらし、うんと脳味噌を錬り、下腹に

実《じつ》の入るに従い、自然自然と本場の床にすわり込むようになる。

いったい心配のなくなるというは、死ぬるということだ。しばしば艱苦《かんく》に出会えば出会うほど、一度は一度の警醒《けいせい》を与うるものである。だから一段の警醒はさらに一段の勇気を振作《しんさく》し渙発《かんぱつ》し、豪気いよいよ豪なるものである。このような精神上の作用は、首から上の相談では決してわかるものではない。

と語っています。

鉄舟自身も「経験と鍛錬とより入る」と語っています。経験と鍛錬とは、「平生、最も畏怖する所のものに近づきて」とありますから、日頃から、恐れたりいやだなと感じるものに積極的にかかわることです。

江戸無血開城の内幕

将軍慶喜との対面

それでは、鉄舟《てっしゅう》の歴史に残る偉業、身命を捨てることも厭《いと》わなかった事績についてみていきましょう。

時は慶応四年（一八六八）、戊辰《ぼしん》戦争のころです。家臣らを残して、自分だけ大坂から江戸に逃げ帰った徳川慶喜《とくがわよしのぶ》は、二月一三日、上野の寛永寺《かんえいじ》に入り、恭順の意を示しました。江戸を攻撃するために編制された官軍が、駿河《するが》、いまの静岡県まで迫った際、江戸は騒然となっています。

その渦中で、尚武《しょうぶ》の精神、武士の魂のなかった慶喜は、鉄舟の義兄で、寛永寺の警備を担当していた高橋泥舟《たかはしでいしゅう》を招きました。用件は、駿府まで迫ってきた官軍の最高司令官大総督宮《だいそうとくのみや》に、自分の恭順の意を伝えてくれ、この大任を果たせるのはほかにはいないので頼む、ということでした。慶喜は先代将軍、先々代将軍の正室《せいしつ》にまで、自分の命を助けてくれるように官軍に頼んでください、と泣きついていたのです。

先代家茂《いえもち》の正室は皇室から輿《こし》入れした和宮《かずのみや》で、かつ、大総督宮の有栖川宮熾仁《ありすがわのみやたるひと》の元婚約者でした。幕末、権威の衰えた幕府は皇室の権威を借りて体制を立て直そうと、孝明《こうめい》天皇の妹である和宮を、家茂の正室に迎えたのです。その家茂、早々と亡くなっていたので、和宮は未亡人として江戸城に暮らしていたのです。

先々代は一三代家定《いえさだ》ですが、正室は島津家から来た篤姫《あつひめ》でした。彼女も家定亡きあと、天璋院《てんしょういん》として江戸城にいました。島津は薩摩の家柄ゆえ、官軍側には家臣にあたる西郷・大久保がおり、このラインから助命を嘆願してくれ、と慶喜はすがったのです。和宮も篤姫も慶喜を嫌っていましたが、泣きつかれて仕方なく助命の書を送っています。

さて、泥舟は二つ返事で承諾したものの、数日後、ふたたび慶喜に招かれ、泥舟不在の間の警備の不安を訴えられ、代理の者がいないかと尋ねられたのです。警備の不安とは、幕府のなかには官軍と一戦交《まじ》えよという主戦派もいて、泥舟がいなければ蜂起の懸念もあったのです。

そこで、この大役を果たせるのは、義弟の山岡鉄太郎しかいませんと答えます。このときの鉄舟は講武所の剣術師範をしていましたが、世間では、「ボロ鉄」「鬼鉄」と呼ばれ、乱暴者のような印象をもたれていました。

鉄舟が慶喜と対面した際、いかにも率直で誠実な男らしい逸話があります。鉄舟は慶喜に対して、恭順の心が起きたわけと、具体的にどうするのかと問いました。慶喜は、恭順の心が伝わらず、朝敵と憎まれて死ぬのかと思えば残念である、と落涙《らくるい》したのです。鉄舟は、何をつまらんことを仰《おお》せられますか、怨みごとを言うようであれば心から謹慎しているとは思えません、何か企《たくら》んでおられるのでは？　と鋭く切り込みました。

こういうところ、まさに鉄舟らしい面目躍如たるものがあります。腰抜けとはいえ、天下の将軍に真っ直《す》ぐに問うたのでした。上《うわ》べの言葉だけの恭順は誠ではないということです。この人は、心から剛直で至誠の人だと伝わってきます。

鉄舟は、慶喜の「二心《ふたごころ》はない」ということばを聞いて承諾しました。鉄舟は、引き受けたからには、私の眼の黒いうちは決してご心配には及びませんと答えています。

このときの心情は、「国家百万の生霊に代わって生を捨つるは素《もと》より余《よ》が欲する処なりと、心中青天白日《せいてんはくじつ》の如《ごと》く一点の曇りなき赤心《せきしん》」を抱いていました。

徳川慶喜（1837～1913）水戸藩主・徳川斉昭の７男、母は有栖川宮織仁親王の第12王女・吉子女王。

勝海舟との面会

赤心とは、至誠・真心です。そうして江戸の軍事上の総裁の地位にあった海舟と面会します。席上、海舟は現状についての鉄舟の見解を尋ねました。鉄舟は、もはや幕府だ薩摩だではなく、挙国一致、四海一点《しかいいってん》と即答します。海舟は、その言葉と堂々とした態度に、こいつはただものではないと悟り、万事を任す決意をしたのです。

海舟が、官軍陣営に赴《おもむ》く手段は如何《いか》に？　と問うと、鉄舟、すかさず「臨機応変」と応じました。海舟は得心し、案内役に益満休之助《ますみつきゅうのすけ》を付けてやります。益満は薩摩藩士でしたが、前年の暮れに幕臣に捕まり、海舟が預かっていた人物でした。前年の秋以降、西郷隆盛の一生に一度とされる謀略の実行者として、江戸で強盗・火付け・殺人などの争乱を起こし、幕府が薩摩を討伐するように仕向けていたのでした。

慶喜は我慢できなくなり、追討の命令を発し、ここに戊辰戦争がはじまったのです。鉄舟は海舟の家を辞去し、自宅に戻り、茶漬けを一〇杯たいらげ、「ちょっと行ってくる」と近所にでも出かける風情《ふぜい》で出発しています。

駿河に行くまで、江戸を出ると、すぐに敵陣となっています。品川・大森を出ると、官軍の部隊がぎっしりと集まっていました。そのなかを鉄舟は、益満を従えて進んで行くのです。途中、隊長の宿舎らしき建物を見ると、隊長への面会を請《こ》います。その際、「朝敵《ちょうてき》、徳川慶喜家来、山岡鉄太郎、大総督府へ行く」と大音声《だいおんじょう》で名乗りました。朝敵とは、皇室の敵ということです。出てきた隊長は、徳川慶喜といちど呟《つぶや》いただけ、居合わせた一〇〇人ほどの兵は沈黙したまま鉄舟を見つめるばかり、と史料にあります。完全に鉄舟の気魄《きはく》に呑まれてしまったのです。

西郷との対面

さて、鉄舟が名乗った際の隊長は、薩摩の篠原国幹《しのはらくにもと》とわかっています。彼も豪傑のひとりでした。豪勇で鳴らした男ですが、さすがに鉄舟の己を捨てた気魂《きこん》に呑まれたようです。

鉄舟が西郷のいる駿河に着いて面会したのは三月九日のことでした。お互いに相手のことは「先生」と呼び合っています。鉄舟は慶喜の恭順の意思を伝え、西郷の返答を待つなか、西郷は容易には答えません。そこで鉄舟は、慶喜の心をお受けくださらぬなら自分は死ぬのみと迫りました。そうなれば、幕臣らは蜂起し、天下は大乱となること明らかとつづけ、その事情を推察してください、と結びます。

西郷は、これまでの幕府の使者はうろたえるばかりで要領を得なかったが、いまはわかりました、大総督宮に言上《ごんじょう》するゆえしばしお待ち下さい、と席をはずしました。やがて戻ってきた西郷は、

一、城を明け渡すこと
一、城内の人員を向島《むこうじま》に移すこと
一、兵器を渡すこと
一、軍艦を渡すこと
一、慶喜を備前《びぜん》（いまの岡山県）に預けること

と記した書状を渡します。

鉄舟は慶喜の件以外は快諾しましたが、備前に預けることは飲めないと応じました。それに対して、「朝命《ちょうめい》ですぞ」と迫る西郷に、たとえ朝命でも承服できません、と毅然《きぜん》と対応します。ここは鉄舟の慶喜への誠実さ、誠の心が言わせたものです。

そこで鉄舟は、立場を変えて主君の島津公を預けよと言われたら、唯々諾々《いいだくだく》と他家に預けられましょうか、と西郷に問い返したのでした。西郷、しばしの沈黙のあと、「わかりもした、お説は至極《しごく》ごもっともでごわす。慶喜殿のことは、吉之助《きちのすけ》、一身に引き受け申した、心配無用でごわす」と受けたのです。

さらに西郷は、鉄舟が死ぬつもりで来たことはよくわかるが、生命を粗末にせず、この国のために自重して下さい、と熱誠《ねっせい》をこめて語りました。

両人は酒を酌《く》み交わしたあと、鉄舟は江戸に戻りました。まさに、「寒流、月を帯びて澄めること、鏡の如《ごと》し」（宮本武蔵）の心境だったでしょう。こうして、三月一三日と一四日、西郷と海舟の会談により、江戸城は無血開城となるのです。

この会談の際、西郷は、幕府は大変な宝をもっていると鉄舟のことを称賛します。冒頭で紹介した、「生命《いのち》も名誉も金もいらぬ人間は始末に困る。しかし、始末に困る人でなければ、天下の大事はできぬ」という趣旨の言葉を語っていたのです。

山岡西郷会見の碑　江戸城攻撃へ向かう東征軍参謀・西郷隆盛と幕臣・山岡鉄舟の会見が行われた伝馬町の松崎屋源兵衛の屋敷跡。静岡市葵区

無血開城の内幕には、イギリス公使パークスの強硬な助言などもありましたが、どうあれ、江戸が火の海にならずに済みました。鉄舟はのちに、徳川永続の功で一六代目当主の徳川家達《いえさと》から武蔵《むさし》正宗《まさむね》の名刀を贈られていますが、この勲功《くんこう》は私のものにすべきではないとして、岩倉具視《いわくらともみ》に進呈しています。

二〇代のころの鉄舟

さて、二一歳で幕府の講武所の剣術世話役になった鉄舟は、日々、稽古と試合に明け暮れていましたが、文久《ぶんきゅう》三年（一八六三）に世に出るきっかけをつかんでいます。

この前年、京都での尊王攘夷《そんのうじょうい》を標榜《ひょうぼう》する志士らの暗躍を抑えるため、幕府は浪人のなかから取り締りのため「浪士隊《ろうしたい》」を募集しました。皆さんがよく知っているのは、これを契機としてのちに新選組となる、近藤勇《こんどういさみ》や土方歳三《ひじかたとしぞう》らも応じた出来事です。

鉄舟は剣の腕もあり、この浪士隊の取締役に任命されました。そこで同じ千葉周作《ちばしゅうさく》門下生の清河八郎《きよかわはちろう》と「虎尾《こび》の会」をつくり、さまざまな浪士・志士らと知り合うのです。このなかに前出の益満《ますみつ》もいたのでした。

この間、鉄舟は、めげることなく、ひたすら剣と禅、そして、もうひとつ、書《しょ》の道に精進しています。鉄舟の書は、一一歳のときにはじまりました。高山から江戸に戻ったのちは、東晋《とうしん》の「書聖」と称された王羲之《おうぎし》を手本にして独習していました。その後は、弘法大師《こうぼうだいし》（空海）の筆跡に心酔し、暇をつくっては書きまくっていたのです。

とくに流派はなく、「鉄舟流」でしたが、その書く量が並ではありませんでした。鉄舟は書について、字がどうこうではなく、心を練ること、心とは何かを究明し、どうしたら自分の心が完璧に写し出されるかを求めることだと述べています。こう聞くと、やはり、剣・禅・書、ともに精神・心・魂の問題だとわかります。

明治以降、しばしば揮毫《きごう》を頼まれていましたが、どんなに少なくても日に二〇〇枚、ふつうなら五〇〇～六〇〇枚は書きました。明治一三年（一八八〇）の一年では、一八万一〇〇〇枚余も書いています。ある人がその数について驚くと、まだ三五〇〇万人に一枚ずつは行き渡りません、と答えたそうです。三五〇〇万人は、当時の日本の人口でした。

何の道でも、志を立てたなら我を忘れて、そのことに忠実に取り組む、ただ、これだけです。本物の志ならば何があってもつづくのですから。明治一九年ごろから、「大蔵経《だいぞうきょう》」の筆写を発

鉄舟筆「竹」 竹字につづけて「辛巳初冬日書於全生庵鉄舟居士」とあり、明治14年（鉄舟46歳）の初冬に書かれたとわかる。

願し、毎日、午前二時まで書きつづけています。亡くなる前日にも、重態の体で筆写していますが、決めたら何があろうと貫く、状況に左右されない、忙しいとか言い訳しないということです。結局、一二六巻を筆写しています。

鉄舟の書は雄勁《ゆうけい》とされ、温かさもある、と評されています。鉄舟は、あるとき、書家にどういう書法で書くかと問われ、「無法で書く」と答えました。呆《あ》っ気《け》にとられている相手に、物指しに頼らねば何ひとつ仕事ができない大工と、そんなものは何もなくても立派な仕事ができる大工、どちらが優《すぐ》れているか、と語ったのです。法にとらわれず、筆の中に己を没入し、一体となる境地で、筆の性にしたがって無心に書きさえすれば、おのずから法が現れるとも語っています。没入・無心、いずれも己を虚《むな》しくする、捨てることに通じています。余計なことは考えず、計算せず、ただ一心に没入する、取り組むことです。

書となれば西郷も高名です。宋の忠臣、至誠の士岳飛《がくひ》の書を学び、楷書《かいしょ》は陽明学の祖王陽明《おうようめい》を学んでいました。西郷の細字は巧《たく》みであり、風神高妙と評されています。

維新後の鉄舟

牧之原の開墾に着手

戊辰《ぼしん》戦争が終わり、明治と改元されたとき、徳川は最低限の家臣とともに、駿河、いまの静岡県に移りました。中心となったのは駿府《すんぷ》、いまの静岡市でした。鉄舟は、その能力と人徳を買われ、静岡藩の藩政輔翼《はんせいほよく》に任じられ、当主の徳川家達《とくがわいえさと》を助けて、旧旗本の身の振り方に尽力しました。その人らを使って牧之原《まきのはら》の開墾に着手し、遠州茶をつくったのは鉄舟の功績が大でした。

その後、政府の要望で、茨城県参事《さんじ》のあと、伊万里《いまり》県の県令《けんれい》に転任させられています。県令とは県知事のことですが、伊万里県において士族らが不穏な動きをしているとのことから、豪傑の鉄舟が派遣され、みごとに治めています。

そうして明治五年（一八七二）六月、岩倉や西郷の懇請によって、明治天皇の侍従《じじゅう》に就いたのです。侍従とは、天皇に仕える職です。

相良油田（「絵葉書」より）　静岡県牧之原市西部にある油田。1872年に発見され、翌年、手掘りにより採油がはじまった。最盛期には、約600人が働いていた。この相良油田に、鉄舟も出資していたという。

鉄舟は、「自分は朝敵と呼ばれた徳川の臣であるから、御遠慮申したい」と固辞しましたが、「この役は貴公以外では務まり申さぬ。これは聖上《おかみ》のお言葉でもある」と西郷に説かれ、それなら一〇年だけ、というので受諾《じゅだく》しました。聖上とは、明治天皇のことです。このとき、明治天皇は数えで二〇歳でした。

明治の世になっても、宮中では堂上《とうしょう》華族や女官たちの権力のせいで、天皇は化粧をして穏やかに過ごすなど、尚武《しょうぶ》の心もなく、柔弱な存在だったので、西郷ら武士出身の明治政府高官らは、堂上華族や女官を排除して、清廉・勇猛・質実剛健の君主をつくろうとしたのでした。

そのため、侍従には、薩摩の村田《むらた》新八《しんぱち》・高《たか》島鞆之《しまともの》助《すけ》、肥後熊本の米田《こめだ》虎雄《とらお》、佐賀の島義《しまよし》勇《たけ》という硬骨漢を配しました。

三条実美《さんじょうさねとみ》と岩倉具視《いわくらともみ》が西郷に要望し、明治五年四月三〇日に「侍従番長」の役職が置かれ、高島が抜擢されますが、六月に鉄舟が加わると、三か月後に侍従番長に列せられています。

これら一連の動きを、宮政改革と称していました。西郷は鉄舟の至誠と剛直さが、若い天皇に多大な影響を与えることを大いに期待していたのです。

天皇は戊辰戦争のころ一五歳でしたが、宮中の庭に砲弾が落ちた際、その音に驚愕《きょうがく》して失神した逸話もあるくらい、脆弱《ぜいじゃく》な生活に甘んじていたのです。明治維新後、政府は天皇に、権威のみならず権力をも与え、君主として国の求心力を高めようとしますが、そのためには英邁《えいまい》だけではなく、勇武の精神をもった存在になってもらうことが必要だったのです。

現在も同じですが、諸外国の王室や君主は軍人も兼ねていることが多く、国家と国民を守る、そのためには戦うことも辞さない、という精神を養成することが不可欠でした。明治天皇も欧米に倣《なら》って、大元帥《だいげんすい》として君臨しましたし、昭和天皇も大元帥の立場にありました。

明治天皇を諌める

侍従としての鉄舟は、忠義・至誠・剛毅を体現しています。ほかの骨太の侍従でも遠慮するようなことを平然とやり、忖度《そんたく》などしない応対に徹しています。有名な逸話は数多《あまた》ありますが、この時代の人としては体格の良かった負けず嫌いの天皇が相撲を所望すると、だれもが故意に負けてやるのに対し、鉄舟は遠慮なく投げ飛ばしました。これは、世辞も追従《ついしょう》もウソということです。さらには天皇に、勘違いするな、上には上がいるという訓示でもありました。

天皇が若いながら年を重ねてしだいに君主として板についてくると、鉄舟は一転して相撲をとることを避けます。ある日、酒に酔った天皇が相撲を望むと、鉄舟は低頭して辞退しつづけました。天皇は機嫌をそこね、では座り相撲だ！　と押し倒そうとしますが、鉄舟はびくともしません。激して拳で鉄舟の顔を殴ろうとすると、鉄舟がかわし、天皇は倒れてしまいました。

怒り出す天皇をほかの侍従が手当てと称して連れ出したあと、謝罪するがよい、との侍従の言葉に、鉄舟は謝罪する理由はないと断ります。聖上《おかみ》が倒そうとしたとき倒れなかったのが良くない、と言われると鉄舟は、とんでもないと応じ、その理由を語ります。

自分が倒れたら、聖上と相撲をとったことになる、天皇と臣下が相撲をとることは不倫である。わざと倒れたなら、君意に迎合する佞人《ねいじん》(媚《こ》びへつらう人)である。かわしたのも、自分の一身は聖上にささげたものだから、負傷などは厭《いと》わぬ。しかし、聖上が酒に酔った挙句《あげく》、臣下に怪我《けが》をさせたとなれば暴君と呼ばれよう。君は私の微衷《びちゅう》を聖上に申し上げていただきたい。それで聖上が私を悪いと仰《おお》せられるなら、謹んでこの場で自刃《じじん》してお詫び申し上げる覚悟である。

このように語ったのでした。

もうひとりの侍従が戻ってきて、天皇が休まれたことを告げると、聖断を仰ぐまでは動かん、と座り込んでしまいます。だれもが明日にしようと説得しても鉄舟は応じません。そのうち天皇が目を醒《さ》まされ、「山岡はどうした？」と尋ねられたので、侍従は一部始終を奏上したのです。天皇は、「私が悪かった。山岡に伝えてくれ」と言いましたが、鉄舟は、「ただ悪かっただけでは、この場を去りかねます。どうか御実効をお示し下さるようお願い申し上げます」と主張します。そうして天皇は、こんごは酒と相撲をやめると言い、鉄舟は感涙に咽《むせ》んで退出したのです。

その後、鉄舟は出仕せず、使いの者を向けられても謹慎と称して出仕しませんでした。そして、一か月後に突然出仕し、天皇の前に出て葡萄酒一ダースを献上したのです。「もう飲んでもよいか」と天皇は喜び、鉄舟の前で飲んだといいます。

幸い、明治天皇は聡明な人でしたので、鉄舟の思

明治天皇（1852～1912）諱は睦仁、称号は祐宮。お印は永。

いを尊いものとして己を律していきました。鉄舟は、宮内省で出世しよう、聖上に気に入られよう、という欲心は一毫《いちごう》もありません。ただただ、聖上が良き君主であること、その威信・威光が遍《あまね》く人びとに畏敬の念、親愛の念を浸透し、拡げることを希求しています。

何から何まで聖上のため、皇室のためであり、そのためには遠慮せず、率直に進言するのです。これぞ誠実・赤誠の人であり、忠臣の鑑《かがみ》といえるでしょう。そうして、己が決めたことにつき、損得など寸毫《すんごう》も考えず、無私になって貫きます。要領など悪くていいのです。愚直に行動するのみです。

明治天皇が鉄舟に全幅の信頼を置くようになったエピソードは多々ありますが、もうひとつ紹介します。明治六年、宮城で火事があったときのことです。このとき、鉄舟は淀橋の自宅で変を耳にし、寝巻に袴《はかま》をつけただけで、風のように宮殿に駆けつけ、御寝所に掛かっていた錠を拳で打ち破り、拳から血を流したまま飛び込んで聖上《おかみ》を救出しました。聖上は、鉄舟は飛行術でも心得ているのか、なぜあんなに早く来れたのか、いまもってわからん、とずっと後世まで述懐したほど感激していたのです。

御座所には鉄舟の佩刀《はいとう》が置かれ、天皇は、鉄舟が不在でもあの男の気魂《きこん》がわしを護《まも》っている、と語りつづけています。西郷が、「当代第一の豪傑」と鉄舟を明治天皇に引き合わせましたが、天皇の鉄舟への信頼感は絶大なもので、その気性を深く愛したのです。明治天皇と鉄舟、それに西郷と大久保利通は、「君臣《くんしん》、水魚《すいぎょ》の交わり」と呼ばれるほどの関係でした。

侠客・次郎長との交友

鉄舟の逸話は枚挙《まいきょ》に暇《いとま》はありませんが、清水次郎長《しみずのじろちょう》との交友も有名です。

次郎長は、清水、いまの静岡市清水区の大侠客《だいきょうかく》でした。交友のきっかけは、明治元年（一八六八）九月、旧幕府の軍艦「咸臨丸《かんりんまる》」が清水港に碇泊《ていはく》した際、官軍の軍艦が襲って潰滅《かいめつ》させた結果、港内には旧幕臣の死体が漂っていました。官軍を恐れて、それを収容する者がいないなか、次郎長は憐《あわれ》んで、収容したのち、ていねいに葬ったのです。

その事実を知った鉄舟が、次郎長の義侠心に感じて、「荘士墓」と揮毫《きごう》して贈ったことから、両人の交友がはじまりました。

晩年の次郎長は、『東海遊侠伝《とうかいゆうきょうでん》』にあるように、政府に呼ばれ、旧来の罪は不問に付すから市中の警備をせよと命じられたこともあり、人が変わったように正業や社会奉仕に打ち込んでいます。富士の裾野の開墾をしたことが知られていますが、鉄舟の助言や斡旋《あっせん》もあったのです。

その次郎長が、日本刀を持った相手など、自分の手にかかれば実戦の役になど立たない、気魄・気合いがすべてだ、と鉄舟に語ったことがあります。次郎長は度胸千両で五〇〇人からの子分をもった侠客でしたから、武士といえども、「位負け」したのでしょう。

清水次郎長（1820 ～ 93）　幕末・明治の侠客・博徒・実業家。本名は山本長五郎。

鉄舟は、日本刀で斬りかかってこい、俺はこの木刀で受けよう、かすり傷でも受けたら俺の負けだ、と対峙《たいじ》しました。次郎長は、暫《しばら》く睨《にら》みつけていたのですが、どうも、すくんでしまってかかっていけない、どうしてだろう、と首を捻《ひね》ったのでした。

鉄舟は、俺が睨むと目から光が出るからだ、と答え、「眼不放光輝非大丈夫」と書いて与えたのです。「眼、光輝を放たざれば、大丈夫《だいじょうふ》に非《あら》ず」と読みますが、心に蓄えた徳や胆力《たんりょく》が自《おの》ずと発せられなければ本物ではないということです。

大丈夫というのは、益荒男《ますらお》、立派な男を意味しています。次郎長のような侠客が動けなかったというのが、鉄舟の心胆を表していました。『東海遊侠伝』の著者の天田愚庵《あまだぐあん》も鉄舟に私淑《ししゅく》した人物で、鉄舟が次郎長に紹介したので、この作品ができたのです。

母・磯の影響

鉄舟の誠実さ、正直さがつくられた一因として、気性の強い母の磯《いそ》の存在も小さくありません。鉄舟が、九歳くらいのとき、書を習っていたなかに、「忠孝」という字があり、その意味を母に尋ねました。そして、鉄舟は、「母さまは、その道をお守りですか」と問うたのです。すると磯はハラハラと涙を流して、「母は、その道を心がけてはいるが、いたらぬゆえ、まだ完全に行うことはできません。それを残念に思っています。忠孝の道は、私にもうまく説明できず、聞かせてもまだわかるまい。そのつもりで一心に修行さえすれば、成人ののちは会得《えとく》できましょう。必ず必ず今日のことを忘れてはなりませんぞ」と懇々と諭《さと》したそうです。

鉄舟は、「至情の教訓は、この一席において余《よ》が心神にしみ渡れり」と語っています。

海舟は鉄舟のことを、「バカだ、バカのつく正直者だ」と評していますが、神官の家に生まれたこの母のように、子に対してもどこまでも正直に接するということが、鉄舟の人生に多大な影響を及ぼしたことは否定できません。

西郷と鉄舟の逸話も数多《あまた》ありますが、明治六年一月の雪の降る日、鉄舟の長男で一四歳の直記《なおき》が玄関の前にいたとき、右手に太い杖、左手に徳利を下げた大男が訪れました。蓑笠《みのかさ》をつけ、素足に草鞋《わらじ》という風体《ふうてい》でした。眉太く、目は大きく、耳の端は口の両側近くまで垂れているような男が、「おっとさんはおるか。西郷がお伺《うかが》いしたというてくれ」と言ったので、直記は驚愕しつつ家に入って、「お父さん。玄関に変な怪物みたいなものがいて、西郷が来たと言え、と言っています」と叫んだのです。

鉄舟は、「そうか」と玄関に出て西郷を見ると、「どうぞ」と家の中に導きました。鉄舟も巨漢ですが西郷も巨漢なので、その容貌とともに、直記の驚いた情景が浮かびます。座敷に上がり、西郷は徳利を差し出し、「日本の国もまだ寒い。少し熱をかけましょう」と言いました。鉄舟は、「その通り、外部を温めんとすれば、まずみずからでござる」と、徳利を持って台所に行き、二本の洗った沢庵《たくあん》を丸ごと盆にのせて、めし茶碗を二つ添えて戻ってきたのです。両人は、沢庵を尻の方からまるかじりしながら、めし茶碗で酒を呑みはじめました。

話の内容は世界、アジアの情勢と日本の行く末についてでしたが、めし茶碗に沢庵というのが、この豪傑たちの気風、質実剛健、剛毅《ごうき》朴訥《ぼくとつ》を表していて、笑みがこぼれます。西郷と鉄舟、ケミストリがぴったり合っているのが伝わってくるようでした。

鉄舟は生き物を大事にした人で、明治の初め、東京で野良犬を捕まえ、ことごとく撲殺《ぼくさつ》した折、野良犬を見つけるたびに、自分の名札を付けて飼い犬としました。家は野良犬だらけとなり、一〇〇匹以上のエサも一日に三斗《と》（五四リットル）以上になっています。

家に来る人にはだれであろうと丁重《ていちょう》に応対し、玄関番が面会を断ると、叱って呼び戻させたほどでした。

無我の境地を求める

鉄舟は明治二〇年（一八八七）に、高弟だった前滋賀県知事の籠手田安定《こてだやすさだ》に請われ、何度か武士道について講演していました。鉄舟の説く武士道は、日本人の「服膺践行《ふくようせんこう》すべき道」のことです。心に留《とど》めて実行・実践することで、観念や言葉をもてあそんでその気になっているものとは違います。武士の倫理ではなく、あらゆる日本人が履《ふ》み行うべき「人の道」のことです。同時に、全世界の人にも通じる道だと語っています。

鉄舟は、その要素として、「天壌無窮《てんじょうむきゅう》の神宣《しんせん》を信奉し、皇運を扶翼《ふよく》し、億兆《おくちょう》心を一《いっ》にして、死すとも二心《にしん》なるべからず。これ我が国体の精華にして、日本武士道の淵源《えんげん》、実にここに存《そん》す」としています。皇室の威勢・繁栄を協力し、助け、すべての臣民は心をひとつにし、死のうとも二心《ふたごころ》を懐くことなく忠義を貫け、ということです。

この講演を聴いていたなかに井上毅《いのうえこわし》がいました。文部大臣・枢密顧問官《すうみつこもんかん》をした大秀才であり、大日本帝国憲法を起草した人物でした。

その井上、「教育勅語」も起草していました。その勅語には、「億兆、心を一《いっ》にして世々《よよ》、その美をなせるは、これ国体の精華にして、教育の淵源……」とあります。ほかにも、「以《も》って天壌無窮の皇運を扶翼すべし」という一節もあり、井上が参考にしたであろうことが推察できます。

「教育勅語」は、人としての道義、社会・国のなかで生きる人びとの紐帯《ちゅうたい》、国を思う心についても語られていて、アメリカのセオドア・ルーズベルトは絶賛して英訳させ、教育機関によって子どもたちに教えたほか、自分の執務室にも飾っていました。ドイツでも、生きる基本として子どもたちに教えられていた時代がありました。

鉄舟は、「武士道とは?」で、無我《むが》の境地にならねばならない、と語っていました。無我、自分を捨てる、これに尽きるのです。これが観念ではなく、平生から体でできたら本物です。

ここで、鉄舟を表す言葉を紹介しましょう。

銭《ぜに》いらず道理もいらず名もいらず、ただ有丈《ありたけ》で世渡りをする。
死に切ってみれば誠に楽がある、死なぬ人には真似もなるまい。
敵の打つ太刀《たち》にかまわず我が心、動かぬとこに勝《かち》はありけり。
晴れてもよし曇りてもよし不二《ふじ》の山、元の姿はかはらざりけり。

無刀流剣術大意

一、無刀流剣術者は勝負を争わず、心を澄まし、胆を練り、自然の勝を得るを要す。
一、事理の二つを修行するにあり、事は技なり、理は心なり、事理一致の場にいたる、これを妙技と為《な》す。
一、無刀とは何ぞや、心の外《ほか》に刀なきなり、敵と相対するとき、刀に依らずして心を以《も》って心を打つ、これを無刀と謂《い》う。その修業は刻苦工夫すれば、たとえば水を飲んで冷暖自知するが如《ごと》く、他の手を借らずみずから発明すべし、

鉄舟の大往生

鉄舟は、大飲大食の人ゆえ、明治二〇年（一八八七）夏ごろより、胃の不調を覚えます。八月には大きな「しこり」ができ、ベルツ博士は肝臓硬化症、千葉立造《ちばりつぞう》は胃ガンと診断しました。鉄舟の逸話でたびたび紹介されるのは、酒を七升呑んだ、饅頭《まんじゆう》を一〇八個食べた、茹《ゆ》で卵を九七個食べたなどとあり、大食漢だったことが伺えますが、その鉄舟も、翌年の二月からは食べ物が咽喉《のど》を通らなくなり、流動食となっています。

死期を悟った鉄舟は、翌明治二一年二月一一日、最後の参内《さんだい》をしました。宮殿に行き天皇と会ったのです。当初の約束どおり、一〇年で侍従を辞したのですが、明治天皇の思し召《おぼめ》しで、終生、皇室の御用掛となり、明治二〇年には子爵《ししやく》に叙せられています。

明治天皇は鉄舟の病状を心配し、その後、何度も見舞いの勅使《ちよくし》や侍医を差遣《さけん》しています。時には、酒好きだった鉄舟のために、みずから試飲した酒を盃とともに下賜していました。

衰弱していく一方の鉄舟でしたが、客とは身を起こして座敷で会い、別れる際には玄関まで見送っています。七月に入り、すべての弟子らを集めて最後の稽古をしました。「もし、今日

晩年の鉄舟　「酒を7升呑んだ、饅頭を108個食べた、茹で卵を97個食べた」など、大食漢だった逸話が残る。

の稽古がいつもと違っていたら、無刀流は俺の死後、潰《つぶ》せ」と言って、自分で胴衣を結べないほどの衰えのなか、道場に立ったのです。

高弟たちは、「今日こそ、勝てるぞ」と意気込みますが、だれもが鉄舟の圧力に引っくり返されてしまいました。それもふだんよりもはげしい気迫での稽古でした。鉄舟は、「こんなもんじゃ」と奥に下がります。

それから間もなくの七月一七日、鉄舟は入浴をすませ床に入りましたが、病状が急変し、重態となったのです。その直前までも、座禅と書はつづいていました。

一八日、鉄舟の病床には二〇〇人もの人びとが集まっていましたが、鉄舟は知人の三遊亭円《さんゆうていえん》朝《ちょう》を呼んで落語を聞かせています。開けて一九日朝、人払いをさせると、皇居に向かって結跏《けっか》趺坐《ふざ》し、居並ぶ家族に、「生活の心配はないようにしているから」と声を掛け、その姿のまま亡くなったのです。午前九時一五分、五三歳でした。前日から詰めていた海舟は、「精霊、紫雲に入る」という一偈《いちげ》を捧げて帰っています。

葬儀は二二日、鉄舟と縁の深い全生庵《ぜんしょうあん》で行われましたが、自宅から出棺して宮城の前を通るとき、明治天皇の内意があり、一〇分間、葬列を止め、高殿より天皇が哀悼の意を表されたのです。葬儀の会葬者は五〇〇〇人、殉死者が出ないように警察も乗り出しました。

それでも、後日、切腹にて殉死する者がつづいたのでした。「全生庵殿鉄舟高歩大居士」が戒名です。

海舟は、「山岡は明鏡のごとく一点の私《わたくし》をもたなかったよ。だから、物事にあたり即決して毫《ごう》も誤らない」と評しました。鉄舟の葬儀では、多くの高僧が読経《どきょう》しましたが、そのなかのひとり、南隠《なんいん》禅師は、「昔から支那でも日本でも至誠の人というのはいたって少ないものだが、鉄舟居士は真に至誠の人だった」と語っています。

それにしても鉄舟の誠はみごとです。自分を顧《かえり》みない、虚《むな》しくする、できることの至純に、武士《もののふ》としての矜持《きょうじ》を見ます。でも、これ、簡単といえば簡単です。生命もいらぬ、名もいらぬ、ただそれを実践するだけのこと。損得など考えず、己の信条・信念に忠実であるだけのことなのです。

それが真実・率直ならば、他者・相手がどう思おうと貫《つらぬ》くしかありません。鉄舟は己の信念を貫いた至純至誠の人であり、これでもかというくらいに修練に励んだ人でした。

山岡鉄舟に会いたい

鉄舟の墓　1888 年、胃がんに冒された鉄舟は、座禅を組んだまま死んだという。東京都台東区谷中、全生庵

壮士墓　清水次郎長は「死ねば皆仏、仏に官軍も賊軍もない」と幕府軍の遺体を回収、無縁墓地に埋葬した。これに感銘を受けた山岡鉄舟は「壮士墓」の名を揮毫した。静岡市清水区

鉄舟木像　東京都台東区谷中、全生庵

一陣の風のごとき
爽やかな快男児

桐野《きりの》利秋《としあき》

生没：1839年1月16日～1877年9月24日

人斬り半次郎

桐野利秋とは、なにものか

桐野利秋《きりのとしあき》。この名前を知っている人は稀《まれ》でしょう。彼は偉人ではありません。強《し》いて言えば、日本初の陸軍少将三人のうちのひとりで、明治一〇年（一八七七）の「西南戦争《せいなんせんそう》」は、西郷隆盛《さいごうたかもり》ではなく、「桐野の戦争」と呼ばれていることくらいです。

桐野は、維新前の名乗りは中村半次郎《なかむらはんじろう》でした。これで、「あっ」と心当たりのある人もいるかもしれません。半次郎とは、幕末三大人斬《ひとき》りのひとり、「人斬り半次郎」なのです。

ほかの二人は、土佐（高知県）の岡田以蔵《おかだいぞう》、肥後（熊本県）の河上彦斎《かわかみげんさい》ですが、彦斎の代わりに、半次郎と同郷の薩摩《さつま》（鹿児島県）の田中新兵衛《たなかしんべえ》が入ることも少なくありません。

彦斎は、日ごろは静かで目立たない人、以蔵は粗暴でとにかく殺戮《さつりく》好き、新兵衛は元気者の短慮な人でしたが、半次郎は然《しか》るべき理由、大義がなければ斬らない男伊達《おとこだて》でした。

幕末の京都で、諸国から集まった志士《しし》たちに、「血に飢えた狼《おおかみ》」と恐れられた新選組でさえ、半次郎を恐れたほどの剣客です。
勝海舟《かつかいしゅう》が江戸城の無血《むけつ》開城について西郷と会談した慶応《けいおう》四年（一八六八）三月一三日、半次郎がボディーガードとして同行しましたが、勝は半次郎の名前を聞くと、このように告げています。

『江戸開城談判』（結城素明画）　慶応４年（1868)、新政府側の西郷隆盛と旧幕府側の勝海舟との話し合いにより、江戸城が新政府側に引き渡された。

以前、俺の用心棒をしていた男に土佐の岡田以蔵がいた。天下に怖《こわ》いものなしの男だったが、ひとりだけ、命のやりとりをしたくねえ男がいると言っていたが、それがおまえさんだ。しかし、おまえさんは以蔵とは根っから人間が違うようだ。

慧眼《けいがん》の海舟らしい言葉です。

勝海舟（1823～99） 幼名は麟太郎。明治維新後は安芳。初代海軍卿。江戸幕府最後の陸軍総裁。

じつは、このときの海舟は、ボディーガードとして山岡鉄舟《やまおかてつしゅう》を連れてきていたのです。互いに言葉を交わすことはなかったものの、相手がただものではないことに気付いた、とあります。

半次郎はむやみに人を殺すことはなく、相手の腕がさほどでもないとなれば、峰打《みねう》ちや着物・帯の一部を斬る脅《おど》しだけで退散させる情のある男でした。

半次郎の剣術

京の街では、半次郎の名を聞いただけで、相手は震え上がって逃げ出すのがふつう、とまで勇名を馳《は》せていました。半次郎の流派は薬丸自顕流《やくまるじげんりゅう》です。といっても貧しい城下士《じょうかし》の子だったゆえに独学です。薩摩の武士は城下士（上士《じょうし》）と一一三の外城《とじょう》にある外城士・下士《かし》（郷士《ごうし》）、その下の私領士《しりょうし》に分かれていました。城下といっても、半次郎の家はわずか五石《こく》取りの最下級です。

薩摩は総人口六五万人のうち、武士は三七パーセントの二四万人で、他藩の五～六パーセン

薬丸自顕流（一斉抜きの演武、島津仙厳園）　薩摩藩士・薬丸兼陳が家伝の野太刀の技を元に編み出した古流剣術で、一死必殺の技である。

トにくらべると異常に多く、貧しい武士が多かったのでした。

半次郎がやっと習いに行けるようになったとき、薬丸門下の高弟江夏《こうか》仲左衛門《ちゅうざえもん》は、「おいが教えるこつは何《なに》もなか」と、その技に呆《あき》れたくらい、半次郎の独学の剣は冴《さ》えていました。

自顕流というのは、攻撃しかなく防御はありません。一の太刀で敵を倒す、失敗すれば斬られてよし、という壮烈な剣法です。

自顕流の稽古は、立木打《たちぎう》ちと横木打《よこぎう》ちに限られます。

立木打ちは、人の背の高さほどの硬い木を地面に何本か立て、敵に見たてて斬撃《ざんげき》していきます。持つものは硬い木の棒で袈裟《けさ》斬りにするだけです。そのときに発する声は、「エイッ」とか「ヤアッ」などというなまぬるいものではなく、「猿叫《えんきょう》」といって、ブルース・リーの掛け声をもっと大きくしたものでした。

横木打ちは、二本の股木《またぎ》の間に一〇本ほどの木を束《たば》にして掛け渡し、木刀で連続して打ちます。目的は振り下ろす木刀のスピード・鋭さ・強さを身につけるためです。半次郎はこれを、朝、夕、何千本とやりました。

薩摩での城下士の割合は武士のなかの一割で、郷士が六割、私領士が三割となっています。身分差のきびしさは格別で、城下士が郷士を切り捨てても、藩庁に紙切れ一枚届ければ済むほどでした。

半次郎は城下士であっても、郊外の吉野在住だったので、青年期まではカラ芋ザムライ（薩摩芋をつくり、そればかり食べているサムライ）と嘲笑《ちょうしょう》されることもあり、半次郎は「なめんなよ！」とばかりに、いつもふん反《ぞ》り返って歩いていたそうです。

剣術の道には狂信的で、半次郎の家の周りの樹木は、どれも打たれすぎて枯れてしまったとあります。そんなこともあり、半次郎のはじめての師にあたる江夏《こうか》は、「おはん、だれぞに習うたか？」と問い、半次郎が「いいえ」と返すと呆然《ぼうぜん》としたそうです。

半次郎は、雨だれが軒先《のきさき》から地面に落ちるまで、それを三回斬れましたし、向こうから歩いてくる相手を、立ち止まることなく、体勢も変えずに、一瞬で斬ることができたほどの達人でした。

刀の鯉口《こいぐち》に添えていた左手の親指と人差し指の間には、傷の上に幾重《いくえ》にも傷があったといわれています。西郷と知り合ったとき、大久保利通《おおくぼとしみち》と一緒にきた西郷の前で、空中に放った芋《いも》を地面に落ちるまで四回も斬ったという逸話もありました。

半次郎と西郷

半次郎は天保《てんぽう》九年（一八三八）一二月二日（現在の暦では一八三九年一月一六日）、鹿児島市郊外の吉野郷の実方《さねかた》に生まれています。父は与右衛門《よえもん》、母はスガで、下級士族の家です。そのため藩校にも行けませんでした。

もとは桐野姓の家柄ですが、先祖が悪評の高かった藩の重臣を斬り、肥後に逃れていたところ、赦免《しゃめん》されて帰藩した折、斬った相手の家柄が高いことに配慮して中村姓を名乗っていました。半次郎は、いずれ、何かの機会に桐野姓に戻すのだ、と決めていたのです。

半次郎が「人斬り半次郎」と畏怖《いふ》される契機は、西郷隆盛との出会いでした。文久二年（一八六二）三月のことです。西郷が最初の流罪《るざい》を赦《ゆる》されて帰ってきてから間もなくのときでした。半次郎が訪ねていくと、座敷に上げてもらったことで感激します。西郷ははるかに家格の低かった半次郎を同じ人間として遇したのです。ふつうなら土間までで、人間扱いなどされません。

薩摩の気風は、身分が絶対で、長州（山口県）のように身分の上下問わず議論することはない土地でした。半次郎は持ってきた包みを差し出し、頭を下げました。手土産《てみやげ》ということです。薩摩では余計なことは口にしません。西郷は礼を言って、末弟の小兵衛《こへえ》に渡し、茶を淹《い》れるように言いました。小兵衛は包みを広げて笑います。出てきたのは、たった三個のカラ芋だったからです。

そのとき、西郷は弟に、「なんば、おかしかっ！」と大喝《だいかつ》したのでした。西郷は半次郎の貧しさを知っていたので、半次郎がカラ芋さえ満足に食べられないのに土産として持参した心を尊いものとし、小兵衛に説き、半次郎に謝罪させたのです。

半次郎は驚きました。藩で人望のある西郷が自分に頭を下げて詫《わ》びることなど、あり得ないことだったからでした。その瞬間、半次郎は、「おいは、この人のためとあれば命を捨てても惜《お》しくなかぞ」と堅く心に誓ったのです。

それからひと月もしないうちに、藩主の父で、実権を握る島津《しまづ》久光《ひさみつ》が、一〇〇〇人の精兵を連れて上洛《じょうらく》（京都に上る）することになり、半次郎は招集されます。

下級武士の自分が呼ばれるとは、と怪訝《けげん》に思った半次郎が行くと、大久保利通が待っていました。大久保は、このころ、久光に認められて力をもちはじめたときでもあったのです。こうしたラインによって、半次郎は世に出ることになりました。なお、このとき、逆に西郷は大嫌いな久光の不興《ふきょう》を買って、またも流罪となっています。

人斬り半次郎になるまで

京都に出た半次郎の任務は、中川宮《なかがわのみや》の護衛でした。護衛隊に配属されています。中川宮は伏見宮《ふしみのみや》家の出身で、公武合体派《こうぶがったいは》の中心人物です。

元服《げんぷく》して賀陽宮朝彦《かやのみやあさひこ》親王となり、弾正尹《だんじょういん》に任命されていますが、尊皇攘夷派《そんのうじょういは》の浪士《ろうし》たちからは憎まれていたため、薩摩としては守る必要がありました。浪士たちの襲撃は何度もあったのですが、そのたびに半次郎の剣が暗殺を阻止しています。朝彦親王からは何度も礼を言われ、扇子《せんす》などの品を与えられるとともに、薩摩に中村半次郎あり、となったのでした。

そんなときに知り合った、人斬りの田中新兵衛から、不義の浪士を斬る、天誅《てんちゅう》を与えるのを手伝ってほしいと頼まれ、義があるならと、受けるようになったのです。

この新兵衛、浪士側の策略にはまって、公家暗殺の犯人にされ、自裁《じさい》しました。その仇を討ったのが、半次郎のはじめての天誅になったのです。

このとき、周りは加勢すると申し出たのを、「要《い》らん」と断り、ひとりで実行しています。半次郎が周囲を「あっ」と言わせたのは、名乗ったことでした。

天誅の暗殺となれば、名乗ることなどしません。しかし半次郎は名乗り、闇討ちや多人数での人斬りは、卑怯《ひきょう》だとしてしませんでした。つねに名乗り、相手に刀を抜かせたうえで斬ったのです。半次郎の胸中は、義があっても尋常《じんじょう》の勝負をするのが男であり、逆に己《おのれ》が斬られるなら恨みもない、というものでした。

半次郎は腕が立つゆえ、闇討ちにあうこともありましたが、相手が何人であろうと返り討ちにしています。その際、斬った相手が生きられそうなら逃がしてやるのが、半次郎流でした。

このときの半次郎の刀は白柄《しらつか》で朱鞘《しゅざや》、銀拵《ぎんごしら》えの和泉守兼定《いずみのかみかねさだ》で、これを愛用しています。通称「ノサダ」と呼ばれる名刀で、新選組の土方歳三《ひじかたとしぞう》と同じ刀です。半次郎、刀には凝《こ》っていました。

半次郎、快男児ということもあり、清風のようなエピソードには事欠きません。

朝彦《あさひこ》親王の屋敷の前にある甘味処の店で、何杯の善哉《ぜんざい》（汁粉《しるこ》）が食えるかと仲間内で競ったときは、三〇杯ちかくを食べて一番となりました。また、主人も店の者も、中村様には世話になっているのでと、たびたび持ってくるようになりましたが、いつも金を払っていました。世話になっているというのは、当時、甘い物が高級品であり、武士や浪士らが来店しては、騒いだり脅したりして無心することがあり、半次郎はその連中を一喝《いっかつ》して帰らせていたからです。

半次郎は、弱い者の前で威張ったり恫喝《どうかつ》したりする輩《やから》が大嫌いでしたから、店の使用人に助けを求められると、目の前にある店に出向いてやっていました。そのときは極力、血を流さぬように配慮しています。もっとも、半次郎の名が売れていたので、ほとんどは黙って帰っていましたが……。

京都の夜の街祇園《ぎおん》でも変わらず、酒席で芸者たちに乱暴したり暴言を吐いたりする輩がいれば、半次郎はたしなめていますし、芸者たちに、「おやっとさん（御苦労さん）」と声を掛けて帰すのが常でした。

こういう半次郎なのでどこでもモテましたが、本人はそれには関心がない人でした。京都で有名なのは、タバコ屋の看板娘に惚《ほ》れられ、このときは先方の父親からの懇願もあり、志士らの情報を得るという目的と相俟《あいま》って、出入りすることになっています。店は「村田煙管《きせる》店」といって、彼女は村田さとという女性でした。

半次郎は無口でしたが、話さなければならない場面や、大勢の前で演説や訓示をするときは雄弁で、藩主の父の久光は、「その弁や懸河《けんが》のごとし」と評していました。懸河とは、流れの速い川のことです。

八〇キロを歩いて高杉の墓参に

流罪を赦《ゆる》された西郷隆盛が戻ってくると、信頼の篤い半次郎は、よく長州への使いにも出されています。はじめは学問のなかった半次郎は、京に出ると独学でいろいろと学び、恥ずかしくない教養・知識を身に着けています。

半次郎は、長州の高杉晋作《たかすぎしんさく》が好きでした。しかし、その人となりを知って、ぜひ会いたいと思ったときには、一〇日前に他界していたのです。

半次郎が西郷の使いで長州に行ったとき、出迎えたのは山形狂介《やまがたきょうすけ》（のちの有朋《ありとも》）と鳥尾小弥太《とりおこやた》でした。山県は維新後、陸軍のドンとして総理大臣・公爵《こうしゃく》と、位人臣《くらいじんしん》をきわめた男であり、鳥尾は維新後、半次郎とともに日本初の陸軍少将、その後、子爵《ししゃく》となった男でした。のちに、この鳥尾の孫の妻が、太平洋戦争の終戦後に進駐してきたGHQ高官で憲法起草者の中心となったケーディス大佐の愛人になって、世間を騒がせています。

さて、半次郎はこのとき、高杉の墓参りをしたいと申し出ます。しかし、薩摩のことをよく思わない志士がいるので、山県は配下の者に断るように指示しました。

夜、歓迎の宴ののち、半次郎のもとに来た芸者に墓の場所を聞くと、すぐに出かけたのです。墓までは往復二〇里《り》（約八〇キロメートル）、気軽に「徒歩」で行く距離ではありませんが、半次郎、翌日の午前中には戻って来ています。

こういう気性の男なのです。迅速果断《じんそくかだん》、生命エネルギーの塊のような好漢でした。

半次郎、明日は長州を出発するというとき、そのときの芸者から気に入られて、フランス製の香水を贈られています。

半次郎の身の丈は約一六七センチ、男の平均身長が一五八センチくらいのときなので、いまなら一八〇センチ強というところでしょう。写真を見ると、すっきりした爽《さわ》やかな好青年です。

戊辰戦争での半次郎

慶応四年（一八六八）一月に戊辰《ぼしん》戦争がはじまりますが、四月に江戸に入った半次郎は、そこでの生活のなかで、近くの銭湯の湯女《ゆな》たちにもモテまくっています。彼女たちの心情は、「親幕府、反官軍」でしたが、半次郎だけは例外で、唯一、大歓迎されていました。

半次郎は、戊辰戦争では下士官の小隊長ですが、いつでも先陣を切って突撃しては敵軍を敗走させています。一説では、刀を取りかえながら三六人も斬ったといわれていました。

このとき、単に剣の達人というだけではなく、戦術を展開する将としての能力も認められ、会津《あいづ》との戦争においては、司令官の板垣退助《いたがきたいすけ》・伊地知正治《いじちまさはる》を補佐する軍監《ぐんかん》（参謀長）に任命されました。そして、会津藩では山川大蔵《やまかわたいぞう》（のちの陸軍少将、男爵《だんしゃく》）の軍が活躍し、官軍は手こずっていたのですが、半次郎の戦術で攻略しています。

山川は、軍事研修のためフランス・ドイツに留学したこともある人でした。半次郎とは西南戦争のときも戦っていますが、あっさりと攻略されています。

会津藩は、京都守護職の任にあった松平容保《まつだいらかたもり》が藩主で、京都では傘下《さんか》に新選組を擁していたので、薩長両藩にとっては憎き敵だったのです。松平容保は人徳ある忠義忠節の立派な藩主ですが、幕府に忠節を尽くすしかなかった運命が気の毒な人でした。

会津藩降伏にあたり、城の受け渡しという大役は、半次郎が代表となっています。巷間《こうかん》、学問がないという評価が本当ならば、任命されない最高の栄誉であり、重要な役でした。

このとき半次郎は容保を、すでに剥奪《はくだつ》されていた官位で呼び、謹慎場所への移動には帯刀や輿《こし》の使用を許すなど、恩情ある措置をしています。これは、やはり、惻隠《そくいん》の情のある板垣と相談した上でのことでした。

戊辰戦争勝利の報が流れると、京都祇園《ぎおん》の町をあげて、芸者衆が薩摩藩の屋敷前に酒樽を積み、「中村大将」という旗を立てて踊り回ったとあります。それくらい半次郎は祇園でもモテまくっていたのです。

鹿児島に戻り、桐野利秋になる

日本初の陸軍少将

この後、半次郎は西郷と鹿児島に帰ります。薩摩では、従来の門閥《もんばつ》・家柄による人事や統治体制を大改革することになり、西郷は藩主の忠義（久光の子）に請《こ》われて参政《さんせい》になりました。彼の名望なしでは改革はむずかしいということです。

改革にともなって常備軍が編成され、歩兵四大隊、砲兵二大隊が置かれます。半次郎は、なんといきなり第一大隊長に抜擢《ばってき》されたのでした。戦乱という非常事態が、半次郎の能力を知らしめることになったのです。

このときの大隊長は、二番が川村純義《かわむらすみよし》、三番が篠原国幹《しのはらくにもと》、四番が野津鎮雄《のづしずお》でした。川村はのちの海軍大輔《たゆう》（次官）になる大物で、幼児期の昭和天皇を預かって育てています。篠原は陸軍少将となり、西南戦争で半次郎とともに戦った人です。野津は陸軍の大物になり、西南戦争・日清戦争でも活躍しました。

編制後、半次郎は西郷とともに東京に出発しました。慶応四年（一八六八）九月に「明治」と改元され、その前の六月に維新の功労者に対する賞典《しょうてん》が発表されました。最大の功労者は西郷の二〇〇〇石ですが、大久保一八〇〇石、板垣一〇〇〇石で、半次郎は二〇〇石でした。現在の金額に換算すると、半次郎は約二〇〇〇万円になります。明治三年（一八七〇）には「版籍奉還《はんせきほうかん》」があり、翌年には「廃藩置県」となりました。その間、明治二年九月、半次郎は子どものころからの宿願だった桐野《きりの》姓に改名しています。名は、もともとの利秋《としあき》にしましたが、本当は大好きな高杉晋作から「晋作」としたかったのです。しかし、だれも晋作とは呼んでくれず、利秋となりました。

明治四年七月二八日、日本初の陸軍少将に任命されました。桐野が少将になったとき、大佐に任じられたのはたいへんな豪華メンバーで、大山巌《おおやまいわお》・篠原国幹・野津鎮雄・谷干城《たにたてき》でした。篠原以外は陸軍で出世しています。大山は元帥になり、日露戦争での満州の総司令官として度量の太いところを見せましたし、野津は同戦争で第四軍司令官です。谷は西南戦争時、熊本鎮《ちん》台《だい》（駐屯地）司令官をしています。

大山は西郷の従兄弟《いとこ》です。桐野は下層の城下士から陸軍少将となり、大出世です。このとき、中将はなく、大将は西郷ひとりでした。山県が中将になるのは、少しあとの翌年三月です。同時に、大山巌・井田譲《いだゆずる》・三浦梧楼《みうらごろう》が少将になりました。

桐野は熊本鎮台司令官として転出しています。これは明治天皇の九州巡幸にからんだ人事です。明治四年一一月、岩倉使節団が出発し、留守政府は西郷がみることになります。

翌五年七月、陸軍で山城屋《やましろや》事件が発覚しました。これは長州の奇兵隊《きへいたい》出身の山城屋和助《わすけ》が、陸軍の金六五万円を借りて不良債権化したものです。長州出身の高官への賄賂《わいろ》もあり、山県は苦境に立たされました。将兵のなかには、日ごろから金に汚いという定評のあった山県に対する怒りが噴出し、桐野も「斬ってやる！」のひとりでした。

九州にいたので山県は助かったようなものですが、いまにも桐野が斬りに来るのではと、恐怖に苛《さいな》まれていました。この問題は山城屋が罪を一身に負って、陸軍省内で割腹《かっぷく》自殺して終わりにしたのです。

このとき、長州閥を追い落としたい肥前（佐賀県）の江藤新平《えとうしんぺい》は、ほかの事件も合わせて、長州の不正を探し回り、見つけ出しています。やはり、金に汚い井上馨《いのうえかおる》の銅山強奪事件もあり、訪欧中の長州のボス、木戸は大弱りでした。山県は近衛都督《このえととく》の職にありましたが、辞職しています。

でも、西郷は陸軍の将来を考えてクビにはせず、擁護したのです。近衛都督とは、天皇の親衛隊司令官のことです。このとき、桐野が東京にいれば彼がその職に就くのですが、熊本にいたので、西郷が陸軍元帥となって着任しています。西郷は桐野の能力について、もし外国の軍と戦うことがあれば、一に板垣、二に桐野が司令官として適任と語っていました。

この間、桐野は政府から屋敷を買わされています。桐野は無欲な男で、そんな広い屋敷など要《い》らんと拒否したものの、陸軍少将なのだから相応の屋敷に住まねばと押しつけられたのです。それに桐野は西郷宅に泊まることが多かったのです。用心棒のつもりでした。

当時、桐野の月給は月二〇〇円（いまの約六二五万円）でした。桐野は、この金を親に仕送りするほか、故郷から若い書生を数人呼んで面倒をみていました。ほかに使用人が三人います。桐野には、金を貯《た》めよう、残そう、という気はありません。あってもなくても、どうでもいいのです。

夜の街に行くときは友人らを連れていってやります。軍服だけは横浜の外国人のテーラーに仕立てさせていました。ほかで贅沢《ぜいたく》といえば刀です。柄《つか》や鞘《さや》に金銀細工を施したもので、刀身は薩摩鍛冶《かじ》の波平行安《なみのひらゆきやす》でした。このほかに大きな金をつかったのは、花街からひとりの芸者を身請《みう》けしたくらいです。

桐野がお座敷にいると、ほかの者も大人しく、安心していられたので、花街の女たちからモテました。あるとき桐野は、ひとりの芸者を身請けし、湯島《ゆしま》に家を借りて住まわせています。同居はしないところが桐野らしいところです。

身請け金は三〇〇円でしたが、毎月、きれいさっぱり使う桐野にはなく、陸軍省の会計官に頼んで前借りしています。桐野、結婚する気はありません。自分が、いつ死ぬかわからない男だからです。

このときの桐野について、近所の老人は、白縮緬《しろちりめん》の兵児帯《へこおび》に浴衣《ゆかた》をまとい、団扇《うちわ》を手に美人を携えつつ散歩する姿を見て、「じつに身材堂々たる一個の好丈夫、しかも容貌閑雅《かんが》、風采清秀《ふうさいせいしゅう》」と称賛しています。桐野は金銭・物にも寸毫《すんごう》の執着なく、困っている人がいれば、給料袋ごと渡します。

桐野、原野を開墾する

明治六年一〇月、西郷は「征韓論」に敗れて辞職します。桐野も即座に辞職し、鹿児島に帰ることにしたのです。

帰郷すると、実家から四里（約一六キロ）ほど山の奥に入った吉田村宇都谷《うどんだに》の原野を買い、掘立小屋を建てて開墾《かいこん》をはじめます。間もなく東京で使用人だった清吉《せいきち》と幸吉《こうきち》も加わり、三人で荒地を切り拓《ひら》いたのです。はじめに建てた小屋は間口《まぐち》二間《けん》半（四・五メートル）、奥行き一間半（二・七メートル）でしたが、二人が来たので、間口四間（七・二メートル）、奥行き二間半の小屋を増築しています。

維新の功労の二〇〇石の賞典もあるので、生活には困りません。桐野は懸命に原野を切り拓

桐野が開墾した農地跡　ここに桐野は小屋を建てて暮らしていた。桐野は水田４反、畑５反ほどを拓いた。鹿児島市

きました。水田四反《たん》、畑五反（一反は三〇〇坪）が当面の目標です。朝から暗くなるまで作業をします。食事も使用人の二人と同じものです。政府は少将の給与を送金してきましたが、桐野はすべて送り返していました。陸軍少将として月給二〇〇円の暮らしをあっさり捨てて、原野の開墾に勤《いそし》むことができる桐野の姿に共感できます。

　人はみずからの経歴にこだわり、くだらないプライドなど、もつべきではありません。いつでも一兵卒として、目の前のことや境遇に不平を吐かずに励むのが、人の生きる道です。身請けした女性とも、自分の気性を考え、いつ死ぬかわからない身ゆえ、別れています。桐野は素朴で真っ直ぐな人ですが、みずからの生きる美学は揺れません。欲や損得ではなく、己の信条にのみ生きています。

　桐野が開墾に精を出している間、不平士族による争乱がありました。明治七年二月の佐賀の乱、明治九年一〇月の神風連《じんぷうれん》の乱、萩《はぎ》の乱です。桐野のところにも、薩摩はいつ起《た》つのか、蜂起するのか？　と、使者が何人も訪れますが、一貫して「天の時」と答えて帰していました。

　また、明治七年六月、鹿児島に軍事教練を目的とする「私学校《しがっこう》」がつくられています。篠原《しのはら》国幹《くにもと》を長とする銃隊学校、村田新八《むらたしんぱち》を長とする砲隊学校の二つがあり、間もなく市内や県内に分校が設けられています。ほかに西郷と桐野の賞典を基金とした幼年学校と吉野開墾社がつくられました。

桐野は開墾社にだけ、深くかかわっています。このまま、一農民として生涯を終えてもいいと考えていたのです。軍事を教えるよりも、農業を学び原野を切り拓くほうが、人をつくるうえで役に立つと考えていました。夜には学問を学ばせる場でもありました。

周囲は、仮の姿だろうと疑いませんでしたが、西郷だけは理解していたのです。西郷はたびたび農作業を手伝いにきました。桐野が本心から一介の農夫になっていることに、西郷は好感をもっています。桐野は昔と同じくだれとも群れることなく、自分の務めに打ち込むばかりでした。それでも、国家の正しいあり方については絶えず考究していたのです。

市来四郎の桐野評

のちに、西南戦争の一級資料となった、市来四郎《いちきしろう》の『丁丑擾乱実記《ていちゅうじょうらんじつき》』には、こんな桐野評があります。市来は島津久光《しまづひさみつ》の側近なので、西郷や篠原たちについては批判的で、きびしいことを書いていますが、桐野だけは別でした。それにはつぎのように書かれています。桐野という人物を、よく捉えている人物譚《たん》です。

桐野は廉潔剛胆《れんけつごうたん》、百折不撓《ひゃくせつふとう》の人というべし。最も仁慈心あり、文識はなはだ泛《とほ》し、みずから文盲《もんもう》をとなう。しかりといえども、実務上すこぶる思慮深遠、有識者に勝《まさ》れり。世人これを武断の人というといえども、その深きを知らざるなり、六年の冬桂冠《けいかん》帰省の後は、居常国事の救うべからざるを憂嘆し、皇威不墜の策を講じ、国民をして文明の域に立たしめんことを主張し、ついに立憲の政体に改革し、民権を弘張《こうちょう》せんことを冀望《きぼう》するもっとも切《せつ》なり。

これが久光の側近である市来四郎の桐野評です。久光は藩主の忠義の父であり、倒幕派のドンとして君臨したものの、維新後は版籍奉還のうえ、廃藩置県までされ、自分は将軍にもさせてもらえなかったとして、生涯、大久保・西郷を恨み、嫌い、憎悪していた人です。側近の市来も大久保・西郷を憎む心は同じで、西郷一派に対しても評価はきびしいものとなっていました。試しに市来による西郷の人物評を添えてみます。

性質粗暴、利財にうとく、事業を執《と》るに短《たん》なり。つねに少年と交わり、粗暴を談じ、礼譲《れいじょう》の交わりなく、一《ひと》たび憎視するときは積年孤思《こし》して、容慮なく大量濶度《たいりょうかつど》というべからず。

「事業を執に短なり」というのは、飽きっぽくてつづかない、ということです。「礼譲の交わりなく」は、礼を尽くして交わることなく礼儀がないことで、いちど人を嫌うと、ずっと執着して赦《ゆる》すことなく度量が大きいとはいえない、ときびしいものです。一方で、「じつに稀世《きせい》の人物というも誣言《ふげん》にあらず」、世にも稀な人物と言っても嘘ではないとしています。

桐野につき市来は、欲がなく心や行いがきれいだ、清廉潔白の人、困難に遭《あ》っても挫《くじ》けず折れず、他者への慈悲の心、仁《じん》があると語っていました。

学問はなく、みずから無学を唱えるが、実務を執《と》れば非常に深いところまで考え巡らして実行するので、有識者たちより優れている、世の人は彼を「武」の人というが、その深さ、能力のあることを知らない、明治六年の辞職後は帰郷し、国を救わねばと懸念の日を送るも、皇室の権威が衰えない策を講じて、国民の民度を上げ文明の国とし、政治は立憲政体として人びとの権利・人権を拡大することを冀《こいねが》うもの、と桐野の人柄・思想について論評していますが、桐野が、いかに好漢であったかを物語るものでした。

桐野は自分でも、「おいは学問がなか」、自分は学識がないと語っています。京都に出た文久二年（一八六二）当時はそうでした。相手の藩のことを「御幣藩《ごへいはん》」、自分の藩のことを「貴藩」と間違え、直されると素直に喜び、「ご教示、まことにありがとごわす」と屈託がなく、相手を一挙に桐野ファンにしてしまいます。

また、同僚が無学を笑ったときは、知らんもんに教えてやるのが人の道ではないか、と説く人でした。天皇陛下を「階下《かいか》」と間違えるなどはじめは大変でしたが、みずから勉強し、会津城受け渡しの大役を任されたり、政治について卓見を唱えたり、大きく成長しています。

西郷は、桐野に学問があれば自分など及ばないと、その器量の大きさ、人としての美しさ、爽《さわ》やかさを称賛していますし、のちにいろいろなことがわかってきた桐野自身、「おいに学問があれば天下を取っちょる」と語ったほどでした。つづけて市来の桐野評を披露しましょう。

国難を甘んじて名利《みょうり》を顧《かえり》みず、義に走る速やかにして、人に遇するに愛憎なく、金銭を見ること土芥《つちあくた》のごとく、貧に与え窮《きゅう》に恵み、酒食を好まず、狡猾《こうかつ》なるを見ては、隠言なく面責罵言《ばげん》甚しきに至る。食言《しょくげん》なく、一たび約するときは終身忘れざるがごとし。内外親疎《しんそ》なく、交わり一つのごとし、英豪慈悲の人というべし。

名誉や利得を考えず、義、正義の行ないをとるにいたるのは迅速で迷いなく、人と接するに好悪の情なく公平、金には土やごみを見るごとく無欲恬澹《てんたん》、貧しい者には与え、酒宴や贅沢な食を好まず、卑怯、狡《ずる》い者には本人に向かって罵倒することはげしい。いちど約束すれば生涯忘れることはないがごとく守る人である。人との交際では親しさによる差別なく、同じ接し方、交際であり、優れたる人、豪の人、慈愛のある仁の人である、と激賞しています。

桐野という人は、その真っ直ぐな生き方、清風のような人柄で愛されたのです。

私学校の政府批判

桐野が開墾した原野につくった水田がはじめての収穫をもたらしたのは明治九年のことでした。その間、各地で士族の騒乱があったことは前述のとおりです。

とくに長州は戊辰《ぼしん》戦争後、帰郷した兵に対して冷たく扱いました。藩主は賞典で一〇万石、いまの金で一〇〇億円ももらったのに、兵士らに十分に与えなかったどころか、兵らの給与をピンハネする幹部もいました。山県《やまがた》や井上馨《いのうえかおる》をはじめ、金に汚い者が多かったのです。ピンハネのボスは山県で、それを同輩の三浦梧楼《みうらごろう》が告発しています。

山県という人は、本来、情に篤く、実直・真面目な性分で、陸軍中興の祖としても功績は大きかったのですが、権力・金・名誉への欲望は際限がない御仁《ごじん》でした。西郷に対しては特別な敬愛の念を最後の最後まで懐いていた人でもあります。

山県は給与をピンハネし、そのうえ、藩の常備軍をつくる際、定員を二〇〇〇人に限ったので、半分以上の兵が失業し、その不満が帰藩直後の騒乱につながっています。このときは木戸が鎮圧していました。

三浦は陸軍で少将になりましたが、山県と合わず予備役《よびえき》にされています。その後、駐韓日本公使となり、韓国王室の妃、閔妃《ミンピ》暗殺に深くかかわったとして、広島監獄に拘置されましたその後、大正時代には、あの有名な護憲三派編成のフィクサーとして暗躍しました。

それに対して薩摩は、戦死者の遺族や負傷者に扶持米《ふちまい》や一時金を支給し、兵士らは常備隊の隊長や兵士として採用したうえ、上級の俸禄《ほうろく》を与え、優遇しています。西郷が藩の重役、参政《さんせい》になると、旧来の門閥の禄を削って下級武士に与えました。もともと薩摩は他藩にくらべて武士の比率が七~八倍の地でした。戦さのために多くの武士を抱えておきたかったからです。

そのため、農民と収入が変わらない貧しい武士も多かったのでした。彼らは名誉が支えだったのです。西郷が帰郷した以後も、薩摩だけは独立国のように、政府には従順ではありません。

そのようなこともあり、明治九年の一二月ごろから、政府は薩摩、このころは鹿児島に改名されていますが、ここに警察の密偵を送り込んでいたのです。

鹿児島では私学校《しがっこう》の若者と職員がしきりに政府批判をして、蜂起《ほうき》すべしという気運が高まっています。密偵を送り込んだのは大警視、のちの警視総監となる川路《かわじ》利良《としよし》です。

川路は約二〇名からなる諜報《ちょうほう》工作団を組織し、鹿児島に潜入させました。といっても、鹿児島出身者でつくっています。団長は、これも郷士の二等少警部の中原《なかはら》尚雄《ひさお》でした。川路は彼らに、「官職これあるものは、皆めいめいにその職に斃《たお》れて止《や》むべし」と訓示しています。死ぬまで職に尽くせ、ということです。さらに、「勅《ちょく》を奉じて死を致す。何の栄か、これに過ぎん」ともしました。死を前提にしたと思われても致し方ないところです。

中原らの諜報工作の目的は二つありました。ひとつは情報収集、もうひとつは撹乱《かくらん》です。デマを流して混乱を起こさせること、状況によっては暗殺も「よし」でした。標的は私学校と関係している連中です。この時点で政府は、桐野が中心となって私学校を管理していると疑わなかったのでした。実際は桐野も西郷もタッチしていません。それでも私学校出身者が、県の役人になることが恒常化しつつあったこともあり、政府は私学校の力が強くなってきたものと判断していたのです。

加えて川路の報告には、彼の私学校嫌いが反映して偏《かたよ》っていたのでした。私学校本来の目的は、外国の敵と戦うようになったとき、鎮台兵《ちんだいへい》だけでは足りないことを想定し、そのときに精強な鹿児島士族を役立てたいということでした。

しかし政府側は、反政府の騒乱、蜂起《ほうき》のためとみていたのです。そのため、私学校を潰《つぶ》すことを一義としていました。この年の秋、各地で政府に対する士族の反乱があったので、念のため、鹿児島にある政府の火薬庫から兵器弾薬類をほかへ移すことになりました。

通常は輸送を県庁に知らせ、昼に実施しますが、陸軍省は無視して鹿児島港に着けた汽船

「赤竜丸《せきりゅうまる》」に深夜に運んだのです。それが私学校の生徒に見つかり、明治一〇年（一八七七）一月二九日の夜、酒を呑んでいた二十数人が草牟《そうむ》田《た》の火薬庫を襲って弾薬六万発を強奪したのでした。先輩に相談すれば止められるので、自分たちでやってしまおうという暴挙だったのです。

私学校の幹部、篠原国幹《しのはらくにもと》・西郷小《さいごうこ》兵《へ》衛《え》（西郷の末弟）・永山弥《ながやまや》一郎《いちろう》らが知ったのは三〇日の午前中でしたが、下手に鎮圧すれば、若者らが強盗犯として処罰となり、政府が乗り出してくるだろうと、そのままにしておきました。

若者らは、その日の夜、約一〇〇〇人の集団になって、磯集成館《いそしゅうせいかん》鉄砲製造所や阪元上之《さかもとうえの》原《はら》火薬庫を襲ったほか、三一日の夜も海軍造船所の火薬庫を襲って弾薬二万五〇〇〇発を奪っています。地元警察が私学校党なので黙認状態でした。二月一日も暴徒となって暴れています。

諜報員らは鹿児島に入ったものの、中原本人が二月三日に私学校の連中に捕まり、八日までに全員が捕まってしまいます。中原らは、拷問《ごうもん》によって問われることになりました。

私学校側としては、先に行動を起こしたのは政府のほうだ、と騒乱の口実をつくったばかりか、怒りに火をつけることにもなったのです。川路の持っていた手帖には、「ボウズ（西郷のこと）ヲシサツセヨ」という文字があり、これが大問題となりました。西郷を刺殺せよとは何事かっ！　ということです。

この「シサツ」については、「視察」だという弁解をしますが、通るものではありません。川路が「死ぬまで職を尽くせ、死ぬことは名誉」とまで訓示していることから、「刺殺」のほうが合理的と解釈できます。のちに中原は警視総監・県知事になっているので、ご褒美《ほうび》だったのでしょう。

西郷と陽明学

桐野が知ったのは一月三一日で、「事を早まった」と口にしました。桐野は、すぐに市内に向かいます。自分が切り拓《ひら》いた田畑を眺め、ここに戻ることはないだろうとも予感していました。使用人の幸吉らに後始末をしてから来るように言って、みんなが集まっている篠原の家に行きます。篠原は、桐野のあとに陸軍少将になった猛者《もさ》です。

市来は、桐野と西郷が篠原らに任せっぱなしにせず、私学校を管理、指導していれば戦争にはならなかったとも語っていますが、これはむずかしいでしょう。でも、市来という人物、見るところはしっかり見て、フェアに評価しています。事実、桐野は私学校党の乱暴については、批判的で、しばしばたしなめていたのです。この人は義、正義を重んじる人ゆえでした。

そうであっても、若者を愛し慈《いつく》しむ人なので、桐野を嫌う者はひとりとしていなかったそうです。桐野は八方美人ではありませんから、言うべきことは言う男です。なかにはたしなめられたり、諭《さと》されたりした人もいたことを考えると、つねに「義」「正義」を実践するとともに、それが相手に理解・納得されるように接していたと考えられます。

桐野は篠原に、この騒ぎはおまえさんが納得の上でのことかと尋ねると、篠原は逆にあなたが承知していたと思っていたと答えます。桐野は居並ぶ一同を前に、自分はあずかり知らんが、すでに起こったことをあれこれ言っても仕方がない、今回のことは若者らが大事を誤ったと指摘しました。私学校派の若者らに非があるとしたのです。

しかし、「じゃが、若者《にせ》どんに縄目《なわめ》の辱《はずか》しめを受けさせるわけにはいかん。もはや若者《にせ》どんを抑えんとしても抑えるこつはできぬ。断の一字あるのみじゃ」と静かに、かつ、きっぱりと言いました。ここが桐野の真骨頂《しんこつちょう》、理非曲直《りひきよくちょく》はしっかりわきまえるものの、若者は見殺しにはせず、みずからを投げ出します。

非は若者たちにあるが、捕まるという恥だけは避けてやらねばならん、ならば、ここは、やるのみだ、ということです。こうして桐野と篠原が西郷のもとに行きます。このとき、さらなる襲撃を伝えると、西郷は大喝《だいかつ》して怒りました。そうして、「終わりもしたな」と呟《つぶや》いたのです。

ここで桐野が西郷に説いたことは、非は若者たちにあるが、このまま何もしないでいれば、彼らは騒乱を大きくし、捕まってしまう、それは見過ごせない、見過ごせば先輩としての「義」が立たない、ということでした。

西郷は、そこで、「よか。おはんらに、おいが身をあげもそ」と答え、その瞬間、歴史の歯車が大きく回りはじめたのでした。これも西郷が幼少のころから学んできた陽明学《ようめいがく》の結果です。薩摩は、子どものころから、武士の子は四書五経《ししょごきょう》のほかに陽明学を学びます。また、この藩の空気として、死はなんぼのもんじゃい、というのがあり、死を恐れる者は臆病者として軽蔑《けいべつ》されるのでした。薩摩武士の合戦での強さの一因ですが、他藩にくらべて極度にその空気が濃いのです。

西郷は、仕事や人に対して好き嫌いがはげしく、人に対してはじつは度量は大きくない、といわれますが、これは本当です。日本では西郷を批判するのは、おかしな奴、変わり者、歴史を知らん奴、として良くは思われませんが、薩摩出身で西郷に近かった高位の人は、そのように評することが多かったのでした。

しかし、西郷が、ここいちばんで発揮する感情の豊かさ、己を虚《むな》しくする（無にすること）度量は、巨大な人を思わせます。まさに、「大西郷」であり、この巨人ゆえに西南戦争は起こってしまったともいえるでしょう。仮に桐野が蜂起《ほうき》しても同じことになったでしょうが、西郷が止めたとしたら違ったかもしれません。

この両人が一致したからこそ、ほかの者たちは、自分たちこそ正義である！　と胸を張って蜂起できたのでした。

西南戦争は「桐野の戦争」

西郷、起つ

明治一〇年（一八七七）二月六日、私学校本部で、二百数十人もの幹部一同が出席する会議が開かれます。桐野は西郷の左隣に座り、議長役でした。

はじめに桐野が立ち上がり、政府が密偵《みってい》を差し向けて私学校の崩壊を企図したばかりではなく、西郷先生の暗殺も企《くわだ》てたと演説をしました。その後、何人かの発言があったものの、西郷が、「おはんらがその気なら、そいでよか。こん先どげんするかは、おはんらのよかごつしゃんせ」と話して、政府に非をただすということで決まったのです。

その刹那《せつな》、場内には、「チェスト！」の雄叫《おたけ》びと拍手が湧き起こったといいます。翌二月七日、私学校に「薩軍本営」の大きな門札が掲げられます。

二月一二日には編制は完了しました。一番大隊長、篠原国幹《しのはらくにもと》陸軍少将、二番大隊長、村田新八宮内大丞《くないだいじょう》、三番大隊長、永山弥一郎元陸軍中佐、四番大隊長、桐野利秋陸軍少将、五番大隊長、池上四郎元陸軍少佐です。

予備兵力として、六番大隊、七番大隊があり、連合大隊長は桐野を慕う従兄弟《いとこ》の別府晋介《べっぷしんすけ》陸軍少佐でした。このとき、西郷・桐野・篠原・別府は、明治天皇の恩情を酌《く》んだ政府が除隊扱いにせず、休職ということにしてあるので、現役の将官でした。当然、西郷は唯一の陸軍大将です。

村田新八はだれもが優秀と認める男で、このときは皇室を管轄とする宮内省の幹部でした。西郷は、「知仁勇三徳を兼備した好漢である」と語り、大久保は、「彼がいれば大いに心強い」と語るほどの人物です。勝海舟も、「傑物」と賞揚しています。訪欧の経験もあり、芸術をも愛する人でした。村田は西郷に従ったのです。永山は、桐野がいないと困ると言った武人です。

別府は、最後に西郷の自刃の介錯《かいしゃく》をした人でした。

別府晋介（1847～77）
桐野の従兄弟。西郷を介錯したあと自決。

西南戦争を引き起こしたのは、この別府と辺見十郎《へんみじゅうろう》太《た》・淵辺高照《ふちのべたかてる》の三人だと、西郷の弟でのちに海相・内相を歴任した弟の従道《つぐみち》が述懐しています。

二月一四日、「今般、政府へ尋問の筋これあり」という有名な文言が西郷・桐野・篠原の連名で大山県令に出され、一五日に一番、二番両大隊が出発しました。

その日はめずらしく雪が積もっていた日でした。翌日、三、四番大隊出発、翌々日、五番大隊と砲兵隊が出発、総員一万三〇〇〇名（のちに三〇〇〇〇人増える）の出陣です。

桐野は陸軍少将の制服に、金銀装の太刀という美々《びび》しい出《い》で立《た》ちでした。西郷らも陸軍の制服姿です。このとき、政府の使節として川村純義《かわむらすみよし》海軍次官が軍艦「高雄丸《たかおまる》」で来ましたが、西郷と川村の間で騒いだ若者らのせいで、西郷と会うことはできませんでした。川村も西郷とは親戚なので、もし、会見していたら誤解や曲解も解けていたかもしれません。

西郷が起《た》ったというので、そんなことはしないと信じていた大久保が愕然《がくぜん》とし、みずから鹿児島に行って直接話をすると、政府に言いましたが、殺されるからと止められています。私学校を潰《つぶ》したい大久保は、たぶん、桐野がリーダーだろうと考えていたのです。そんなわけで、蜂起したと聞いて喜んだのでした。

しかし、西郷も一緒と知って呆然《ぼうぜん》としたのです。非情と言われていますが、家では涙を流して部屋の中を歩き回っていたといいます。やはり西郷は幼いころからの兄であり、大親友だったのです。

熊本鎮台から田原坂へ

戦闘は二月二〇日、政府軍の発砲によってはじまりました。緒戦は薩軍の連戦戦勝です。桐野が言っていたように、町民・農民上がりの政府軍の兵は薩軍の強さ・勇猛さを恐れ、抜刀《ばっとう》して突貫《とっかん》されると逃げていくという不甲斐《ふがい》なさでした。

それが少しずつ変化していった契機が熊本鎮台、加藤清正の築いた熊本城攻略からです。清正がつくっただけのことはあり、石垣は登るにしたがって反《そ》り返り、空は見えない造りになっています。鎮台司令官は土佐（高知県）出身の谷干城《たにたてき》陸軍少将です。

この人は、「頑癖《がんぺき》」と自称するように融通のきかない性格でした。戦さも下手ですが、本人がそれを自覚しているので無理押しはしません。戊辰《ぼしん》戦争では、新選組局長の近藤勇を捕えた際、拷問のうえ斬首しろと主張しました。薩摩の参謀の伊地知正治《いじちまさはる》が、武士としての扱いというものがあり、それは認められないとしましたが、伊地知が東北へ移ると、強引に斬首していま す。のちには農商務大臣（第一次伊藤内閣）になっていますが、軍人としては成功していません。

谷の参謀長は薩摩の樺山資紀《かばやますけのり》、参謀は長州の児玉源太郎《こだまげんたろう》、部隊には長州の第一四連隊長の乃木希典《のぎまれすけ》がいました。

政府軍の総督は皇族の有栖川宮《ありすがわのみや》ですから、実質のトップは参軍に任ぜられた山県有朋でした。山県は西郷には多大な敬愛の念をもっていましたが、桐野には、ひたすら恐怖感を抱いています。山県は槍で名を挙げたいと努力した人で、武人としては決して軟弱ではありませんが、桐

田原坂西南戦争資料館別館「弾痕の家」（外観復元建物）　資料館の敷地内には、激戦の生々しい弾痕が残された家が復元されている。

野に対しては、そのような感情をもちつづけていたのです。

田原坂では一日平均二〇万発、三月一五日の政府軍の総攻撃では、なんと四五万発もの銃弾が使われました。そのおびただしさは、空中で双方の弾丸がぶつかってめりこむ弾丸が莫大な数になったことでもわかります。

この戦争に参加した兵らの多くは、二七年後の日露戦争に将官・幹部として従軍していますが、それまでの戦争でもっともはげしいとされた旅順《りょじゅん》攻略においての銃撃戦に参戦した折、口を揃えて、「田原坂のほうがはげしかった」と語るほどのものでした。いまも、田原坂の地面を掘れば、当時の潰《つぶ》れた銃弾がたくさん出てくるそうです。

田原坂では、兵力・火力ともに圧倒的優位だった政府軍が、なかなか優勢になれず、山県は再三、「何をしとる！」と督戦《とくせん》しましたが、戦いが終わって現地を視察した際には、戦地の情景がすっかり変わったことに絶句したといいます。会津出身者で組織した抜刀隊のある部隊は五〇人のうち四八人が戦死していました。

辛勝した政府軍ですが、改めて薩軍の強さに震えたそうです。双方の死傷者は、薩軍が六〇〇〇人、政府軍が七〇〇〇人でした。ちなみに戊辰戦争では、総計で約一三〇〇人という死傷者数です。政府軍はつぎつぎに補充できますが、薩軍はできません。薩軍は銃も弾薬も少なく、木や石を投げたり、猛射のなかを刀で斬り込んでいます。

薩軍の銃は旧式なので、政府軍が一〇発撃つ間に一発しか撃てません。そんなことを考えると薩軍の強さは異常でしたが、補充兵なく、弾薬なく、砲も過少では負けるのは必然でした。早いうちに篠原・永山、そして西郷の末弟の西郷小兵衛《こへえ》が戦死しています。永山は、四月一二日朝、酒樽を据え、「今日は死あるのみ」と構えていました。敵弾が自身に集中してくると、近くの民家を、老婆に一〇〇円を渡して譲り受け、火を放って自刃《じじん》しています。

永山は開戦に反対でしたが、開戦となると、ひと言も愚痴《ぐち》を言わず戦い、先が見えたというので散ったのです。

戦場での桐野

緒戦の連戦連勝が途絶え、田原坂以後はしだいに劣勢となりました。町民・農民で組織された政府軍を軽視しすぎていたのです。きっちりとした戦略も戦術も立てず、場当たり的な作戦で勝機を逃すことが多く、立て直そうとしたときには、兵も銃弾も満足にない状況でした。

桐野には、負けることが見えていました。八月に入ると、いまの宮崎県延岡市近辺で戦うようになりますが、「こういう負け方はなっちょらん。おいが死をもって防ぎもす」と語っています。このとき、兵力は三〇〇〇人に減っていました。途中から加わった兵には降伏する者も増えています。政府軍での彼らの扱いは過酷で、負傷者は放置し、死体もそのままで腐臭を放っている状態でした。支給された食事も、腐ったにぎりめしがひとつです。あまりの苦しさに、川に身投げした者も少なくありません。

薩軍が最後の決戦に臨んだのは八月一五日のことでした。拠点は無鹿《むしか》（延岡市）と長尾山です。無鹿は、天正六年（一五七八）に島津と戦った大友宗麟《おおともそうりん》がポルトガル語で音楽を意味する「ムジカ」から命名した地でした。構想半ばで没しましたが、キリスト教会と身障者救護施設を設けるつもりだったのです。

政府軍も、五つの旅団で計五万人を延岡に集めています。それまでは鉄や錫《すず》を溶《と》かしてつくっていた薩軍の弾薬も、これが最後だと、正規の鉛弾を出しました。午前五時からの戦闘は、薩軍の猛攻のまま進行していきます。西郷が第一線に出ようとしますが、桐野に合図された村田が止めています。桐野としては、死のうとする西郷の思いはわかるものの、なんとか鹿児島で死んでほしかったのでした。

翌日の戦闘で、食事もできない薩軍は劣勢となり撤退します。宮崎から大分に出るという偽装をして鹿児島をめざしたのです。降伏や脱走する兵もいるので、表向きは、あくまで大分に行く、ということにしています。八月一六日には、西郷が、死ぬも降伏も自由にせよ、との布告を出しました。鹿児島をめざしたのは一〇〇〇人でした。

政府軍は、大分・竹田・小倉・福岡・熊本・延岡に警戒するよう命じ、海軍は長崎・下関・佐伯・佐賀に軍艦を派遣しました。鹿児島にはなんの手も打っていません。大分に向かったと信じていたからです。

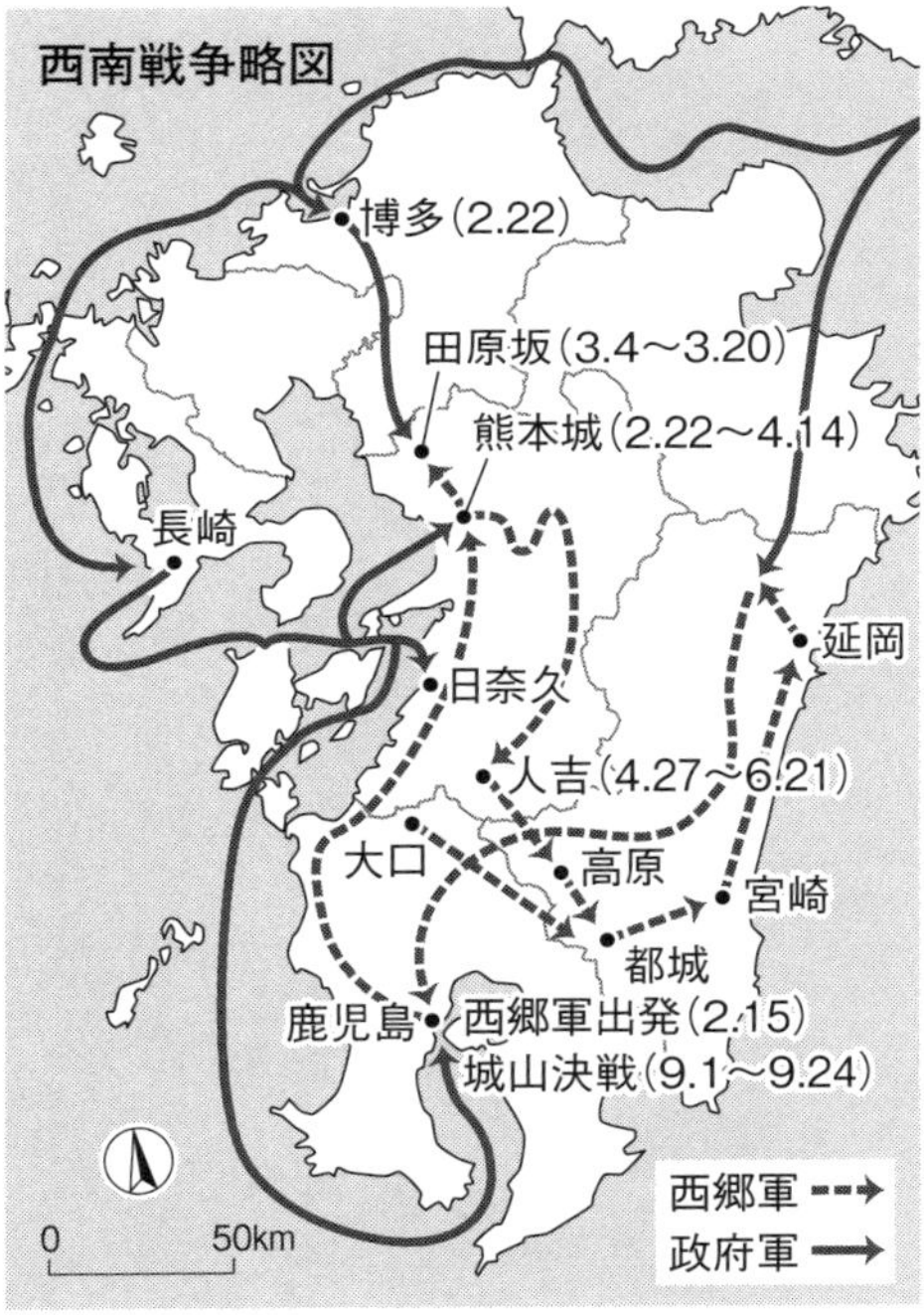

薩軍は途中、政府軍から弾薬三万発、現金七八〇〇〇円、米包み二五〇〇を捕獲し、米は必要な一〇〇〇包み以外、地元民に配っています。進路は延岡に流れる祝子《ほうり》川《がわ》上流を渡り、鬼ノ《おにの》目《め》山《やま》（一四九一メートル）を越え

るルートで、二一日に三田井《みたい》（高千穂町）に到達しました。その後、時折、小さな戦闘をしながら鹿児島までの道を、あっという間に踏破しています。

　鹿児島市内では油断していた政府軍を蹴散らしましたが、まもなく急行した政府軍に包囲されました。明らかに負け戦さ、死が真近とわかっている桐野は、「天地正大《せいだい》、凛烈日月《じつげつ》」を十《じゅう》文字《もんじ》に書いた旗をたずさえ、弾雨飛び交うなかを散歩するように歩いたと報告されています。それを見ると、将兵らは、負けていないという気分になったそうです。

　旗の意味は、天地正大の気、凛烈として日月を貫く、です。桐野の態度は軍人の将らしいものでしたが、それ以前に、桐野たる所以《ゆえん》でした。捕虜となった者の証言では、桐野は、いつ見ても連戦連勝中の司令官のように晴れやかで、敗戦を告げる伝令兵に「おやっとさん（ご苦労さん）」とねぎらい、夜には遊郭《ゆうかく》に連れていったそうで、伝令兵は負けたのは自分の隊だけで、ほかでは勝ってると思う者も少なくなかったそうです。

　彼はほんとうに、下位の者や弱者には温容で優しく、仁慈にあふれた好漢でした。市来《いちき》四《し》郎《ろう》の『丁丑擾乱実記《ていちゅうじょうらんじつき》』では、「桐野は昼夜山中の各守塁を走り回って指揮し、洞窟の中にいる時は、多くの人が集まって快談で時をすごし、酒を呑んだり放歌高吟するものがいた。そのさい桐野は、ともすれば民権論を唱え、日本を救う道は立憲政体の他はない」と語ったと記されていました。鹿児島に戻ってから会った知人には、「死は短刀一働にあり弾丸一つにあり、そう急がずともよし、斃《たお》れるまでにあり」と微笑《ほほえ》んでいたそうです。市来は、「じつに剛勇忍耐の人というべし」と感嘆しています。

桐野は、やがて民権が興るとも語っていましたが、的中しています。私学校の若者が騒ぎを起こしたとき、桐野は、「非は彼らにある」と言いましたが、縄目《なわめ》の恥を受けさせたくないという義によって起《た》ちました。戦役中は、つねに周りを鼓舞していますが、指揮官としては当然のことでした。兵士らは、桐野とともにいると、どんな不利なときでも負ける気がしなかったと語っています。桐野こそ、将の将たる器《うつわ》でしょう。

運命の九月二四日

そうして、運命の日、九月二四日が、やってきました。桐野はずっと従ってきた二人の従僕を呼びます。ひとりは京都に出たころから面倒をみてきた幸吉《こうきち》、もうひとりは地元出身の清吉《せいきち》です。

「いよいよ本日限りとなりもした。わいどん、おいのために今日までよう尽くしてくいやった。そいどん、おいと一緒に死ぬる必要はなかぞ。今夜のうちに去るがよか」。桐野の言葉に両人は一緒に死にたいと言い張ります。思案ののち、桐野は幸吉を残し、清吉に金銀装の銘刀を渡し、「家へ届けてくいやい。こん刀を鎮台どもに取られるのは残念じゃ」と告げます。この銘刀は鎌倉時代の名工として知られる綾小路定利《あやのこうじさだとし》の作で、銀鞘《ぎんざや》に金線が入り、鍔《つば》は金細工で、「一見、光彩燦然《さんぜん》として目を眩《くら》ませる」ほどみごとな刀で、銀鞘だけに一〇〇〇円以上もかかったものでした。

その日、桐野は縮緬《ちりめん》の襦袢《じゅばん》に単衣《ひとえ》を着て、白っぽい兵児帯《へこおび》をして刀を持ちました。襦袢には、フランス製の香水を染み込ませています。古来の武士が嗜《たしな》みとして兜《かぶと》などに香《こう》を焚《た》きしめたのと同じです。桐野が歩くと芳香が漂いました。

最後の戦闘の火蓋《ひぶた》が切って落とされました。五〇人弱の一団が、最後に残った薩軍でした。西郷は太腿《ふともも》と腹に弾丸を受け、「もう、ここでよか」と別府晋介の介錯《かいしゃく》で自刃します。桐野は、それを見届けてから堡塁《ほうるい》の上に小銃を持って上がり、一発ごとに「命中」とか「外れた」と叫び、独力で政府軍をとどめていました。その間に、幸吉は戦死しています。

桐野は少年兵らに、いまのうちに逃れて降伏するがいい、と指示し逃しました。敵兵が迫ります。桐野は銃を置き、「チェスト」の気合いとともにひとりを切り倒し、もうひとりを斬ろうとした刹那《せつな》、三発の銃弾が、左脚・腰・こめかみに命中し、絶命したのでした。敵はなおも恐怖にかられ、遺体に斬りつけました。つぎには村田・別府も戦死しています。

そのとき、鹿児島は豪雨となり、死者の血を洗い流し、西南戦争は幕を閉じたのです。桐野利秋、爽《さわ》やかであっぱれな生涯でした。のちに陸相となる政府軍の高島鞆之助《たかしまとものすけ》は、「桐野利秋という男は、竹を割ったような、正直剥《む》き出しの性質じゃった。男らしい潔白で豪放じゃった。だから、一度桐野と交際すると、面白くて付きあわずにいられん。なんともいえぬ、さっぱりした快活な男である。ああいうのが、本当の武人ふうといううじゃろう」と語っていました。

曇りなき心の月の清ければ千歳の秋もさやけかるらん
大砲《おおづつ》の音を虫にも聞きなして雲井に高き月を見るかな

これが、辞世となりました。大砲の音を秋の夜の虫の音にしか感じない豪放さが清々《すがすが》しい漢《おとこ》でした。

桐野・西郷らの墓は、鹿児島の浄光明寺《じょうこうみょうじ》にあり、桐野の墓石だけはほかと違って白っぽく明るい華《はな》やいだ石です。

桐野は偉人ではありません。しかし、偉大な漢でした。男児たるもの、こうした生き方をしたいものです。世俗の垢《あか》にまみれず、欲に流されず、いつでも己を捨てられる。弱い者には優しく、目の前のことに没頭する。相手がだれでも筋を通し、義を尊び、廉潔で爽やかに生きる、その心、魂の美しさに胸を打たれます。

なお、大正五年（一九一六）、正五位を追贈されています。

桐野利秋に会いたい

西郷終焉の地　9月24日、官軍の総攻撃で銃弾を受けた隆盛は、別府晋介の介錯で自決した。鹿児島市

桐野利秋誕生の地　従兄弟の別府晋介とともにこの地に生まれた。鹿児島市吉野町、実方公園。

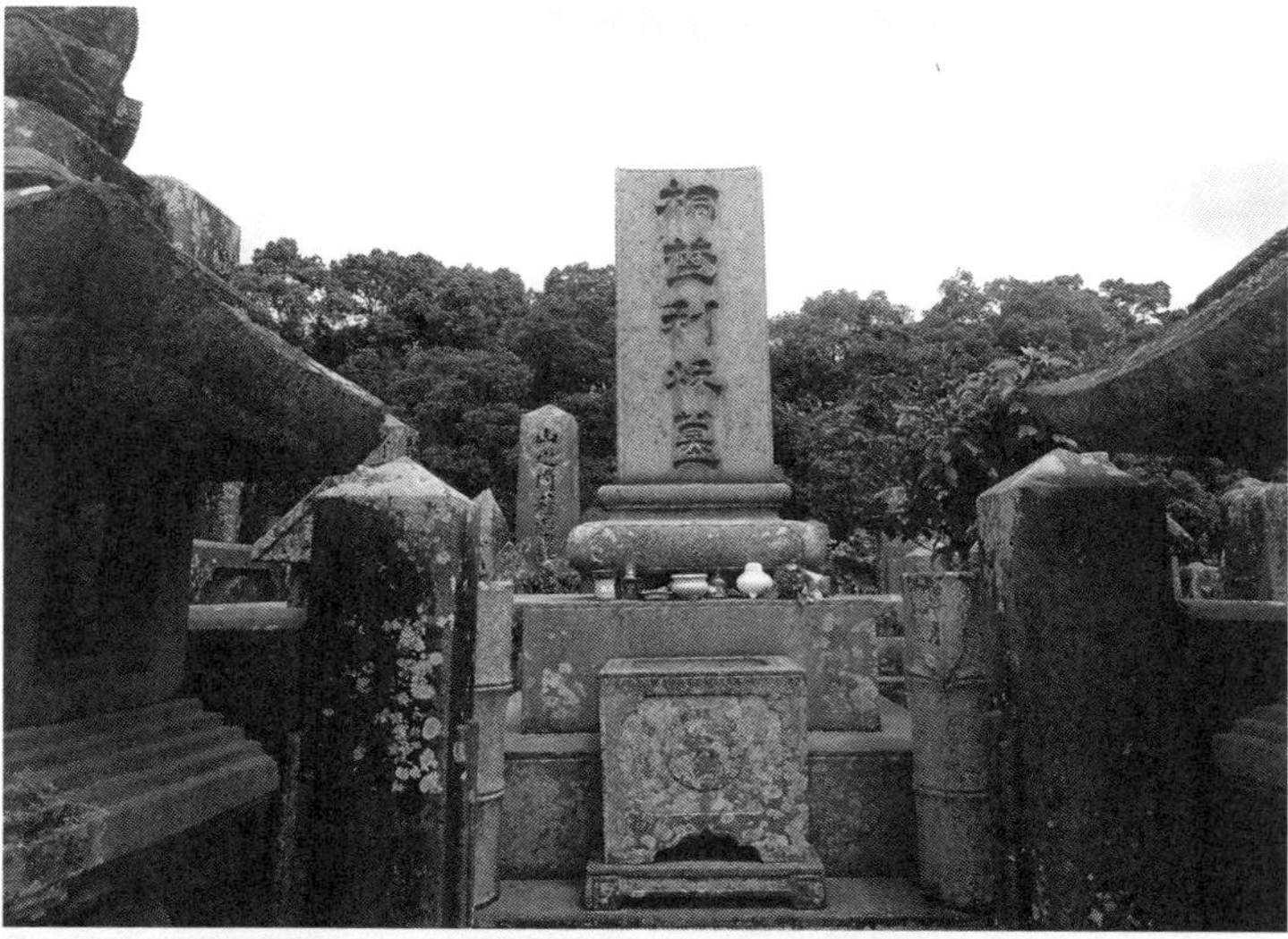

桐野利秋の墓　南洲墓地には西郷隆盛以下の薩軍兵士たちが眠っている。中央の西郷隆盛の墓の左横に桐野利秋の墓がある。鹿児島市上竜尾町

田中正造

—第二章— 弱者に寄り添う

福田英子

弱者に寄り添う

明治時代は、みずからの能力・努力で道を切り拓ける世となりましたが、女性にとっては相変わらず封建の世の中でした。

男尊女卑が当然で疑問にもならない時代に、「男女同キ権アルコトハ喋々《ちょうちょう》シク言フヲマタザル儀」と、男女同権、女性にも参政権をと訴えた楠瀬喜多《くすのせきた》（一八三六〜一九二〇）、「我が親しく愛しき姉よ妹よ、旧弊を改め、習慣を破りて、彼の心なき男らの迷いの夢を打ち破りたまえや」と説いた岸田俊子（のち中島湘煙《なかじましょうえん》）、「十九世紀社会の問題は女子の問題なり、十九世紀文明の歴史は女権拡張の歴史なり」と啓蒙した清水紫琴《しみずしきん》、「女が女の味方をしないでどうしますか」と女性の伝記しか書かなかった長谷川時雨《はせがわしぐれ》など、女権拡張を叫んだ人は枚挙《まいきょ》にいとまがありませんでした。

単に男女の差だけにとどまらず、貧窮者・困窮者への差別もありました。そうした人びとを見過ごせないと、みずからの名誉・地位・家庭を捨てて生涯尽くしたのが、田中であり福田でした。

両人ともに、悲惨な生活をしながら、弱者や女性差別に敢然と立ち向かった、気骨ある人物でした。

不屈の精神をもった
無私無欲の仁人

田中《たなか》正造《しょうぞう》

生没：1841年12月15日～1913年9月4日

「差別」との戦い

正造の生い立ちと人間形成

世に社会問題と闘った人は多しといえども、田中正造《たなかしょうぞう》のように富・地位・名誉・家族の一切を投げ捨て、全人生・全生涯をかけて闘った人はいないでしょう。

その正造が闘ったのは、栃木県北西部にあった足尾《あしお》銅山の「足尾鉱毒問題」でした。ただし、厳密にいうならば、足尾銅山の公害を看過した国家であり、社会の思潮と闘ったとも言えます。

明治二三年（一八九〇）七月の第一回衆議院議員選挙に当選し、翌年一二月に開かれた第二議会ではじめて足尾鉱毒問題を訴えてから、七三歳で没する大正二年（一九一三）九月四日まで足かけ二四年にもわたる、長く苛酷な闘いでした。

田中正造は、天保一二年（一八四一）一一月三日、太陽暦では一二月一五日に、下野《しもつけ》国安蘇《あそ》郡小中《こなか》村（現在の栃木県佐野市小中町）にて、父富蔵《とみぞう》、母サキの子として生まれました。幼名は兼三郎《かねさぶろう》で、家は代々の農家であり、祖父の代から名主《なぬし》を務める家柄でした。

田中正造の生家　幕末から明治にかけて村名主を務めた田中家の大正初年ごろの写真。

名主（関西では庄屋）とは、町村内の有力者のなかでも行政を任される代表者であり、一般農民より高い階層にいました。村からの年貢《ねんぐ》（現代の税）を納入する一方で、村民の統制と保護、他村との交渉、領主への請願など、村民の代表という機能をもっています。

父の富蔵が割元《わりもと》に昇進したのを機に、安政四年（一八五七）、正造は一七歳で名主になりました。割元とは、領主との間に立って、各村の名主たちを束ねる役でした。

正造が生まれた小中村は石高《こくだか》一四三八石《こく》余り（一石は約一八〇リットル）、戸数は一六〇戸ほどで、関東の多くの農村の例に漏れず、相給《あいきゅう》の村でした。相給とは、複数の大名や旗本によってひとつの村が分割統治されている村のことです。

さてここで、幼いときの正造の性格を示すエピソードを、いくつかご紹介しましょう。

五歳のときに人形の絵を描いて、使用人に見せたところ、「あまり、うまくありませんね」と笑われたことがありました。正造は悔しくて、「では、おまえはうまく描けるのか、すぐにやれ！」と命じ、謝りつづける使用人を許しませんでした。

母のサキが、「許してあげなさい」と宥《なだ》めても聞きいれず、あまりの強情さに、サキに雨降る夜の戸外に追い出されています。恐ろしくて泣き叫んでも、一刻《こく》（二時間）ほども許してもらえず、このことが正造の弱者への優しさを養う契機となったと、後年、回想しています。

また、明治時代になったころ、正造は被差別民の穢多《えた》に夏の麦打ちを手伝わせました。暑熱のもとでの作業中、清水を桶《おけ》に常備し、喉《のど》が渇《かわ》くとお椀《わん》で飲むようにし、正造は穢多と同じ椀で飲みますが、ほかの者は忌避《きひ》していたのです。

当時、穢多は決して座敷にあげたり、家の風呂に入れたりしませんでしたが、正造は座敷にて酒をともに飲み、風呂にも入れました。村人は正造の行いを嫌って親戚でさえ家に寄りつかなくなります。

正造は、「差別すべきではない」と諭《さと》しますが、周りの人びとは唾《つば》まで吐いて正造との交際すら断とうとしました。それでも正造の主張は変わりませんでした。

穢多とは「士・農・工・商」の四民の下に位置する、差別された人びとのことです。その淵源は、動物の屠殺《とさつ》、皮を剥《は》いでの加工などに従事し、死や血を扱うその穢《けが》れからきています。

もうひとつ、非人《ひにん》という差別も同種同族のもので、こちらは遊芸の民や刑場の雑役夫が起源でした。明治四年（一八七一）に「穢多非人解放令」が発出され、平民の籍に入れられましたが、地域によっては現在でも差別、忌避というバカげたことがつづいています。

正造は幼いときから荒っぽいことを好み、ガキ大将でしたが、「強いだけではダメだ」と、人との接し方について、あれこれ考えています。名主になってからは、村の親孝行の子を領主に推挙して賞典を授けてもらう寺子屋を設けて子どもたちに教育を与えるなど、積極的に活動しています。

農作業にも精を出し、「右手には鍬《くわ》のたこ、左手には鎌《かま》の傷がいまも無数に残っている。それが誇りだ」と、自分の両手を見せるのが矜持《きょうじ》でした。

くふうを重ねて、一反《たん》あたり、他者よりも二斗《と》（約三六リットル）も余分に収穫できるようになっています。

百姓仕事だけではたいした収入にならん、と藍玉《あいだま》の商いもはじめています。藍玉は染め物の原料で、藍の葉を乾燥させて重ね、水をかけて撹拌《かくはん》し、六〇日から九〇日、発酵させたあとに灰汁《あく》を注いで、臼《うす》で突き固めて黒い餅《もち》状の六寸（約一八センチ）ほどの玉にしたものでした。

このとき、日々の日課を以下のように決めています。

・朝食前に、草一荷《か》を刈る。
・朝食後、二時間、商売に使う。
・終われば寺子屋で数十人の子らに読み書きを教える。

・夕食後、藍小屋を見回り、寺で友人らと漢籍を学ぶ。
・名主の公務は自宅で取り扱う。

正造は藍玉の商いで、三年間で三〇〇両（現在の約三〇〇〇万円）を稼いでいます。

正造は二二歳で大沢カツと結婚しました。略奪婚に近いものでしたが、それは以前に正造が、らい病（ハンセン病）患者の面倒をみたからで、偏見の強い時代だっただけに、カツの家の人に嫌われたのです。そこで、略奪のようにさらってきたわけですが、カツ自身、逃げることなく正造を選んだともいえます。

正造の苦難、雌伏のとき

一七歳で名主になり、一見、順風満帆《じゅんぷうまんぱん》にみえた正造の人生に一大転機が訪れました。文久二年（一八六二）、小中村を支配していた六角家の筆頭用人坂田伴右衛門《さかたばんえもん》が病没し、林三郎兵衛《はやしさぶろうひょうえ》が筆頭用人になると、途端に支配態勢が悪化したのです。

林は、村々に余分な御用金を課す、自分に近い者を藩医師にする、自分の言うことを聞く者を名主に任命する、御《ぎょ》しやすい村の年貢を下げ、言うことを聞かない村の年貢は上げる、富蔵・正造父子のお役御免、を画策したのです。

一般に流布《るふ》しているところでは、江戸時代の領主やお殿様の権力・権限は絶大、絶対のもののようにされていますが、実態は、やや異なります。村々では名主たちによる自治の権限と慣習により、理不尽なことへの訴えも可能でした。その対象が領主であれば、上級機関の幕府に、領主の家臣であれば領主に愁訴《しゅうそ》ができました。

自分たちの村、民衆、暮らしを守る、という名主たちは、いよいよもって、幕府に訴えることにしたのでした。名主《なぬし》たちは、幕府の老中《ろうじゅう》に訴えることには成功しましたが、前述のとおり、幕府はそれどころではありませんでした。六角家騒動は六年にもわたり、業《ごう》を煮《に》やした正造は、それまで以上に頑強な策のひとつとして、林一派をきびしく糾弾する書状を六角家本家の烏丸《からすま》家に出しています。

しかし、これが林一派の手に入ってしまい、正造は江戸屋敷の牢に囚《とら》われてしまいます。牢といっても、縦・横・高さ三尺（約九一センチ）の四角い牢で、体を伸ばすこともできず、用便は牢の下に掘ってある穴ですませるものでした。

取り調べは酷烈《こくれつ》なもので、正造の背を乱打する拷問《ごうもん》がつづきました。正造は毒殺されるのを危惧《きぐ》して、牢で出される食事を断ち、最初の三〇日間は友人が差し入れてくれたたった二本の鰹節《かつおぶし》で凌《しの》いだのです。その後も、差し入れで生き延びています。

こんな状態で一〇か月も頑張ったのでした。体を伸ばすこともならず、ろくに食べることもできない一〇か月は、どんなに辛かったでしょうか。

騒動は、明治政府の役人によって解決が図られました。喧嘩両成敗で、六角家当主は「隠居」、林は「永の暇《いとま》（クビ）」、正造は「一家領内追放」です。

追放であっても、村内の人びとは正造の活躍を知っていたので、正造だけが領外で、ほかの家族はそのまま小中村に住みつづけています。正造が村の中を歩いても、みな知らんぷりをしてくれました。このとき、名前を兼三郎から正造に改めています。

正造は、騒動を収めるための活動でつくった借金を返しながら、寺子屋を開いて、子どもたちを教育しました。

明治二年（一八六九）八月、正造が知人の勧めで上京後、同郷出身者の求めで、江刺《えさし》県（現在の秋田県の一部）に役人として赴任しています。任地は秋田県境の鹿角《かづの》です。

前年来の凶作で村々は食料が尽き、牛馬を殺して食べるほか、稗《ひえ》・草の根・糠《ぬか》に塩を入れた粥《かゆ》で命をつないでいました。正造は緊急に五〇〇俵の米を取り寄せて救済しています。

治安の乱れが懸念されていたなか、支庁舎にて、上司の木村新八郎《きむらしんぱちろう》が何者かに刀で斬られ、駆けつけた正造が迅速に捜査をするものの、犯人はわからずじまいでした。

その四か月後、正造は木村を介抱した際、袴《はかま》や足袋《たび》に血がついたことを疑われて、捕まることになったのです。獄に入れられて、「白状せよ」と笞《むち》で拷問されました。明治四年六月一〇日のことでした。

まったく身に覚えのないことでしたが、翌年春には盛岡監獄に移されています。明治五年一一月、「監獄則」が制定され、獄内に畳が敷かれます。正造は、「一夜の間に地獄変わりて極楽」と語っていました。

読書も許され、正造は翻訳書で政治・経済を学んだほか、大ベストセラーとして一世を風靡《ふうび》したサミュエル・スマイルズの『西国立志編《さいごくりっしへん》』（中村正直《なかむらまさなお》訳）を貪《むさぼ》るように読んでいます。

この書は原書のタイトルを『セルフ・ヘルプ』といって、訳した中村正直は号を中村敬宇《けいう》といい、福沢諭吉《ふくざわゆきち》と日本初の学術文化団体の「明六社《めいろくしゃ》」を設立、『明六雑誌』を発行して自由思想の啓蒙《けいもう》に努めています。

中村正直（1832～91）啓蒙思想家、教育者。英学塾「同人社」の創立者。東京女子師範学校校長。

明治七年四月、行方がわからなかった木村の子息の証言で無罪放免となりました。

正造は、「監獄則」によって獄中生活が一変したことへの感動もあり、近代思想を積極的に学ぶようになっています。そうしてヨーロッパの政治や議会制度・経済についての知識を吸収していったのでした。

福沢諭吉（1835～1901）　啓蒙思想家、教育家。慶應義塾創設者。

とくに時代のオピニオン・リーダーの福沢諭吉に心酔し、その著書を読むだけでは足らず、演説会に出かけるほか、諭吉宅を訪問して話をしています。

正造は、自分のことを「無知、無学」「愚鈍《ぐどん》」とたびたび称しているほか、知識人を、「学士は、みな書冊の奴隷たり」と罵倒《ばとう》しています。しかし、本心は学問・知識を尊いものとして勉強を重ねた人でした。

自由民権運動に参加

政治への参加

故郷に戻り、正造は造り酒屋の番頭を一心に務めます。その傍《かたわ》ら、夜間学校をつくって郷里の青年たちを教育していました。そうして地租改正《ちそかいせい》の担当をも兼務しています。

明治六年（一八七三）、従来の米で納めていた年貢が金納に変更されたからです。地価を算定して一定の率の税を課します。

正造は役所と農民の間に立って、円滑な納税をさせるため、人びとの税率を下げたぶん、自分の土地の税率を上げましたが、無私無欲の思いは一貫しています。

このときの世相としては、明治七年に板垣退助《いたがきたいすけ》が立志社《りっししゃ》を設立しました。前年に板垣は「民撰議員設立建白書」を出しています。これが、民権運動の出発点となります。

板垣は愛国公党も結成していますが、これらが明治一四年の自由党結成につながるのです。

板垣は非常に潔癖な人で、金銭にも欲がなく、高潔な人でした。時代は明治七年二月に起こっ

板垣退助（1837 ～ 1919）政治家、軍人。明治維新の元勲、自由民権運動の指導者。

た、江《え》藤《とう》新平《しんぺい》を首領とする「佐賀の乱」を起点とし、士族層の反乱がつづき、最後を明治一〇年、西郷率いる「西南の役」で締めくくり、武士・士族の時代の終焉《しゅうえん》を迎えています。

正造は、このときの紙幣増発を見て、物価騰貴《インフレ》を予想して、地元の田畑の購入に奔走《ほんそう》しました。周囲の人は、まさかという反応でしたが、地価は急騰し、五〇〇〇円の資金で買った土地が三〇〇〇〇円にもなっています。いまの約三〇〇〇〇万円強です。

正造は、これを機に父の富蔵に書状を出しました。内容は、「いまから自分の営利目的のために精神を労しないこと、公共のために毎月一〇円ずつ、今後三五年間の政治運動に消費すること」でした。

富蔵は喜んで、「死んでから仏になるはいらぬこと、生きているうちに良き人となれ」と激励しています。正造も民権運動に身を投じるわけですが、まずは、国会開設が目的でした。

国会開設論は、国民の政治参加の促進を通して国家の富強を図るというものでした。しかし、正造独自の特徴は、「政府が存在するのは、人民の福祉を図るため」としています。板垣の出

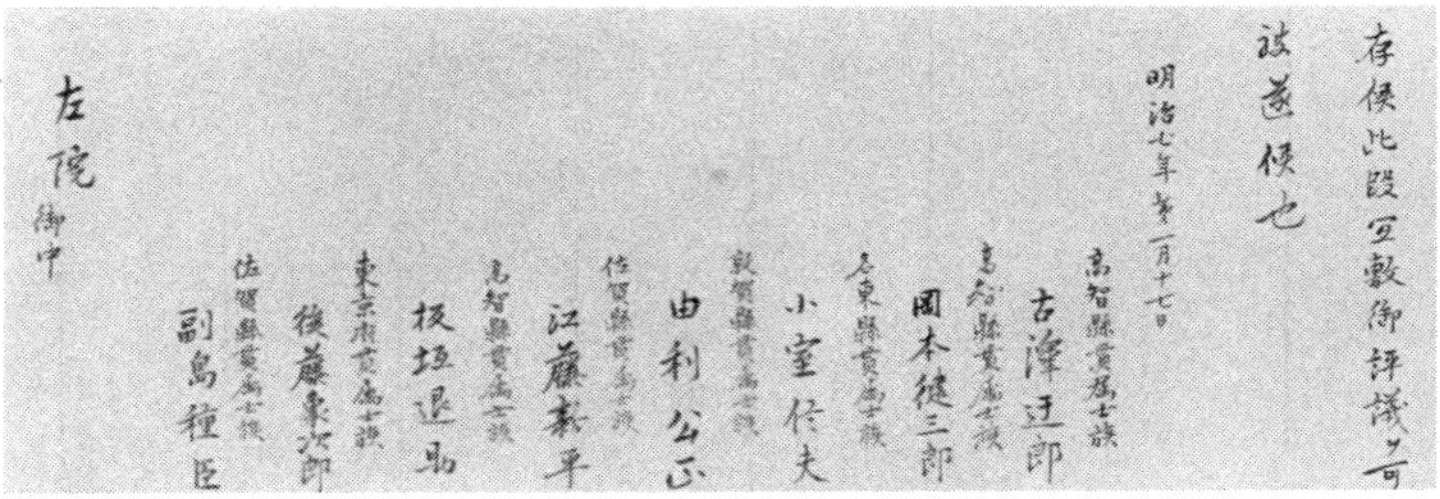

民撰議院設立建白書（序の末尾部分）　明治７年１月 17 日、政府に対して民撰議院を設立して速やかに議会を開設するよう要望した建白書。自由民権運動の端緒となった。板垣退助のほか、江藤新平・後藤象二郎らの署名がみえる。

した「民撰議院設立建白書」では、政権が皇室にも人民にもなく、一部の政治家、政府にのみあり、皇室はその権威を衰退させている、これを改善するため民撰議院を設立するのである、と述べています。

民撰議院を設立すれば、政府と人民の間は情実融通して一体となり、それによってはじめて国は強くなるであろう、設立を要求するのは、天下の公論を伸ばし、人民の権利を確立し、天下の元気を鼓舞し、それによって上下親近《じょうかしんきん》し、君臣相愛《くんしんそうあい》し、わが帝国を維持、振起《しんき》し、幸福安全を保護することを欲してのこと、とも述べていました。

これに対して政府は、明治八年二月、大阪で大久保《おおくぼ》利通《としみち》と木戸《きど》孝允《たかよし》が板垣と会談し、元老院・大審院・地方官会議を新設したほかに、「漸次《ぜんじ》立憲政体樹立」の詔《みことのり》が発せられ、木戸と板垣が参議《さんぎ》に復帰することになったのです。この会談は、「大阪会議」として歴史に名を残しています。

民権運動は、時を経るとともに、運動に参加する人びとが、士族層から平民層・農民層へと拡大していきました。これまで政治に参加するなど夢想だにしなかった人びとが、みずから参加することを夢見て、胸を躍らせていたのです。

正造、政治家を志す

もちろん、正造もそのひとりというわけで、それまでの政治・議会についての勉学を存分に活《い》かしたいという思いもありました。

板垣が民権運動を目指したのは、戊辰《ぼしん》戦争での会津攻めの折、武士層は必死で戦っているのに、会津の民衆・農民は「我、関せず」と他人事《ひとごと》のようにしていたようすを目《ま》のあたりにして、「支配者だけの国ではいかん。すべての人民が参加する国にしなければ」と考えたのでした。

板垣の運動の主眼は国会開設にありました。そうして民権運動は熱を帯びてきます。社会には、いますぐにでも自由になるような空気が流れていたのです。

正造は明治一一年、栃木県の区会議員（現在の市会議員）になりました。このときの正造の意識は「牧民官《ぼくみんかん》」として民衆の権利を寄託《きたく》されているのだ、という公僕《こうぼく》の精神をもっていました。牧民とは、地方を治める人、地方長官のことで、江戸時代には、大名の間で統治者の規範とされていました。翌年、県会が設けられ、正造は立候補しましたが、次点で落選します。

正造は友人たちと栃木新聞社を創設、無給で編集長を務めました。この仕事で二回、罰金刑を受けています。しかし、正造の知名度は大いに高まり、明治一三年二月の栃木県補欠選挙では二六〇〇人余りの投票で二二二二票、じつに八五・五パーセントの得票率で当選しています。同年八月、正造は民権結社「安蘇《あそ》結合会」を組織し、同年一〇月三日に「中節会《ちゅうせつかい》」と改称して、国会開設建白書起草委員になっています。

正造は、同年一一月一二日、東京で開かれた国会期成同盟第二回大会に出席し、建白書を元老院に提出しました。正造の国会開設の目的は次の点にありました。

一、国に政府があるのは、人民の福祉を図るため、およそ人民たる者は政治に参加して応分の義務を尽くし、それによって陛下（明治天皇のこと）の煩労《はんろう》を幾分でも減じようと欲すること。

二、歳入と歳出のルールを確定しなければならず、このために議会をつくらねばならない。人民を政治に参加させることは、人民固有の権利を暢達《ちょうたつ》（伸ばして育てること）のためである。また、徴兵と納税の義務は、参政の権を得るに足る。これが国会を希望する理由の二である。

三、現在、わが国は危殆《きたい》の時であり、財政・外交共に困難に陥《おちい》っている。それは政府の政策がよろしきを得ないからであり、これが国会を希望する理由の三である。

四、人民の政治的進歩は驚愕すべきほどである。町村や府県で自治が可能であるのに、国会で自治が不可能というわれはない。これが国会を希望する理由の四である。

二、三は、ほかから出された開設論にもあるもので、めずらしいものではありません。国会期成同盟の国会開設論では、人は生まれながらにして自由と権利が保障されているという天賦《てんぷ》人権論から始まり、その権利ゆえに責任も重大だが、封建制下では人民は国政から排除されていたので、その責任を果たすことができなかったとし、参政権を得ることで責任を果たせる、としていました。

さらに、国家にとってもっとも必要なことは人民が一致協和することであり、そのために必要なのは各人の愛国心であると説いています。

人民に愛国心がなければ各人がばらばらになり、国は衰退し、はなはだしい場合には滅んでしまう、人民を一致協力させるために国政に参加させ、みずから裁断させること、そうすることで、人民に国家の休戚《きゆうせき》（喜びと悲しみ）を我が事として捉える気風が生じるであろう、というのが主張の骨子《こつし》でした。

このような国と国民の関係につき、欧米視察から帰国した大久保利通は、明治六年一一月の、「立憲政体に関する意見書」で、「イギリスの繁栄が、国民の愛国心と、君主がそれを尊重する慣習があるからであり、反面、日本に愛国心のある者は一万分の一であり、人民の能力を束縛し、権利を抑制する弊がある、人民の能力を尊重する政体にするなら国も繁栄する」という趣旨のことを述べていました。

歴史家の牧原憲夫《まきはらのりお》氏は、『客分と国民のあいだ――近代民衆の政治意識』（吉川弘文館）の中で、自由民権運動とは、民衆に対して、国家の命運に自分の運命を重ねる「わが国」意識、「国民」意識（ナショナル・アイデンティティ）をもたせようとする運動、と述べていました。

民衆中心の視点

民権運動を精力的に先導した正造ですが、民衆を大事にする、という思想は徹底したものでした。

ある小学校の開校式では、官尊民卑《かんそんみんぴ》のはなはだしかったころ、官僚が上席を占めるのが常でしたが、正造は郡長・警部・議員・下級役人も同列にして、一〇銭の会費を徴収しています。

また、役所では、村長・戸長《こちょう》には敬称をつけるのに、一般市民は呼び捨てでした。正造は、「おかしい」と県議会で追及し、敬称をつけよ、と主張しました。

やっと可決したものの、役人が正造のもとに来て、せめて娼妓《しょうぎ》や芸妓《げいぎ》のような者だけでも呼び捨てにして欲しいと嘆願しますが、正造は断固として認めませんでした。

「彼女たちも税金を払っている。それが君たち役人の給料や弁当代になっているのだ。だったら、呼び捨ては無礼だ。もし、どうしても呼び捨てにしたいのなら役人を辞めてから言え。役人とは人民の権利を重んずるものだ。人民を軽蔑《けいべつ》するいわれはない」。

男尊女卑の世で、みごとな言葉・思想です。

正造は、中学校を廃して師範学校や小学校を盛んにせよ、師範学校の教員の給料を大幅に増やせ、と主張したこともあり、師範学校の補助金は二倍にしています。

中学校は五年制の男子校で進学率はわずか七～八パーセントであり、これを公立として税金を投ずるのは間違っている、なぜなら中流以上の資産家の子弟が進学する学校だから、と筋が通っていました。

このように、貧富によって教育格差が生じないように、正造は明治一二年から明治二二年まで、一貫して主張しつづけたのです。ここに正造の民衆中心の視座、政策配慮が垣間見《かいまみ》えます。

加えて、意志の強固さ、妥協のなさも伝わってきます。

また、明治時代から太平洋戦争前までの日本社会の格差は、いまとは比較にならないほどで、そうした世の中で正造はたいへんな努力をつづけていたのです。

どんな状況下でも、それが民衆のためになると思えば、ドン・キホーテのように一身に目的に向かって進むのが、正造という人物の真骨頂《しんこっちょう》でした。

国会議員としての正造

明治一四年一〇月、政府は国会開設の詔勅《しょうちょく》を発し、同月、板垣退助を総理とする自由党が結成され、翌年三月に大隈重信《おおくましげのぶ》を総理とした立憲改進党が結成されました。

正造は、『栃木新聞』の関係から、政治結社の嚶鳴社《おうめいしゃ》と『東京毎日新聞』を興した沼間守一《ぬまもりかず》と近く、沼間が立憲改進党創立に参加すると、一二月に正造は入党しています。翌年一月から正造は栃木県下で入党勧誘のための活動をはじめ、やがて全国一の改進党員を擁する「改進党の金城湯池《きんじょうとうち》」と呼ばれるようになりました。

県会議員としても連続当選し、明治一九年には県会議長に選ばれています。明治二二年二月一一日、大日本帝国憲法が発布され、正造は栃木県会議長として、式典に列席しています。

沼間守一（1844～90）嚶鳴社で自由民権運動を展開し、立憲改進党の結党に参画した。

正造は、「空前絶後の大典たる憲法発布の盛式に参列の栄を得た」と友人に喜びを伝えていました。憲法自体も高く評価し、「刀にたとえれば村正《むらまさ》のごとく、正宗《まさむね》のごとき、よい憲法」と語っています。

『憲法発布式之図』（翠軒竹葉画）　明治 22 年 2 月 11 日、明治天皇から、内閣総理大臣黒田清隆に憲法が与えられる場面。明治天皇の右手側には、昭憲皇太后ら皇族の女性たちが参列し、左手前には、各国の公使が顔を揃える。

ああうれし　ああありがたし　大君《おおきみ》は　かぎりなき宝　民に賜《たま》ひぬ

憲法は　帝国無二の国法ぞ　守れよまもれ　万代《ばんだい》までも

このように詠《うた》っていました。その理由は、条件つきながら、臣民の権利を保障しているからでした。

大日本帝国憲法を起草した伊藤博文《いとうひろぶみ》がもっとも心を砕いたのは、臣民の権利を保護して、君主の権力を制限するところでした。

正造が、いかにこの憲法に惚《ほ》れていたのか、いくつか言葉を挙げてみましょう。

旧幕時代には百姓や町人が侍《さむらい》に無礼があった

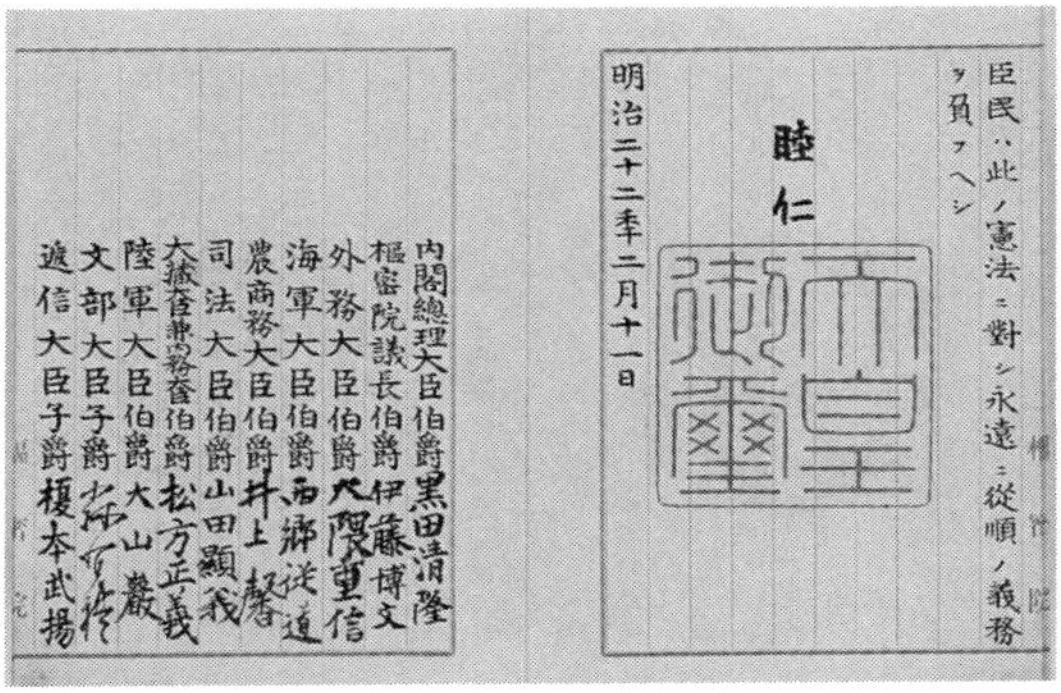
臣民ハ此ノ憲法ニ對シ永遠ニ従順ノ義務ヲ負フヘシ

睦仁

天皇御璽

明治二十二年二月十一日

内閣總理大臣伯爵黒田清隆
樞密院議長伯爵伊藤博文
外務大臣伯爵大隈重信
海軍大臣伯爵西郷従道
農商務大臣伯爵井上馨
司法大臣伯爵山田顕義
大藏大臣兼内務大臣伯爵松方正義
陸軍大臣伯爵大山巌
文部大臣子爵森有禮
遞信大臣子爵榎本武揚

大日本帝国憲法（部分）　明治天皇（睦仁）の御名御璽につづき、内閣総理大臣黒田清隆以下、各大臣の副署がある。

として切り捨てられたが、いまのように憲法の規定がある以上、切り捨てにされて決して勘弁するものではない(明治二六年)

人が大切に思うものは、生命、財産、自由、名誉の四つであるが、とりわけ生命は大切で、生命がなければほかの三つのものも無用になってしまう。そして、その生命を守るのが法律である。(中略)国家が存在するのは、この大切な四つのものを守るためである(明治二六年)

正造の法律観は、法律とは権力の行使を規制し、人民の権利・生命を守るためのものだったのです。

明治二三年七月、第一回衆議院選挙が行なわれ、正造は当選しました。時に五〇歳、明治時代の寿命を鑑《かんが》みれば、まさに老人の年齢に達していました。

足尾鉱毒事件

古河市兵衛の参入

国会議員となった田中正造がかかわることになったのは、足尾《あしお》銅山の鉱害問題でした。これが、日本初の公害問題といっても過言ではありません。

銅山は栃木県北西部、渡良瀬川《わたらせがわ》を上りつめた所にありました。開発されたのは天文《てんぶん》一九年（一五五〇）とされていますが、公表されたのは慶長《けいちょう》一五年（一六一〇）のことです。鉱山の発見は利権がらみなので隠されるのがふつうでしたが、三代将軍家光《いえみつ》の就任という慶事に合わせて公表されました。

幕府は銅山を直轄《ちょつかつ》とし、足尾に鋳銭座《ちゅうせんざ》を設け、御用銅山としたのです。寛文《かんぶん》年間（一六二四～四四）に年産三〇万貫《かん》（一貫は三・七五キログラム、一一二五トン）、貞享《じょうきょう》年間（一六八四～八八）には同四〇万貫を産出し、足尾の町も「足尾千軒」と呼ばれるほど繁栄しました。

当時の代表的通貨だった寛永通宝《かんえいつうほう》が鋳造された史実もあります。裏面に「足」の刻印があったことから、「足字銭」とも称され、お金のことを「お足《あし》」というのも、これが起源です。銅は日光東照宮の堂塔に使われたほか、残りはオランダや中国に輸出されていました。貞享年間以降は衰退し、元禄期（一六八八～一七〇四）には、年産一〇万貫に落ち込み、明治時代になるころには廃山同様でした。

この銅山を民間人の古河市兵衛《ふるかわいちべえ》が買ったのが、明治一〇年（一八七七）でした。古河は京都生まれで、代々、庄屋（関東での名主）を務める家柄です。父の代に没落したため、高利貸しを営む叔父を頼って盛岡に行き、叔父の手伝いをしたあと、叔父の紹介で京都の小野組の番頭だった古河太郎左衛門《たろうざえもん》の養子となり、古河市兵衛と改名しました。

古河市兵衛（1832～1903）明治時代の実業家、古河財閥の創業者。

市兵衛は養父に才能を認められ、小野組での地位を上げていきました。小野組は屋号を「井筒屋」という、両替商を主とした店でした。

市兵衛は三一歳で買付主任となり、福島と江戸を往復して生糸《きいと》の取り引きをしています。横浜での外国との貿易につき、幕府は形式上は認めていませんでしたが、市兵衛は外国人と取引して、七万両（現在の約七〇億円）も

足尾町全景　小野崎一徳 編『古河足尾銅山写真帖』より。明治28年7月。

の巨利を上げたのです。

　このとき、小野組の重役たちは、「取り引きをやめよ」と書状を送ってきましたが、市兵衛はつづけたのでした。

　市兵衛、抜け目がありません。行動力・企画力も秀逸で、いまの世に生きていたとしても、辣腕《らつわん》事業家だったでしょう。小野組は新政府の金庫代わりとなって、事業を大きく伸ばしました。

　東京、日本橋に本店を置き、全国に四〇余りの為替《かわせ》の支店を配するほどにまでなったのです。加えて生糸や米のほか、鉱山経営、銀行を擁する巨大企業になりました。しかし、明治七年、政府の方針が突如として変わります。

　政府が預けていた公金に対して担保を出

させようとしたのです。通知が急なこともあり、小野組は廃業することにしましたが、このとき残ったのは、長州（現在の山口県）出身の井上馨《いのうえかおる》と親密だった三井だけでした。

市兵衛は、預けておいた自己資金の一万五〇〇〇円（いまの約一億五〇〇〇万円）を没収されて無一文になったほか、渋沢栄一《しぶさわえいいち》が経営する第一国立銀行から借りていた一四〇万円（約一四〇億円）について、自分の全財産、小野組の残余資産を誠実に差し出して丸裸になって精算しました。一四〇万円のうち、七〇万円は市兵衛個人の借金でしたが、渋沢は大いに感服しています。

以後、市兵衛は新規一転、銅山経営に乗り出したのです。手はじめに小野組時代から関係があった、相馬《そうま》の中村家より新潟県の草倉《くさくら》銅山を譲り受け、これを軌道に乗せて足尾銅山を買いました。買収金額は五万円（約五億円）で、あとから振り返ればタダみたいな値段でしたが、当時は廃鉱に近く、産出量もわずかだったのです。

明治一六年、新たな鉱脈を発見し、産出量は急上昇します。年間の銅産出量は明治一三年が一五万四〇〇〇斤《きん》（一斤は一六〇匁で、六〇〇グラムとして九二・四トン）から、明治一七年には三四八万九〇〇〇斤、翌明治一八年には六八八万六〇〇〇斤と急増したのです。

明治一七年以降、全国の銅産出量の四〇パーセントが市兵衛経営の各銅山が占め、そのうちの七〇パーセントが足尾からでした。つまり、日本全体の二八パーセントが足尾からの銅になったのです。第二位の愛媛県の別子《べっし》銅山は、足尾の半分の産出量でした。

この急増には時代の風も味方していました。世界的に電化が進んでいたときで、電気事業にかかわる加工製品の原材料として銅需要が増加し、日本の産銅業は輸出産業として大きく発展していったのでした。

次に二度の戦争による銅需要もありました。銅は兵器の材料だったからです。日露戦争後は内需拡大・産業振興の影響で需要が伸びています。

足尾銅山の発展とともに足尾の町も栄え、寛政八年（一七九六）に三四〇戸、一三七〇人余りの人口が、明治三〇年（一八九七）には二万七四二六人、明治四〇年には三万四八二四人と増え、三万五二二七人の宇都宮市に次ぐ栃木県で第二の都市になりました。

市兵衛のモットーは「運・鈍・根」で、粘り強くやるだけやって、あとは天命に委ねるというものでした。市兵衛は惜しみない投資で事業を拡大していきました。

魚の大量死

その一方、足尾銅山は産出量の増加とともに鉱毒被害を生じさせることになったのです。はじめにその兆《きざ》しがみえたのが、渡良瀬川の魚でした。鉱山から排出される多量の鉱滓《こうさい》、有毒重金属を含む酸性廃水による鮎《あゆ》の大量死、鮭《さけ》の漁獲量の激減となったのです。

明治二二年と翌年の夏、豪雨によって渡良瀬川が氾濫《はんらん》すると、川の鉱毒は周辺の農地一帯に及び、三郡もの広さにわたって農作物が全滅になりました。氾濫の原因には、足尾銅山が、坑内の支柱、ボイラーの燃料などに大量の山林資源を使ったこともあります。鉱山労働者の宿舎・諸施設、製錬で使う木炭にもおびただしい量の山林を伐採したのです。

そのほかに製銅所から有毒ガスが流出しました。日本の銅鉱石は、多くが硫化鉱《りゅうかこう》（黄銅鉱《おうどうこう》）であり、硫黄分を大量に含んだ黄銅鉱を溶鉱炉《ようこうろ》で溶《と》かすと、硫黄分が大気中の酸素と化合して亜硫酸ガスとなり、このガスが樹木を枯らしてしまうのです。山は裸となり、雨水を止める力を失っていました。

代議士時代の正造　「第三区撰出代議士田中正造君」とある。

さらに銅山は、鉱滓を渡良瀬川に投棄していたので、河床を上昇させ、いっそう氾濫しやすくなったのでした。農作物や農地の被害が出ると、渡良瀬川周辺の人びとが明治二三年一〇月に、渡良瀬川の水質調査と泥土《でいど》の成分検査を栃木県立宇都宮病院に依頼しています。

翌明治二四年五月には、群馬県議会でも問題となり、改めて東京帝国大学農科大学に土壌分

古在由直（1864 ～ 1934）農芸化学者。東京帝国大学元総長。

析を依頼しました。明治二五年二月、農科大学の古《こ》在由直《ざいよしなお》・長岡宗好《ながおかむねよし》の両助教授が調査結果を出しています。

土壌には多少の銅分と、多量の硫酸が存在し、植物が生育しないのは銅化合物の存在が原因というものでした。古在の調査によれば、一リットルあたりの酸化銅一〇ミリグラムで、農作物の生育が阻《はば》まれ、固体では害はないものの、液体になると作物の根は五〇ミリグラムになると枯れるそうです。腐って枯れてしまいます。

川底に沈殿するので洪水などで押し流されると、甚大な被害をもたらします。対策は汚泥《おでい》を除去することでした。

鉱毒問題が表面化した際、反対に存続の陳情書も出されています。

それには足尾銅山の産出量が年に七〇〇〇トン以上、金額にして三〇〇万円（現在の約三〇〇億円）以上、純益は四〇万円、関税は一三万円余り、職工・坑夫は一万人余り、家族は七〇〇〇人余り、給与総額は一二〇万円、経済活動の総額は食糧・衣料を省いても一三〇万円、売り上げの八割が地域の人民の所得と国家の収入になっていて、営業停止となれば、古河の損失は年に四〇万円前後だが、地域は二五〇万円余りの損失になる、日本の輸出金額の半分が銅が担っているので、国家の多大な損失になることが記されてありました。

鉱毒を問題にする者は、国家の利害に立つことを知らない「井《い》の中の蛙《かわず》」で、鉱毒は憂慮するものではない、という主張もなされています。他方、被害に目を移すと、明治二九年の洪水だけでも損害額は一五四六万円、被害戸数一万七〇〇〇戸、数十万人、と利益をはるかに上回っていました。

当時、鉱山は文明の最先端であり、明治政府は殖産興業・富国強兵を国是《こくぜ》として、一日も早く西欧列強に追いつくために、科学技術を導入して西欧化を図ろうとしていたのです。

また、明治国家には資金がなく、輸出品も生糸・絹織物・石炭・銅くらいしかありませんでした。その意味でも、足尾銅山は新生日本の中核だったのです。旧来の農業と最新鋭かつ国家の命運を担った鉱業の対立は、時代の風として鉱業が優位でした。

国益か人権か

正造の闘いがはじまった

この鉱毒問題を正造がはじめて議会で取り上げたのは、明治二四年（一八九一）一二月に開かれた第二議会でのことでした。「足尾銅山鉱毒の儀につき質問書」を提出していますが、その論法は以下の通りです。

大日本帝国憲法第二七条に「日本臣民は、その所有権を侵されることなく」とあること、さらには、日本坑法《にほんこうほう》に「公益に害あるときは農商務大臣（現在の経済産業大臣、農林水産大臣に相当）はすでに与えた許可を取り消すことを得《う》（できるということ）」とあることを前提とし、渡良瀬川沿岸の田畑・樹木の被害を救済する策はあるのか、被害が出ているのに政府が早急に動かないのはなぜか、将来の被害を防ぐ手順は何か、と問いかけています。

正造は、この年の九月、帰郷してみずから鉱毒被害を調べていたのです。日本坑法は明治六年に公布、翌年に施行された法律でした。明治二三年には鉱業条例が公布され、従来の最長一五年間の借区期間が廃止、いちど許可を得たなら特別な違反がない限り、無期限に営業できることになりました。

加えてこの条例では、鉱業人（経営者）から請求があればその土地の所有者は拒否できなくしたのです。条例によって、鉱業人の経営を最優先としたわけです。正造への政府の回答は、議会閉会後に官報に出ました。

土壌調査をしたが正式な結果を待つところである、鉱業人は、なしうる予防を実施し、ドイツ、アメリカから三種の粉鉱採集器二〇台を購入して鉱物の流出を防止する準備を行っている、という内容でした。

対して正造は、明治二五年五月二四日、第三議会に「足尾銅山鉱毒加害の儀につき質問書」を提出し、政府回答は一時しのぎの遁辞《とんじ》（言い逃れ）である、採集器購入は鉱毒が有害であることを認めている、農商務大臣の答弁は要領を得ない、と難詰《なんきつ》しています。

鉱毒問題が発生する以前の渡良瀬川流域は、「山の腐葉土《ふようど》が洪水で流れてきて、どんな作物も蒔《ま》いておくだけで良くできた。芋《いも》や大根《だいこん》は育ちすぎて配って歩いたほどだった。冬作の大麦・小麦・芥子菜《からしな》は肥料がなくてもかなりの収穫があった。大麦・小麦などは土地が肥えすぎ、できすぎて倒れるほどだった。竹などもよく育ち、毎年一〇〇円以上に売れた家もあった」と記述されていました。

水源地の足尾は草木が繁茂し、大雨でも急な洪水にならず、逆にどんな旱魃《かんばつ》でも木々が蓄えられた水で枯れることもなかったとあります。川には各種の魚が豊富で、漁業で生計を立てていた人が四〇〇〇人弱もいたとのことでした。

それが鉱毒が叫ばれるころには、草も生えず、洪水は大規模となり、その土で育った桑《くわ》を蚕《かいこ》にやると死に、人が井戸の水を飲むと下痢をするようになったのです。魚も害があるので捕ってはいけない、と警察が言うようになりました。

正造の追求と政府・周囲の反応

正造は、渡良瀬川流域の鉱毒の被害につき、農作物の枯死、魚の急減、漁業者も約七〇〇人余りに減ったことを訴えました。正造の訴えの論理は、住民が土地・農地に被害を受け、立ち退き、あるいは税金を納められなくなるなどの状況にあり、憲法で保護されている所有権を侵害されている、が土台になっていました。

対して政府の答弁は、公共の安寧《あんねい》を害するほどではない、というものでした。正造は、明治二八年三月の書簡で、住民の納税が被害による移住や免税措置で著しく減額している点を指摘し、「国家の税金を減少させているのは容易ならぬ一大事」と糾弾《きゅうだん》します。

少し時代を遡ると、明治二五年二月一〇日付『東京日日新聞』に、鉱山局長の見解が出ていて、鉱毒の害は公益の害とはいえず、足尾銅山から生じる公利は被害地の損害よりはるかに大きく、損害賠償によって十分に救済できる、と述べていました。

正造が、あくまで「公益」にこだわるのであれば、政府の見解に勝つことはできない状況でした。こういうなかで、被害地では、古河と住民の間で示談成立が進んでいきました。

栃木県知事と県議会が協議して「仲裁会」までつくっています。当時の県知事は選挙で選ばれるのではなく、最強官庁の内務省（戦後、ＧＨＱによって解体）の官僚が派遣されて知事になっていたのです。つまり、政府側の上級の役人が任命されます。したがって政府寄りの施策となるのも宜《むべ》なる哉《かな》でした。

住民たちは一世帯あたりにすれば、悪くない金額で示談しましたが、正造は反対を唱えつづけます。永久示談の内容は、一世帯に六〇〇〇円を明治三〇年一二月までに支払い、その後に毎年四月二五日に三五四円を永久に支払うというものでした。

その代わり、いっさいの苦情・請願・訴えはないものとする、となっています。永久に払うという点が魅力的に感じますが、時代を経て貨幣価値が変わっても同じ三五四円ですから、実質的なお金の価値、購買力は、下落する一方なのです。

ただし政府も、古河に対して予防措置に万全を尽くすように命じています。予防措置は三七項にもなるもので、かなりきびしい内容です。古河は巨額の費用を厭《いと》わず、メインバンクの第一銀行から融資を受けて着手しました。古河は総費用一〇四万円（現在の約一〇四億円）をかけて達成しています。

犠牲者と押し出し

こうなるまで、鉱毒による死者も出ました。明治三〇年（一八九七）二月、正造は衆議院でこの問題を提起し、「公益に有害の鉱業を停止せざる儀につき質問書」で、

毒ということを知らずに食べる者、知ってはいても貧乏のため口にする者、あるいは獲《と》った魚に毒が入っていると知られれば売れなくなるから、また育てた農作物が毒を含んでいると知られれば売れなくなるから、毒がないことを証明するため、あえて毒の入った魚や農作物を客の前で食べる者がいる。鉱毒のために耕地を失い、また川魚や野菜の欠乏により栄養不良となり、さらに飲食物の激変によって身体健康を害する幾多の人民は、いかにしてみずからの生命を全《まっと》うし得るのか。

と訴えています。

明治三二年三月に提出した「足尾銅山鉱毒事変再質問書」では、現地調査に基づく、現地の

死亡者の比率の高さを示しました。被害地の調査では、小児の出生率は全国平均の七八パーセントと少なく、死亡率は逆に一五八パーセントと高いものでした。

その三年前の夏、三度にわたって大洪水に襲われ、渡良瀬川一帯には大きな被害が出ています。そのため、銅山の操業停止を求める声が急激に増え、栃木県と群馬県共同の鉱毒仮事務所が設けられ、協力して運動することになりました。

明治二九年一一月二日、第一回協議会が開かれ、正造は喜びとともに、鉱業停止を勝ち取ることを説いています。同年一二月二三日、代表八人が上京して農商務省を訪れ、大臣に面会を求めたものの、閣議を理由に拒否されています。

同月二五日、農商務省に設置された調査委員会が、「被害は認めるが、鉱業停止は必要ない。停止したとしてもすでに受けた害毒は除去することはできず、また将来、防止措置を実施すれば、他地域に被害を及ぼすことはないからである」と答申書を出しています。

いかにも、お役所的見解で、被害者が人であり、日本国民であるという視座は感じられません。通常のやり方では埒《らち》があかないと考えた被害住民らは、「大勢で押しかけよう」となりました。

明治三〇年三月二日、操業停止請願のため、八〇〇人で上京します。運賃が高いというので、徒歩による上京です。東京までは約四〇里《り》、一六〇キロの道のりでした。途中、警官に、屋外

木下尚江（1869 〜 1937）日本の社会運動家、作家。

集会になるので違反だ、と解散を命じられ、四〇〇人ばかりが農商務省に到着しました。

　大臣に面会を求め、中庭で座り込みをしましたが、代表を選んで明日の午前中に出頭するように指示され、一同は受諾して四五人の代表（のちに遅れてきた者を加えて六五人となる）を選び、残りは帰郷したのでした。

　代表は榎本武揚《えのもとたけあき》農商務相と面会して窮状を訴えましたが、この日はなんらの回答はなく帰っています。三月二四日、榎本が現地を視察しましたが、対応について述べることはありませんでした。

　正造は、それまでも国会の場で、しきりに現地を見よ、と演説していましたが、装いに頓着せず、「垢染《あかじ》みた木綿《もめん》の服に蓬髪《ほうはつ》乱髪」と形容され「奇人」「奇侠児」「狂人」「奇行家」「滑稽《こっけい》翁《おう》」「戦士」「熱血漢」「日本の屈原《くつげん》」「義人」「精神病者」などの異称を与えられていました。

　ゆえに国会での主張も話半分、冷笑的に捉えられることが多く、後年、強力な支援者となった木下尚江《きのしたなおえ》（『毎日新聞』社主、衆議院議員）でさえも、「（正造の）罵詈《ばり》雑言《ぞうごん》が強烈なため、かえって鉱毒問題に疑惑を抱かぬでもなかった」と言っています。

正造は身形《みなり》を構わない、清潔さを顧みないことでは鉄の信念をもつかのような御仁でしたので、親しい人の家に行った際も、「シラミがうつる」と指摘されるほどでした。本人はいたって平気でいましたが……。

被害民らはふたたび押し出しをすることにしましたが、正造自身は、立憲的な方法で請願すべし、という考え方で押し出しには反対でした。この押し出し自体は、日本ではじめてのデモ行進といえます。押し出しによって東京の新聞各紙が注目することになり、鉱毒問題が報じられるようになっています。

正造の生命をかけた決断

政府は内閣に鉱毒事件調査委員会を設置、法制局長官を委員長に一六人の委員を選んで討議します。結論は、予防措置を講じた上での存続でした。明治三三年二月、押し出しが数千人によって挙行されますが、群馬県の川俣《かわまた》で待機していた警官隊と衝突し、多数の逮捕者が出ました。

この件は、「川俣事件」として歴史に残りましたが、政府が人民の福祉を図らないで弾圧・逮捕したというので、正造は激怒したのです。正造は二年前、被害民らを前に、政府が我らの思いを採用しなければ議会において責任を問い、また社会に向かって当局者の不法を訴える所存である、と説いていました。

この時点での正造は、憲法の意義を信じ、政府は人民のために操業を停止してくれるであろう、でなければこの国は亡国だ、と考えていたのです。

一方、被害住民らは、金をもらっての示談で安穏と暮らしたい者も多く、ふだんは操業を是認するものの、豪雨によって大洪水となるたびに操業停止だ！　と心変わりするので、一枚岩の団結とはならず、正造ははがゆい思いをしていました。

ほかにも明治三一年六月、板垣と大隈の党が合同して憲政党《けんせいとう》をつくり、初の政党内閣が誕生しました。歴史には「隈板内閣《わいはん》」と称されていますが、正造は大隈の党の党員でしたから、自分たちの政府である、と大いに期待したのです。

しかし、山県有朋《やまがたありとも》の策謀もあり、一一月にはこの内閣は下野《げや》してしまいました。このとき、国会では地租増徴（税を増額すること）というやっかいな課題を抱えていて、老猾《ろうかい》な山県は憲政党の取り込みを図ります。

山県の講じた策は、議員歳費の大幅アップでした。それまでの八〇〇円（現在の約八〇〇万円）を、一気に二〇〇〇円にしたのです。

正造は、「金が少ないから品位を保てないというなら議員を侮辱《ぶじょく》している」と反対演説をしましたが、一三四票対一二五票で可決されました。正造は敢然《かんぜん》と歳費の受け取りを拒否します。

この後、憲政党は山県に取り込まれ、星亨《ほしとおる》を中心に板垣の旅行中に解党して政友会《せいゆうかい》を結成し、伊藤博文を総裁としました。

さまざまな手を使っての請願に対して、政府の対応は芳しくなく、正造は議員辞職も考えましたが、同志たちの反対で思いとどまりました。正造は、「川俣事件」のあとの明治三三年二月一七日に、有名になった「亡国質問書」を出しています。

「亡国にいたるを知らざれば、之《こ》れ即ち亡国の儀に付き質問」と銘打ち、「民を殺すは国家を殺すなり、法を蔑《ないがし》ろにするは国家を蔑ろにするなり。皆自ら国を毀《こわ》すなり」と糾弾したのです。

「川俣事件」で逮捕・起訴された者たちの裁判が新聞で報じられると、社会の注目度も急上昇し、社会人・学生が被害地を視察することも増えたため、文部大臣は学生の視察を禁止していきます。対して、キリスト教を中心に救援運動も全国的となっていきます。

天皇への直訴

正造はなおも国会で被害の惨状を叫びます。

「政府が人民を殺す。人民を殺すのは己の体に刃を当てるのと同じである。自分の大切な人民を自分の手にかけて殺す。これで国が亡びたと言わないでは、どうするものでございます」。

明治三三年二月二〇日に、「内務省は陛下《へいか》の臣民を虐殺するかにつき質問書」を出しました。

この意味は、「川俣事件」で住民たちを暴行したのが、内務省下の警察だったからです。同月二三日、正造は、「天皇陛下がいらっしゃること、臣民がいることを忘れないでもらいたい。初心に戻って、新政府が置かれた当時のようにやってもらいたい」と、あくまで憲法の意義に則《のっと》って被害住民らを保護せよと演説したのです。

それでもいっこうに政府は善処せず、正造は翌年の一〇月二三日、議員を辞職しました。そうして明治三四年一二月一〇日、正造は議会開院式から戻る途中の天皇陛下への直訴《じきそ》を決行したのでした。

直訴状を手渡そうと駆け寄りましたが、警護の警官らに阻まれます。直訴状は、幸徳秋水《こうとくしゅうすい》が原案をつくり、正造が手を加えたものでした。

もちろん、正造は天皇に責任がないことは熟知していました。ですが、もう策はなし、と妻のカツに、「いまよりのちは、この世にあるわけの人にあらず。さる一〇月に死すべきはずのものに候《そうろう》。今日命あるのは間違いに候」と書簡を出しています。

成就はしなかったものの、社会には衝撃を与え、以後、正造を支援する者、鉱毒問題を解決しようと運動する者が激増したのです。

社会的に著名な人のごく一部を挙げると、河上肇《かわかみはじめ》・志賀直哉《しがなおや》・荒畑寒村《あらはたかんそん》・谷干城《たにたてき》・榎本武揚・勝海舟《かつかいしゅう》・古在由直・木下尚江・幸徳秋水・内村鑑三《うちむらかんぞう》・矢島楫子《やじまかじこ》・島地黙雷《しまじもくらい》・安部磯雄《あべいそお》・三宅雪《みやけせつ》

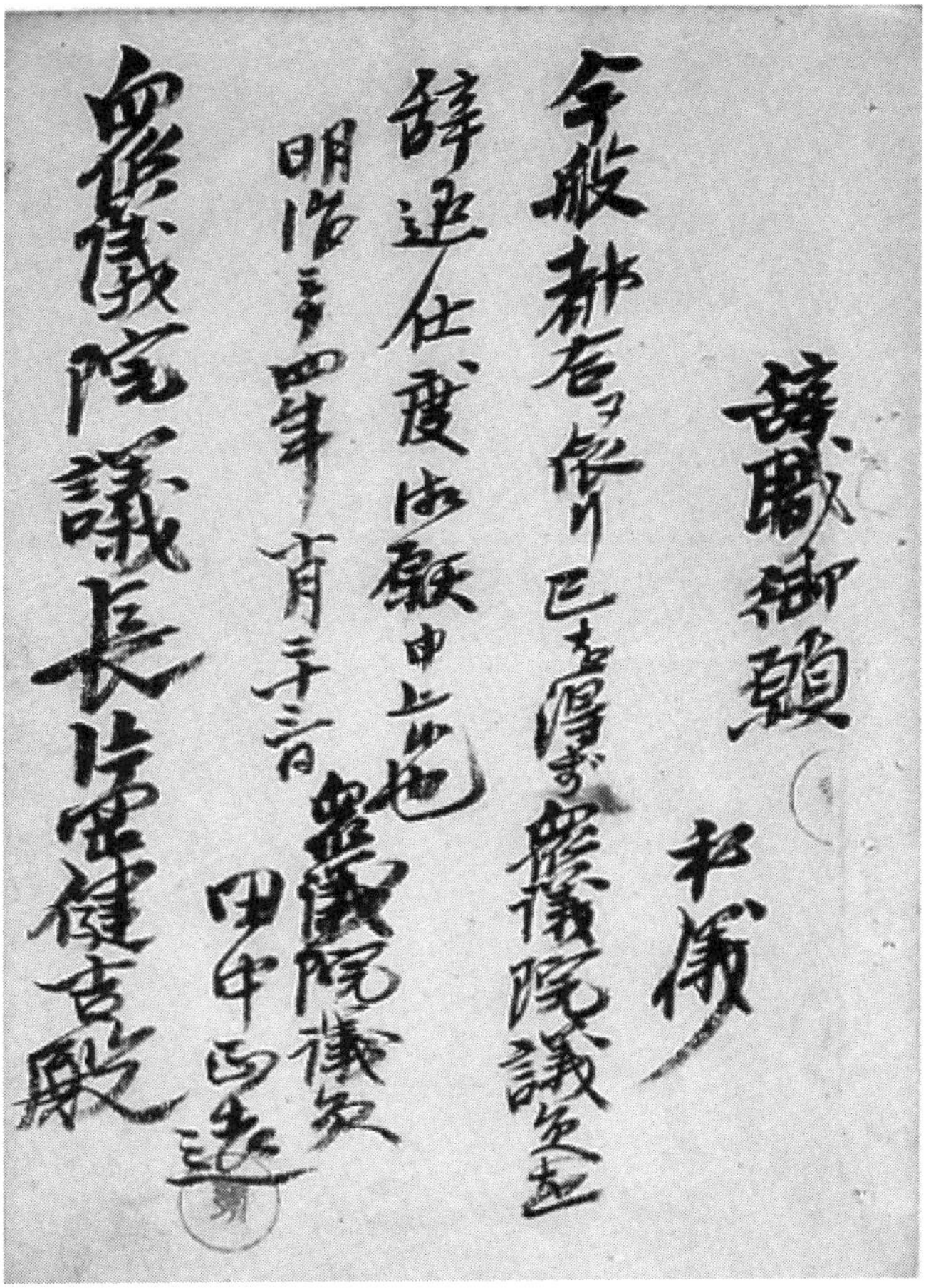

辞職御願　私儀
今般都合ニ依リ已ヲ得ず衆議院議員
辞退仕度此段願申上候也
明治三十四年十月二十三日　衆議院議員　田中正造
衆議院議長片岡健吉殿

辞職願　明治 34 年 10 月 23 日、衆議院議長片岡健吉に宛てて提出した正造の辞職願。

天皇に直訴する正造　『野州日報』に掲載された挿絵。

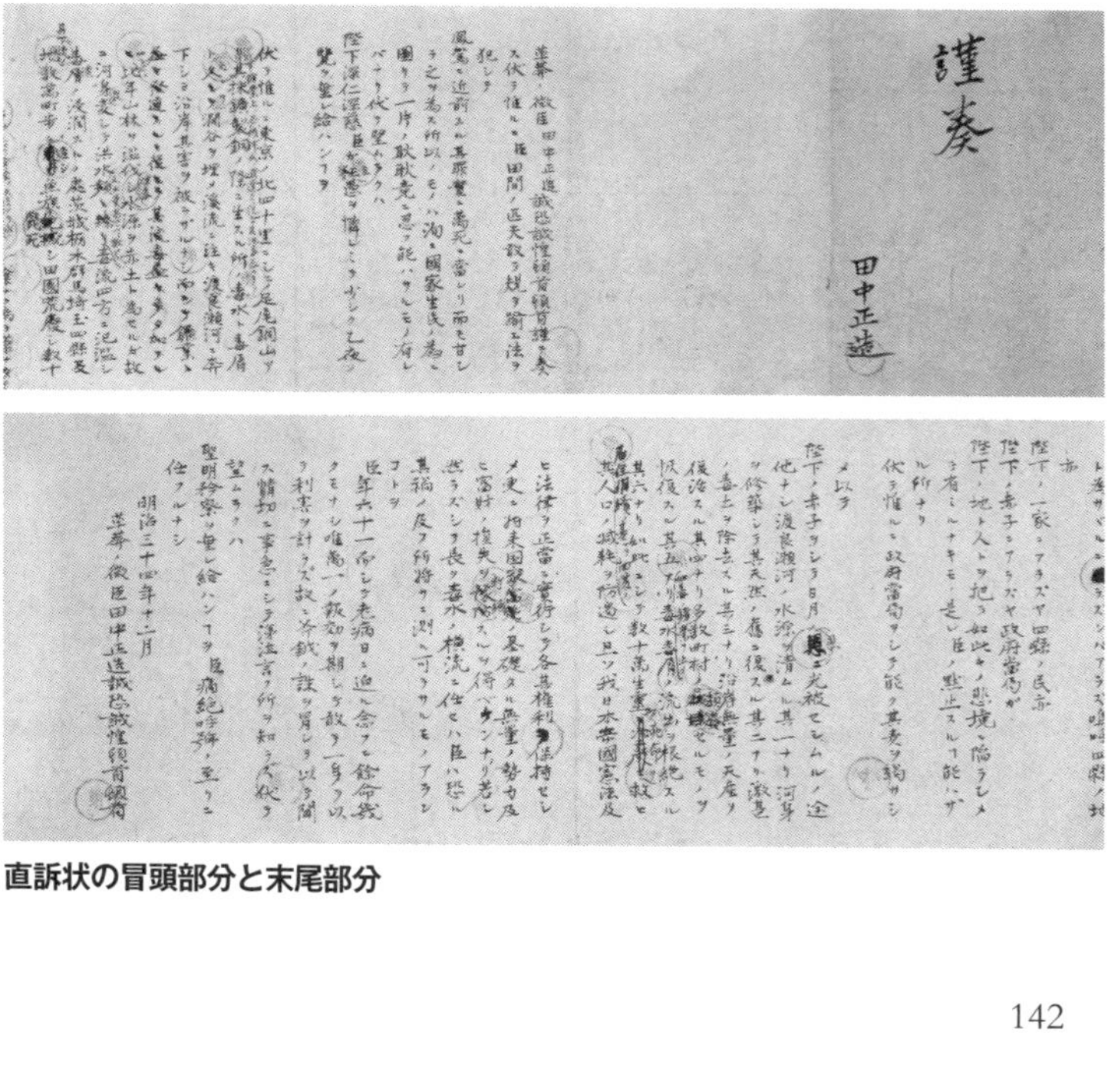

直訴状の冒頭部分と末尾部分

嶺《れい》・福田英子《ふくだひでこ》・石川三四郎《いしかわさんしろう》・松本英子《まつもとえいこ》・大原孫三郎《おおはらまごさぶろう》などなど、枚挙《まいきょ》にいとまがないほどでした。

そうして学生たちの心に火をつけ、現地視察と支援の輪が広がっていきます。それが政府を動かすことになり、明治三五年三月、第二次鉱毒調査委員会が組織されました。

委員は一五人、そのなかには古在由直・若槻礼次郎《わかつきれいじろう》・本多静六《ほんだせいろく》も含まれています。四月から現地視察がはじまり、翌年三月に調査報告書が提出されました。

それには、改良可能な土壌は土を入れ換えて、各々《それぞれ》、適した作物をつくる、地価修正、洪水防止のための治水工事をする、鉱毒防止設備の徹底などのほか、埼玉県の利島《としま》村・川辺村、栃木県の谷中《やなか》村を遊水地にする、とありました。

遊水地にするとは、水没させるということです。正造は、利島村・川辺村の住民とともに大反対運動を展開し、計画からはずさせることに成功しましたが、谷中村には手が及ばず、計画は実行されることになったのでした。

谷中が滅んだとき、国家も滅ぶ

正造は、そんな思いを胸に、谷中村に住みついたのです。ただし、住んだのは自分ひとりで、鉱毒問題にかかわるようになってからは、家庭のことはいっさい顧みませんでした。

明治三七年（一九〇四）七月、谷中村に入った正造は、青年たちで「悪弊一洗土地復活青年会」を、婦人たちで「谷中村を潰さぬ決心仲間」を組織します。

このときの正造の日記には、「人のためをなすには、その人類のむれに入りて、その人類生活のありさまを直接に学んで、また同時にその群れと辛酸《しんさん》を共にして、即ち群れの人に化して人となるべし」と記していました。

正造は激励に訪れた知人に、「たとえ死ぬと思われる肺病患者でも、生命のある間は治療するのが人間の義務である。まして、良民が虐《しいた》げられては、自分は身命を賭《と》して闘い、最善を尽くす覚悟である」と語っています。

反対運動のなかで正造は、谷中村の共有地を差し押さえにきた村長に対して、「勝手に競売しようとした泥棒だから、取り調べてほしい」と警官に訴え、「官吏侮辱罪」で重禁錮一か月一〇日、罰金七円の刑を科されていますが、控訴して無罪になっています。正造、六六歳になっていました。

県側は、個別に買収や脅し、とあらゆる手を使って村民の土地を収用していき、村民の間も分断しています。村民や社会の人には、正造が買収価格を吊《つ》り上げるためにやっているのだ、と邪推する者までいる始末です。

正造は、そんな村民に、「なんと無知な連中だ」と怒りをつのらせながらも、日々、村民に諦めるなと問いて回ります。正造は、村民以外の有力者を土地所有者にして県に対抗しました。

そのなかには、社会主義運動の先駆者の安部磯雄、社会主義者の石川三四郎、女壮士の福田英子がいました。

石川と福田はとくに正造と親しく交際していた仲です。といっても正造は社会主義者ではありません。強《し》いていえば人民第一主義者、立憲主義者でしょう。

正造が死守しようとしたのは、人権と自治、国民の保護でした。正造が人権と自治を重くみたのは、それが「弱者が強者と闘う武器」だったからです。

正造はつねに弱者の側に立ってきました。政治の世界に入ったとき、人民・公共のために尽くす、とも決意していました。そうした点で、弱者の権利を守る本物のリベラリストでした。

社会主義者の荒畑寒村は、正造について「土から生まれたデモクラット」と称していますが、まことに的を射た言葉です。また、正造は村民との生活で、虚飾を捨て自然とともに生きることを肌で学び、かつ、自然の偉大さを知りました。

洪水視察中の正造　明治 43 年

当初は村民の無知について啓蒙してやるつもりでしたが、洪水のあとでびしょ濡れの衣服、家屋でじっと耐え忍ぶ村民らを見ると、「この人たちの自覚は神にも近き精神」と感服しています。

村民の家・土地を強制収用しようとする県側と、抵抗する村民の攻防を見ているうちに、正造は、次のような所懐を叙述していました。

いまや憲法は跡を絶って、その影さえも見えない(明治四〇年一〇月の日記)

憲法の精神を破壊して民家を破壊し、救うの名の下には財産居住生命を奪い、国費を投じて窮民を造り、これらをもって治水とする。みな銅山私欲の治水である。治水ではなく破川である、破道である、破憲である。公益に非《あら》ずして亡国である(明治四五年六月の日記)

正造は、法律知識のある知識人がその知識を被害民のためではなく古河や政府のため、自己の出世のために悪用しているとして、大学廃止論まで説いています。

明治維新後の何年かは、官僚にも武士出身者が多く、己の保身・出世を顧みず、正しいと感じたことは政治家や上司にであろうと堂々と主張することが少なくなかったのですが、明治も三〇年以上経つと、自分の保身・出世を第一とし、事なかれ主義が瀰漫《びまん》していました。気骨ある人物が激的に減ったのです。

また、正造からすれば憎悪の対象だった古河市兵衛ですが、市兵衛は決して強欲なだけの事業家ではありませんでした。鉱毒防止措置には借金までして巨費を注いでいます。ただ、事業を拡大したいというアニマル・スピリットが旺盛《おうせい》なことと、鉱業が国家の花形であり国家を支えているという矜持《きょうじ》・誇りもあり、操業をつづけたのです。

この点では、戦後、公害問題となった水俣病《みなまたびょう》やイタイイタイ病をもたらした、強欲で倫理観の欠けた企業家とは一線を画しています。

その市兵衛は、明治二五年七月に勲《くん》四等と瑞宝章《ずいほうしょう》を授与され、明治三三年五月には従五位《じゅごい》に叙せられています。正造は、激昂《げっこう》しました。

また、市兵衛の妻の為子は明治三四年一一月、鉱毒事件の大々的な非難記事や「鉱毒地救済婦人会」の批判演説会での話を知り、神田川に投身自殺をしています。

正造、魂の叫びを残して逝く

正造は、鉱毒問題にかかわってからまったく家庭を顧慮《こりょ》しない夫になり、みずから、「人道のために人道を破り、天道のために天道を破る。このようであって神の御心にかなうのか否《いな》か」（明治四四年七月の日記）と心苦しさを吐露《とろ》していました。

ここで神が出てきますが、正造は晩年にキリスト教に帰依しています。社会では、もっと大きな問題があると主張する政治家（代表では犬養毅《いぬかいつよし》）や知識人ら（同じく志賀重昂《しがしげたか》）がいましたが、正造は意に介《かい》しません。

「予の多年の楽しみは何かというと、社会のもっとも勢力なき弱き人びとを合わせて強き暴慢《ぼうまん》を排することである。正造の行為の十中の九はこれである」（明治四三年の日記）。正造が真のリベラリストたる所以《ゆえん》です。

正造の頌徳碑《しょうとくひ》を建てる話も蹴っています。

死ねば川に流しても馬に食わせても構わない。谷中の仮小屋で野垂《のた》れ死《じ》にすれば何より結構だ。墓だの銅像だの、金ばかりかかってつまらないものです。

と語っています。

大正二年（一九一三）、体調が急速に悪化し、八月二日、ついに倒れてしまいました。おっとり刀で駆けつけてきたカツ夫人に、「何しに来たか！」と怒鳴りましたが、夫人は、「夫の看病をしてはいけないということがありましょうか。わたくしは、どこまでもあなたの妻です」と静かに言ったのです。なんとみごとな心延《こころば》えでしょうか。

長年放っておかれた妻の言葉として、千金の重みがあります。この夫にして、この妻あり、あっぱれな夫人でした。

八月下旬からは絶食状態となり、九月四日、カツ夫人、親友の木下尚江らが見守るなか、正造は逝去しました。七三歳の大往生でした。

遺品は菅笠《すげがさ》と信玄袋《しんげんぶくろ》ひとつだけです。その中には新約聖書、帝国憲法、マタイ伝の小冊子、日記帳、拾った小石が数個入っていただけでした。

各地で正造の遺骨を欲しがったので、六か所に分骨されました。葬儀には三万人もの人びとが参列しています。

国が富むことは、多くの国民のための利益となる反面、犠牲となる少数の国民が生まれることもありますが、正造は、その少数者のために闘いつづけたのです。そのため、つねに多数者から非難、迫害を受けつづけましたが、いっこうにひるむことなく、初心を貫きました。

田中カツ（1849 ～ 1936）　15 歳で正造と結婚、穏和な性格で正造の活動を支えた。

田中正造に会いたい

田中正造旧宅　正造が生まれた育った母屋で、19 世紀初頭の建築。不在がちだった正造は、この家に医師を迎えて診療所として役立てた。栃木県佐野市

田中正造の墓　栃木県佐野市、惣宗寺

田中正造翁遺徳之賛碑　レリーフは天皇に直訴する場面。日本の公害の原点、足尾鉱毒事件によって出現した渡良瀬遊水地をバックに建つ。茨城県古河市

東洋のジャンヌ・ダルク

福田《ふくだ》英子《ひでこ》

生没：１８６５年11月2日～１９２７年5月2日

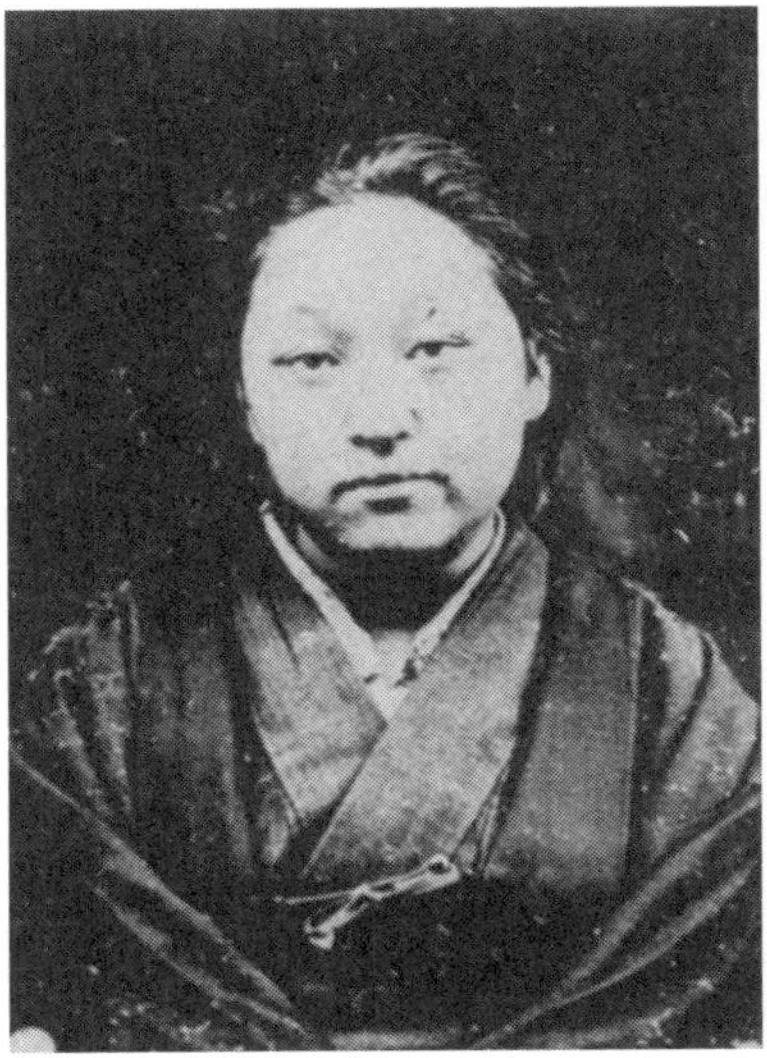

人権に目覚める

「まがいもの」と呼ばれた女

福田英子《ふくだひでこ》は、明治の世に活躍した自由民権運動の闘士です。後述する「大阪事件」にかかわったとして服役生活も送っています。

英子は、慶応元年（一八六五）、岡山下級藩士の景山確《かげやまかたし》の次女として生まれました。母は楳子《うめこ》で、岡山の女子訓練所の教師でした。

楳子は福沢諭吉《ふくざわゆきち》の『学問のすすめ』や『西洋事情』を読むような、知性を重んじる人でもありました。

英子は生来、賢い子で、県会学務委員の選抜により、試験場で中国の史書『十八史略《じゅうはっしりゃく》』や頼山陽《らいさんよう》の史書『日本外史《にほんがいし》』の講義をして、一五歳で小学校の助教諭になり、児童を教育していました。日々、教えるかたわら、復習のために数十人の児童を自宅に呼んで教え、一年のうちに二学年上の試験を受けるまで成果を出しました。

英子は活発な子でしかも男装だったので、近所のわんぱく坊主たちから、「まがいもの（男のような女）」と呼ばれています。

髪を結《ゆ》う時間も惜しむほど読書が好きだったので、一六歳までは髪を短くして、前部を左右に分け、衣服まで男のように装っていたのです。この男装が恥ずかしいと感じるのは、一七歳の春からでした。

明治一五年（一八八二）、一八歳のとき、当時、有名だった岸田《きしだ》俊子《としこ》（のち、中島湘煙《なかじましょうえん》）が岡山に来て「女権拡張」の演説をしましたが、英子は、俊子の論旨と凛々《りり》しい容姿に強烈な印象を受け、琴線がはげしくかき鳴らされたのでした。俊子は英子より一歳年上で、明治一二年には文事御用掛として宮中に出仕できたほどの才媛《さいえん》です。時の美子《はるこ》皇后（のちの昭憲皇太后《しょうけんこうたいごう》）に中国の古典『孟子《もうし》』などを進講しています。

中島湘煙（1864 ~ 1901）明治時代の女権拡張運動家・女性著作家。

その後、女官を辞し、立憲政党に参加して諸国を遊説《ゆうぜい》しました。明治一六年には「函入娘（箱入娘）」の演説が集会条例違反と官吏侮辱罪《かんりぶじょくざい》となって下獄《げごく》しています。そして翌一七年、土佐出身の自由民権家で自由党副総理となった男爵中島信行《なかじまのぶゆき》と結婚しました。この夫婦は、互いのことを「郎《いらつめ》」「卿《けい》」と呼ぶ対等な関係で生活しています。

英子は行動派ゆえ、演説を聴き、すぐに仲間を募って「女子懇親会」を結成して、婦人の団結を図っています。

明治一六年、英子は女子演説会で、「人間平等論」を力説、その翌年には自由党の納涼会に参加しました。このとき、九歳年上の党員の小林樟雄《こばやしくすお》と婚約しましたが、のちに英子の朝鮮渡航計画により破談になっています。

納涼会のときに水中や近くに潜伏していた警官の横暴ぶりに憤慨《ふんがい》し、いっそうの自由民権活動家たらんと志します。

英子が四〇歳のときに著した『妾《わらわ》の半生涯《はんせいがい》』には、

政府が人権を蹂躙《じゅうりん》し、抑圧を逞《たくま》しうして憚《はばか》らざるはこれにても明らけし。(中略) かかる私政に服従するの義務何処《いずく》にかあらん。この身は女子なれども、如何《いか》でこの弊制悪法を除《のぞ》かずして止《や》むべきやと、妾は怒りに怒り、逸《はや》りに逸りて(中略)、早く東都に出でて有志の士に謀《はか》らばやとて……。

と記しています。血潮の熱き女です。

人権・自由を求めて

明治一七年、英子は上京します。築地の新栄《しんえい》女学校で英語を学んだほか、『自由燈新聞《じゆうのともしびしんぶん》』記者の坂崎紫瀾《さかざきしらん》に社会学・心理学を教わっています。

紫瀾は本名は斌《さかん》といって、ジャーナリスト・講談師・歴史研究家で、自由民権運動家でした。坂本龍馬《さかもとりょうま》の伝記のほか、陸奥宗光《むつむねみつ》・林有造《はやしゆうぞう》・後藤象二郎《ごとうしょうじろう》の伝記を書いています。民権運動によって監獄にも入れられたことがありました。司馬遼太郎の『竜馬がゆく』は、紫瀾の『汗血千里駒《かんけつせんりのこま》』がベースになっていました。

上京に際しては、自由党創立者の板垣退助《いたがきたいすけ》にも世話になっていました。このときの英子が胸の奥に懐いていた志を前掲書より抜粋してみます。

元来儂《のう》は我が国民権の拡張せず、従って婦女が古来の陋習《ろうしゅう》に慣れ、卑々《ひひ》屈々《くつくつ》男子の奴隷たるを甘んじ、天賦自由の権利あるを知らず己がために如何《いか》なる弊制悪法あるも恬《てん》として意に介せず、一身の小楽に安んじ錦衣玉食《きんいぎょくしょく》するを以《も》って、人生最大の幸福名誉となす而已《のみ》、豈《あに》事体の何物たるを知らんや、（中略）政事に関する事は女子の知らざる事となし一《いっ》も顧《こ》慮《りょ》するの意なし。斯《か》く婦女の無気無力なるも、偏《ひとえ》に女子教育の不完全、かつ民権の拡張せざるより自然女子にも関係を及ぼす故《ゆえ》なれば、僕は同情同感の民権拡張家と相結託し、いよいよ自由民権を拡張する事に従事せんと決意せり。

と語っています。

維新後まだ一七年、民衆の意識には「お上《かみ》意識」が色濃く残っていて、自由や権利や人権などは観念としても未知のものでした。ならばこそ公式的には、婦女子は男子に従属する存在で隷属することが、江戸時代からつづく倫理となっていたのです。

ただし、「公式的に」としたのには理由があり、非公式インフォーマルの家庭内においては家主・戸主が至上・絶対の存在でありつつも、家計を握り、家政を司るのは妻であり、この点では、すべて経済的にも夫が全権を握る欧米とは一線を画している歴史がありました。

とはいえ、やはり社会としてみれば、女性の権利・人権・自由はないがしろにされていたといえます。いち早く権利・人権・自由について知り、各地でそのことを演説して回る英子には、みずから能動的に生きることなく安穏と暮らしている婦女子の生き方がはがゆかったのです。

英子は、「社会が不完全で女子は人権を無視され、動物的に一切の自由を束縛されているとしか思われないのです」とも述べています。

明治という時代は生活様式が大きく変わりました。そうして、それにつれて社会や個々の人びとの意識、とくに権利・人権・自由について不断の戦いが展開されていたのです。英子は、そのなかで立派な闘士になりつつありました。

大阪事件

英子が上京する二年前の明治一五年、朝鮮で「壬午《じんご》の変」（近年では「壬午軍乱」といいます）という騒乱が起こりました。日本公使館が襲撃されて日本人に死者も出ています。その処理をめぐって日本と清《シン》は対立しましたが、このころは清の国力が圧倒的に強いとされていたので、日本は譲歩する形となって決着しました。

このことが民衆とくに民権派を憤らせます。熱血の女闘士の英子は前掲書にて、

> この時に際し、外国の注目する所たるや、火を見るよりも明《あきら》けし。しかるにその結果たる不十分にして、外国人も私《ひそ》かに日本政府の微弱無気力なるを嘆ぜしとか聞く。儂《のう》思うてここに至れば、血涙淋漓《けつるいりんり》、鉄腸寸断、石心分裂の思い、愛国の情、転《うた》た切なるを覚ゆ。ああ日本に義士なき乎《か》、ああこの国辱を雪《すす》がんと欲するの烈士、三千七百万中一人も非《あら》ざる乎。

と嘆いています。そうして朝鮮に渡り、独立党を支援し、日本の内政も改革する計画を実行す

大井憲太郎（1843～1922）
政治家、弁護士、社会運動家。自由民権運動に携わる。

るにいたるのです。

首謀者は、自由党左派のリーダー格、大井《おおい》憲太郎《けんたろう》でした。英子がはじめて岸田俊子の演説を聞いて感激してから三年、明治一八年一一月のことです。

女性としては驚くべき行動力であり、それに加えて男たちから同志として信頼を受けていたともいえます。女性で加わったのは英子だけでした。

同志たちは朝鮮に渡るほか、活動のために資金集めに奔走しますが、まだ若年であり、女性の英子は思うように集められません。

一《いっ》金額の乏しきを憂うる而已《のみ》との言に儂《のう》は大いに感奮する所あり、如何《いか》にもして、幾分の金を調え、彼らの意志を貫徹せしめんと、即ち不恤緯《ふじゅつい》会社を設立するを名とし、相模《さがみ》地方に遊説し、漸《ようや》く少数の金を調えたり。しかりといえども、これを以て今回計画中の費用に充《あ》つる能《あた》わず、ただ有志士の奔走費《ほんそうひ》くらいに充つるほどなりしゆえ、儂は種々砕心粉骨すといえども、悲しい哉《かな》、処女の身、如何ぞ大金を投ずる者あらんや。（中略）到底儂の如《ごと》きは、金員を以て、男子の万分の一助たらんと欲するも難しと、金策の事は全く断念し、身を以て当らんものをと、種々その手段を謀《はか》れり。

と記しています。

当時の英子の心情には、「虚栄心功名心に憧れないこと」を理想の人として、ひたすら目的のために断行するという思いがあふれていました。

一時、清とも平和的に話がまとまると、「何ぞ中途にして廃せん、なお一層の困難を来《きた》すも、精神一到何事か成らざらん」と己を鼓舞しています。そうして英子は爆薬の運搬を担当したのです。

検束後の英子

勇躍、朝鮮にわたってひと波乱起こそうとした英子ですが、好事魔多しで、長崎で官憲に捕まってしまいます。警察署での尋問を受けたあと、男に混じって紅一点の英子は腰縄で引きずられつつ、船に乗せられ大阪に護送されたのです。

直情径行、およそ恐れるものなしの英子ですが、さすがに腰縄を付けて拘引される姿を一般の乗客に凝視された折には、良心に恥ずる所なしとはいいながら、何とやら、面伏《おもぶ》せにて同志とすら言葉を交わすべき勇気も失《う》せ、穴へも入《い》りたかりし…。

となんだか微笑《ほほえ》ましい一面を見せています。

英子の気性・気質は、打算なく目的・目標に猪突猛進する少年のようです。物事を行う際、できない理由をあれこれ考えることなく、一直線に身命を捧げる至純さ、一途さがあります。『妾の半生涯』を読んでいて既視感《デジャブ》を覚えましたが、はるか半世紀前に読んで、この生き方は純粋で真っ直ぐだ！　と共感した『ジャン・クリストフ』のクリストフと同じでした。

クリストフは、己が欲したことはすべて躊躇《ちゅうちょ》なしに驀進《ばくしん》あるのみです。小賢《こざか》しい打算のいっさいがなく、己のめざしたものを求めにいきます。時には強引で、時には人騒がせな面もありますが、邪気のない性質《たち》で、「己にしかなり得ないなにものかになるため」に生きているのです。英子には、それを感じました。

まだこの時分には、名を上げてやろうという功名心《こうみょうしん》があったとはいえ、己の信念に忠実で、女だからむずかしいなどとは、つゆほども眼中にありません。令和の現代ではなく、まだまだ「男尊女卑」の封建的思潮が色濃く残っているこの時代にです。その胆力《たんりょく》、瞠目《どうもく》すべきものでした。一途《いちず》な人です。

東洋のジャンヌ・ダルク

下獄する英子

大阪事件では容疑者が二〇〇人前後でしたが、予審を経て裁判を受ける被告人は六三人になりました。いちどに全員が入廷することはできず、九組に分けられ、一組に三人ずつの弁護士をつけての公判となりました。

第一回目の公判は、検束から一年以上も経た明治二〇年（一八八七）五月二五日でした。現在とちがって、起訴を決めるまで二〇日間という法律はなく、何日でも拘留《こうりゅう》・尋問できたのです。

英子は、前年一一月に腸チフスにかかってしまいました。一時は危篤《きとく》となったものの、典獄《てんごく》（現在の刑務所長）の配慮で回復しています。政治犯の英子、その性格、唯一の女性ということもあり、典獄や獄吏（いまの刑務官）には大事に扱われていました。

公判での英子は、「東洋のジャンヌ・ダルク」の異名に恥じない、堂々たる陳述をして、判事を含め、関係者やマスコミを唸《うな》らせ、民衆のヒロインになっています。さぞかし感無量だったでしょう。

裁判では「一年六か月」の軽禁固刑を申し渡されました。刑が確定すれば、現在同様、大半は別の刑務所に移送となりますが、拘留中の英子は、やはり、そのキャラクターによって、獄中でもリーダー的役割を担い、人望もありました。

エピソードをご紹介しましょう。

検束される前、ゴミの山を漁《あさ》っている「女乞食《おんなこじき》」（『妾の半生涯』に、この言葉のまま使われているので、そのまま用います）に声を掛けて、英子には大金だった五〇銭紙幣を渡しています。

その後、英子が長崎から護送され、裁判を受ける間、被告人として拘留されていた獄内で再会を果たしました。獄内にはすでに刑を務めている女囚もいますが、英子は彼女たちに学問を教えています。また、長く冤罪《えんざい》で苦しんでいる女囚のために、巡回中の典獄に直接、話しかけて再審査を訴えました。

現在においても、刑務所長は、受刑者・刑務官にとって雲の上の人で、話し掛けるなどはありませんから、英子の行為は英断以上のものでした。

なお、この女囚、めでたく無罪となりました。英子は、その気性のせいで、女囚たちに人気があり、獄内では穏やかで温かい生活をしています。

英子は大柄な人でした。それなのに、二二歳まで生理がなかったことを告白しています。当時としても、たいていは一五歳前後よりあるものが、なかったのです。それが獄内ではじまりました。

体格も良いのに生理がなかったというのは、おそらく男性ホルモンのテストステロンが分泌されすぎて、女性ホルモンのエストロゲンの分泌が抑制されていたからでしょう。

英子は、『妾の半生涯』の文章や行動に表れているように、アグレッシブ、攻撃的な人なので、体内のテストステロン値が高く、エストロゲン値が低かったはずです。それが獄内で親切な女囚たちと生活しているうちに、攻撃的なテストステロンの分泌が減り、エストロゲンの分泌量が増え、本来の生理がきたのではないでしょうか。

獄中で呻吟する英子　石川伝吉編『大阪国事犯公判傍聴筆記』後編（明治20年8月）より。

刑が決まった英子は、三重県津市の刑務所に移送されました。当時の移送の衣装は現在の私服ではなく、獄衣です。皆さんもドラマや映画などで見たこともあ

ジャンヌ・ダルクの伝記を読んで感激する英子　『景山英女之伝：自由の犠牲女権の拡張』（明治 20 年 8 月）より。

るでしょうが、柿《かき》色の筒袖《つつそで》に編み笠です。

明治の世の監獄、とくに刑の長い囚人が務める重罪監獄は、食事・医療は劣悪、労働は超のつく重労働、サーベルを吊《つ》った獄吏に反抗すれば、あっさり、その場で刺殺される恐怖の獄でした。

明治一八年、太政官の金子《かねこ》堅太郎《けんたろう》は、服役中の重労働や病気で死ぬのは致し方なしであり、経費も浮くのでよろしい、という布告さえ出しています。原生林を開拓した北海道各所の集治監《しゅうちかん》における囚人の死亡率は、低い所で約三割、高いところは約六割にもなっていたのです。

英子の移送されたところは、典獄・獄吏ともに親切な「めずらしい」ところでした。その典獄の「真面目に務めて早く出なさい。両親にも孝行せねばならんだろう」の言葉に、英子は落涙しています。

さらには、同囚の女囚らに「改過遷善《かいかせんぜん》の道に赴《おもむ》かしむるように導き教え、暗愚を訓戒し、御身が素志《そし》たる忠君愛国の実をあげ給え」と格別の訓示を与えられています。

英子は意気に感じ、しっかり働き読書にも励んで、出所時には一〇円以上の工賃を貰っています。現在価値なら、何を基準にするかで異なりますが、約一〇万円といったところです。巡査の月給が四〇円前後でした。管理役の女監取締りにも気に入られて、再々、菓子をもらっています。読書中も英子を見守っているような女性で、恩に報いるため、出所後、彼女の次女を養女にして学芸を授けてやっています。英子、人の恩を忘れず、義理堅いです。

また、典獄より一六歳と一八歳の二人の少女を預けられ、読み書き・算盤《そろばん》に人の道をも教えています。日々、自分にできうることをしている英子ですが、仮出獄の恩典に浴することのできる賞標五個まであと一個と迫りました。

そんなとき、明治二二年二月一一日の「大日本帝国憲法発布（施行は翌年）」の大赦《たいしゃ》があり、出獄となったのです。大赦というのは言い渡された刑を消滅させる、最高の恩典です。

英子の結婚

英子は獄中で大井憲太郎に求婚されていて、出獄後、一二歳年上の大井と結婚しました。

清水紫琴（1868～1933）　作家、自由民権運動の活動家。

夫をもつなら「威名赫々《かくかく》の英傑に配すべし」と以前から考えていたので、著名な大井はぴったりの相手でした。郷里までの出所祝いはお祭り騒ぎで、あたかも凱旋《がいせん》将軍のごとくと、英子も大いに喜んでいます。

その後、やはり大赦で出獄した大井から連絡があり、内縁の妻となります。内縁というのは、大井には、明治一七年以来、発狂した妻がいたからです。いずれ離婚して英子を正式な妻とするという大井の言葉が、英子の支えでした。

明治二三年三月、英子は男の子竜麿を産みます。正式の婚姻ではないので、男の子は大井を敬慕する医者の籍に入れることになりました。英子は、あくまで内縁の妻なので、泣く泣く手放すことになったのです。

愛児の不憫《ふびん》さ、みずからの悲しみを、前掲書中で吐露していて、母親としての断腸の思いが伝わってきました。しかし、英子の苦悩は、そればかりではありませんでした。

みずから求婚してきた大井の足が遠のいたのです。いったい何事かと顧慮しているうちに、凶報が伝えられました。それは大井が英子と同じ時期に別の女性にも子どもを産ませていたということでした。しかも、その相手は英子もよく知っている女性だったのです。

『妾の半生涯』では「泉富子」となっていますが、彼女は清水《しみず》紫琴《しきん》でした。本名は豊子といいますが、英子より三歳年下のジャーナリストです。

ただのジャーナリストではなく、民権運動家でもあり、英子と全国を演説して回った同志のひとりでもありました。キリスト教的理想主義の婦人教養雑誌『女学雑誌』にて、二三歳で主筆・編集主幹をしていました。

植木枝盛（1857〜92）思想家、政治家。自由民権運動家。

経済的、精神的にも自立していた点では、卓越した存在でした。女性ジャーナリスト第一号とも称されています。

明治二二年、植木《うえき》枝盛《えもり》が『東洋之婦女』という婦人論の書を刊行した折、豊子の名前で序文を書いています。そのなかで、「政府に対しては自由を叫び立てるが、家の中では妻子を抑圧するニセ人権家」や「男女同権の正しさを知りながら、自分の都合で男尊女卑に賛成するニセ学者」を非難して

黒岩涙香（1862 ～ 1920）
小説家、思想家、作家、翻訳家、ジャーナリスト。

います。

植木と恋愛関係を噂されたこともありましたが、大井と交際して一子をもうけたのです。英子とは同郷であり、あたかも姉妹のように仲が良かったのですが、この一件で絶交しました。

夫婦別姓論を唱えた先駆者でもありますが、その後、東大助教授、のちの総長になった古在由直《こざいよしなお》と結婚して三四歳で筆を折っています。

英子は大井と決別し、未婚のまま竜麿を育てます。

また、「女子工芸学校」を開いて家族一同を呼び寄せ、母には習字科、兄には読書算術科、父には会計を、嫂《あによめ》には刺繍《ししゅう》科・裁縫《さいほう》科、弟には図画科、弟の妻には英学科を担当してもらっています。

明治二五年、父・叔母・兄が逝去し、学校は閉校、生活の危機を迎えました。そんなとき、以前から顔見知りだった福田《ふくだ》友作《ともさく》と結婚して、やり直します。

福田はアメリカ帰りの民権家でした。貧しい身の上ですが、友人の紹介により、朝報社の社員となります。『万朝報』という、社会正義を求め、そのためにはゴシップも厭《いと》わない、発行部数も多い新聞を出している会社です。

社長の黒岩涙香《くろいわるいこう》は『レ・ミゼラブル』『モンテ・クリスト伯』を翻訳した人で、新聞に各界名士たちの妾の氏名・住所などを記した「蓄妾録《ちくしょうろく》」を設けるなど、アイデアマンでした。

英子は、福田との結婚生活において、鉄郎・俠太・千秋の三人の子を産んでいます。思想や生活スタイルの相性も悪くなく、時折、叩かれることがあっても、なんとか英子は幸福な生活になるのではと思いきや、福田はみずからが欲求する仕事と現実のギャップに苦悩し、精神を病み、脳梅毒のせいで明治三三年に亡くなってしまいました。

長子の鉄郎のみを福田家に置き、竜麿を含め残る三人の子を養うことになったのです。自分を理解してくれた友作との死別に悲嘆に暮れています。

英子の求めた家庭とは、一夫一婦制の、当時としてはめずらしい部類ともいえる生活でした。民法ですら、妻のほかに妾を同居させることを否定していない時代です。

英子は、「東京婦人矯風会（のち、キリスト教婦人矯風会）」が主導した、「一夫一妻厳守運動」にも参加していました。そうした時代に、貧しいながら、仲睦まじく、互いを尊重し合えた関係でした。

社会の不条理と戦いつづけた「行動の人」

女子教育の理想

アア人生の悲しみは最愛の良人《りょうにん》に先立たるるより甚だしきはなかるべし。妾も一旦は悲痛の余り墨染《すみぞめ》の衣《ころも》をも着けんかと思いしかど(中略)、今は子らに対して独り重任を負える身の、自ら世を捨て、呑気《のんき》の生涯を送るべきに非ずと思い返し(中略)、妾は嬰児《えいじ》を哺育《ほいく》するの外《ほか》、なお二児の教育の忽《ゆるが》せになしがたきさえありて、苦悶懊悩《くもんおうのう》の裡《うち》に日を送る中、神経衰弱にかかりて、臥褥《がじょく》の日多く、医師より心を転ぜよ、しからざれば、健全に復しがたからんなどの注意さえ受くるに至りぬ。死はむしろ幸いならん、ただ子らのなお幼くして、妾もしあらずば、如何《いか》になり行くらん。さらば今一度元気を鼓舞して、三児を健全に養育してこそ、妾の責任も全く、良人の愛に酬《むく》ゆるの道も立てと、自ら大いに悔悟《かいご》して、女々《めめ》しかりし心恥ずかしく、ひたすらに身の健康を祈りて、療養怠《おこた》りなかりしに、やがて元気も旧に復し、浮世の荒浪に泳ぎ出ずるとも、決して溺れざるべしとの覚悟さえ生じければ、亡夫が一周年の忌明《きあ》けを以て、自他相輔《たす》くるの策を講じ、ここに再び活動を開始せり。

深い悲しみに沈んでいた英子でしたが、奮起し、工芸学校を開設したほか、学生たちのつくった製品を買ってもらうために、「日本女子恒産会」を設立します。

その趣意書には、「恒《つね》の産なければ恒の心なく、貧すれば乱すてう事《こと》は人の常情にして、勢い止むを得ざるものなり」とうたっていました。英子は、もとから女子教育に自分の理想をもっていた人です。

女子への教育年限を最低でも四年、できれば高等小学校卒までの八年とし、自活できるだけの基礎教養や知力を身につけ、独立して生きられることを目指す、というものでした。

その一方で、家庭での主婦の役割も重視して、家政学にも重点を置いています。現実には、女子への職業訓練もしようと考えていたのです。これが明治三四年（一九〇一）一一月のことでした。

「恒産《こうさん》なくして恒心なし」とは昔からよく言われてきましたが、その通りです。英子は、婦人の人権・権利の拡張とともに、貧困問題改善にも尽力しようとしました。

実際の工芸学校では、絹のハンカチへの刺繍に着眼し、輸出に貢献しようと奨励しています。学生は一三歳以上、四〇歳以下、修業年限は三年、月謝は一円です。貧しい女子を教育するために慈善教授部も設けています。

明治三〇年代は、女子教育がひとつの社会の潮流となって、さまざまな学校が設立されましたが、英子は、明治期女性の知性派のひとりでもある下田歌子《しもだうたこ》とも知り合い、手紙で激励を受けていました。

工芸学校が開校された翌月、英子の隣家に社会主義者の堺利彦《さかいとしひこ》（号、枯川）が引っ越してきました。この年の五月二〇日に日本初の社会民主党を幸徳秋水《こうとくしゅうすい》とつくっていました。

社会主義思想へ

その関係もあって、夫の実家の書生だった一一歳年下の社会主義者石川三四郎《いしかわさんしろう》を堺や同志たちに紹介したことから親密になり、石川の下獄の折には面会に行ったほか、釈放後に同棲しています。英子の思想も社会主義になっていきました。

また、社会で問題視されていた、「足尾鉱毒事件」に関心をもち、田中正造《たなかしょうぞう》とは身内のような親しい関係となっています。英子と正造、ウマが合っていたのです。

英子と石川も赤貧洗うがごとしの貧しさで、明治四四年の大晦日など、どうやって正月を迎えようか思案しているところに正造がやってきて、持っていた五円を出し三人で正月を迎えたこともありました。

平民社編集室　右から３人目が石川三四郎、その左が堺利彦、いちばん左が幸徳秋水。

堺利彦（1871 ～ 1933）社会主義者・思想家。

石川は堺の斡旋《あっせん》で朝報社に入社後、堺・幸徳とつくった平民社に入っています。主催する平民社は、社会主義運動のセンターとなっていました。

平民社には英子も出入りしていて、さっぱりして面倒見のいい姉御《あねご》と慕われています。明治三七年一〇月、『妾の半生涯』を出版した際も、『平民新聞』は宣伝してくれました。この新聞の部数は六〇〇〇部というところでしたが、これはローカル紙と同じくらいです。

この年の新聞の発行部数は『万朝報』一六万部、『報知新聞』一四万部、『東京朝日新聞』九万部、『都《みやこ》新聞』六万部、『東京二六新報』三万二〇〇〇部、『時事新報』五万五〇〇〇部、『国民新聞』二万部、『東京日日新聞』三万五〇〇〇部、『読売新聞』一万五〇〇〇部などでした（『全国新聞一覧』）。

英子は、平民社の若者に料理を振るまうほか、入

幸徳秋水（1871 ～ 1911）思想家、ジャーナリスト、共産主義者、無政府主義者。

獄の折には面倒をみています。平民社と婦人の政治参加の権利を勝ちとる運動にも協力していました。英子のイメージは、「女闘士」であり、このために自分が縛られることもありましたが、「行動の人」という本質は変えられませんでした。

日露戦争が終わった明治三八年、非戦論を目的とした平民社は解散しています。石川はキリスト教社会主義の雑誌『新紀元』の発行に携わることになりました。

その思想に共鳴していた英子も協力します。『新紀元』の発起人に毎日新聞社の木下尚江《きのしたなおえ》がいたことから、平民社に出入りしていた田中正造といっそう親しくなりました。木下は正造を熱心に応援したひとりです。しかし『新紀元』は、翌年の秋に廃刊となりました。英子は、被害に遭ってる谷中村にも、たびたび足を運んでは、貧窮している村人たちに食料や衣服を配っています。

明治四〇年元旦、英子は『世界婦人』という雑誌を創刊し、婦人の天性や使命の研究に励みながら、女性の諸権利の革新運動を鼓吹しようとしたのです。

もちろん、女性教育の普及促進も目的のひとつでした。二号以降、「本誌は日本に於《お》ける婦

平民社をめぐる人びと　前列右から２人目が英子。立ち姿の前列左から２人目が管野スガ、４人目が堀保子。明治 40 年５月１日付『世界婦人』第９号。

人運動の先駆也《なり》。本誌を読まざるものは真の婦人に非《あら》ず」という標語が入りました。英子らしい標語です。

『世界婦人』では、女性の選挙権獲得に力を入れています。いまから考えると信じられないでしょうが、治安警察法第五条では、女性の政治結社への参加を禁止していたのです。ただし、これは欧米諸国も同じでした。

また、恋愛の自由についても多くの寄稿があり、啓蒙しています。そして、女性への高等教育にも紙面を割《さ》いていました。治安警察法の改正は何度も議会で否決されたのち、大正一一年（一九二二）に改正されています。当時の議員らも改正に反対とは、さすが封建主義の国でした。

生活苦との戦い

『世界婦人』は約二年半つづいたのですが、財政的に無理ということで廃刊になりました。その間、石川は社会主義運動によって入出獄を繰り返しています。社会主義の「人民平等」より「王制廃止」が政府にとってもっとも看過できないことで、これは日本の国柄を考量《こうりょう》すれば、致し方ないところです。

石川は、警察から要注意人物・監視対象となったことと、英子との関係を清算するため、大正二年三月、ベルギーに旅立ちます。相談された英子は、内心は淋しかったでしょうが、賛成しました。

以後、生活苦との戦いとなります。生活費に困って、掛軸や著名人から贈られた書などを売って暮らすようにもなるのです。石川はヨーロッパから毎月、送金してくれますが、とうてい足りません。

困窮きわまって呉服の行商までやっています。そうであっても、正造亡きあとの谷中村の村人たちが困っていると聞けば、自分と子どもたちの服を送ってやる

石川三四郎顕彰碑　石川は、埼玉県児玉郡生まれ。英子の娘千秋を養女とした。埼玉県本庄市

人でした。

英子は、谷中村のために、訴訟にも奔走しています。なかには、正造翁がやってもできなかったのだから無駄だ、という声もありましたが、英子は、「最後まで最善を尽くすのが我々の使命ではありませんか」とつづけたのです。立派な心がけと行動です。

大正一〇年には、子どもの千秋を亡くしています。肋膜炎《ろくまくえん》での逝去でした。息子の侠太が結婚し、嫁の与志が英子の身の回りの世話をしていましたが、女闘士、手間のかかる人だったようです。他者の面倒はよくみるのに、自分の面倒は「さっぱり」というのがいいですねぇ。

孫ができても、穏やかな祖母でいるわけではなく、活動していました。昭和二年（一九二七）五月二日、持病の心臓病で亡くなっています。享年六三でした。

英子は社会の不条理と闘いつづけました。みずからの貧しさに抗《あらが》いながら、弱者や女性のために絶えず実践行動する人でした。民権運動から社会主義運動へと転換しても、その不屈の闘志で生き抜いた生涯でした。

福田英子に会いたい

福田英子顕彰碑　レリーフの顔は、かつて生家があった方角を見つめているという。揮毫は平塚らいてう。岡山市、野田屋町公園

福田英子の墓　墓誌の左側には、英子によって書かれた「尽誠待天命」という文字が刻まれた石がある。東京都豊島区、染井霊園

第三章　女性の地位向上に取り組む

下田歌子

山室機恵子

明治五年（一八七二）、日本初の学制が発布されましたが、子を持つ多くの親にとって、女子の教育など眼中にない時節でした。「女子に教育など必要ない」というのは、社会全体の常識でもあったのです。

そういう世の中にあって、下田は早くから女子教育、それも漢学を含めた高等教育の必要性を感じていました。

それは、母となる女性にその素養があれば、子もまた立派な人間になり、国力も向上するという巨視的なものであり、国家全体の課題として捉えていたのです。

他方、山室は女性の権利まで広い視野で考え、貧困のために身を売った婦女子に対して、働くことからはじまり、金銭の扱い方、社会常識など、社会生活をするための教育と、彼女たちに欠けていた慈愛の心を注ぐことに生涯をかけました。

また、跡見《あとみ》花《か》蹊《けい》（跡見学校）や大妻コタカ（大妻学院）がいますが、ほかに広岡浅子は日本女子大学校、九条武子は京都女子専門学校の設立にかかわっています。

女子教育と地位向上に
貢献した美しき女傑

下田《しもだ》歌子《うたこ》

生没：1854年9月29日～1936年10月8日

不世出の女傑

聖女か、魔性の女か

明治維新以降、日本の女子教育の分野において絶大な貢献をした下田歌子《しもだうたこ》。日本を代表するジャーナリストの徳富蘇峰《とくとみそほう》は、「天は彼女に才華《さいか》と詞藻《しそう》と容貌と健康とを恵んだ」と評しています。

ほかにも世間では、「天下の才媛《さいえん》」「海内《かいだい》の女秀才」「豊艶麗容《ほうえんれいよう》」「社交界の女王」「不世出《ふせいしゅつ》の女性」などと形容していたのです。

歌子は教育者であるとともに歌人でもあり、女性の自由の拡張と教育の充実、地位・権利の向上に大きく貢献した女傑でした。その容貌は、清楚から凛《りん》としたものまで多くの形容がありますが、孤高の気品を湛《たた》えた淑女といえます。

歌子はその気品に反して多くのスキャンダルがあり、毀誉褒貶《きよほうへん》のある人ですが、その大部分が、彼女の栄典・出世を妬《ねた》むもの、あるいは低俗な精神をもった一部のマスコミが、自分の出版物を売らんがために、でっちあげたものです。

ただし、ごく一部に、「明治・大正」という時代を勘考《かんこう》すれば、「ま、女性ゆえにスキャンダル」になっても致し方ないか、気の毒だが、という風潮はありました。

親《しん》歌子派は、まったくの無実、スキャンダルはなし、と述べていますし、逆の陣営は十数人から二〇人以上とのスキャンダルがあったと述べています。

どっちであれ、歌子の功績は偉大であり、富への私欲は毛ほどもなく、女性で日本一の報酬をもらいつづけたのにもかかわらず、寄付や奉仕のほか、愚かすぎる弟のために、台所はいつも火の車でした。

下田歌子は、本名は平尾鉐《ひらおせき》といいます。幕末の安政元年（一八五四）八月八日、太陽暦では九月二九日、美濃国恵那《えな》郡岩村、現在の岐阜県恵那市で生まれました。前年にペリーが来航、この年に再度来航して、日米和親条約（神奈川条約）を結んでいます。

父鍒蔵《じゅうぞう》、母房子の間に長女として生まれ、はじめての子であったため、父は大いに喜んでいました。父は岩村の藩主、松平家に仕える儒学者でした。平尾の家は代々、学者の家系で、祖父も漢学と国学の学者です。

時代が時代だっただけに、佐幕《さばく》か勤皇《きんのう》かで藩内が割れた際に、父と祖父は一貫して勤皇を通したため、蟄居《ちっきょ》・幽閉《ゆうへい》になることが二度、そのたびに俸禄《ほうろく》がなくなり、歌子は極貧の家庭で育っ

下田歌子勉学所　下田歌子が勉学に勤しんだとされる勉強部屋（父の書斎）を復元したもの。歌子は祖母から読み書きの手ほどきを受けていた。岐阜県恵那市、城跡公園

ています。

貧しいながら、学者の家ということから、歌子は手製のカルタで古歌や古詩に親しんで成長しました。三歳のころから『万葉集』『古今和歌集』を学び、歌をつくっては、母や祖母の前で披露しています。

夕立のはれてうすぎり立ちこめてくもいに見ゆる
山のみねかな

これが歌子六歳のときにつくった歌です。七歳になると、畑仕事のかたわら、『古事記《こじき》』『日本書紀《にほんしょき》』『太《たい》平記《へいき》』などを学び、父からは、四書五経のほか『水滸《すいこ》伝《でん》』『二十四孝詩』などの漢籍を学びはじめています。

家計のこともあり、歌子は桑《くわ》を摘み、蚕《かいこ》の世話をして糸をとり、綿《わた》をつくりながら、歌を詠み、読書に努めました。

版籍奉還の翌年、明治三年（一八七〇）、祖父・父ともに晴れて赦免《しゃめん》となります。

新政府の方針で、祖父の琴台《きんだい》は東京で神道布教のための「神祇官附属宣教師《じんぎかん》」養成制度において、「宣教師少博士」の官位を授与され、念願だった天皇のために働けることになったのです。父の鍒蔵には、「宣教師吏生」の職が与えられています。父は単身で東京に赴任し、歌子は家での勉学となりますが、机上《きじょう》の学問だけでは飽き足らず、上京を望むようになりました。その思いが膨らんでいき、歌子は二人の従者とともに、明治四年四月四日、東京に向かって旅立ちました。

その胸には「青雲の志」があったのです。

男児になりたかった歌子

歌子は、ふつうの女の子と違って野望に燃えていました。そもそもの発端は、父や祖母が、ことあるごとに、「鉐は賢いから男の子だったらよかったのに」と言ったことでした。

歌子は、男の子になるためには文武両道が必要と近所の大人から聞いたので、さっそく、石を持ち上げては投げる練習をはじめました。少しずつ重いものに変えていくと、力持ちになれると武勇伝に書いてあったからです。歌子、微笑《ほほえ》ましいです、「行動」の子でした。

歌子は、大人たちが「なんでも金《かね》次第」と言うのを耳にして、玩具の一分銀《いちぶぎん》・二分銀をたくさん集めています。祖母に「なんのため？」と問われて、これをお役人様にあげて、お父様の罪を赦《ゆる》してもらうのです、と答えたのが六歳のときです。

八歳で中国の『二十四孝詩』を読み、呉猛《ごもう》という八歳の子が、働き疲れている両親が蚊《か》に悩まされて眠れないのを知ると、みずから裸になって蚊の群れを自分の体に集めて、両親をゆっくり眠らせたという逸話を知って、同じことをして母を驚かせています。行動の子でした。読書に関しては、手あたり次第に読みあさっています。

上京にあたっては、文明開化の新しい日本の国づくりに参加したいという野心をいだいていました。東京に向かうとき、

綾錦着てかえらずは三国山またふたたびは越えじとぞ思ふ

と詠んでいます。

俗に「故郷に錦を飾る」ということですが、歌子の心意気は男子と同じで、彼女は自分のことを書面などでも「余」と称していました。

東京に着いた歌子は、祖父・父と同居しますが、祖父の紹介で当時の和歌の第一人者八田《はった》知紀《とものり》の門下生となります。八田は明治中期まで隆盛を誇っていた「桂園派《けいえんは》」のドンで、宮中の「歌道御用掛」という要職にある人物です。

桂園派というのは、祖の香川景樹《かがわかげき》がつくった清新な歌風のことで、香川の号が桂園でした。この派は、落合直文《おちあいなおふみ》・与謝野鉄幹《よさのてっかん》の新体詩に押されて傍流になってしまいました。

八田が間もなく他界したので、歌子は次の歌道御用掛で、その派の高崎正風《たかさきまさかぜ》や福羽美静《ふくばびせい》の弟子となります。これが開運、躍進の契機でした。高崎は、「宮中御歌所」の初代所長でもあります。

歌子の住居は旧岩村藩の上屋敷にあり、広々とした家でした。斜め隣には公卿の名門である、大納言徳大寺実則《とくだいじさねつね》の屋敷がありました。

この人は、宮内卿をはじめ、明治天皇の侍従長や内大臣など、皇室にかかわる要職を歴任した人物です。末の弟には、昭和期、最後の元老《げんろう》となった西園寺公望《さいおんじきんもち》がいます。

徳大寺実則（1840～1919）
宮内卿、内大臣、明治天皇の侍従長などを務めた。

歌子は毎日読書をしていましたが、ある日、難解な『春秋左氏伝《しゅんじゅうさしでん》』を音読していたのを、徳大寺が耳にして驚愕《きょうがく》しています。並の教養では読めないからです。

そのうち、祖母・母・弟が実家を引き払って上京してきました。歌子の毎日は読書ですが、祖父は困ったものよと嘆息しています。生来の美貌なのに、ろくに化粧もせずに本に熱中し、女を忘れているかのようだったからです。

たまりかねて、祖父の琴台が白粉《おしろい》を買ってやりました。歌子は身長五尺（約一五二センチ）、体重一二貫（約四五キロ）の、田舎から出てきた「山だしの女」のままでした。勉学においてあまりに優秀なので、嫁のもらい手がないのではと、父・祖父ともに心配したそうです。

また、学問の道に進むには美人すぎるというのも懸念材料でした。歌子がつくった漢詩を祖父がみると半端な出来ではなく、このままいけば名を成すであろうとも考えましたが、女は女らしくが一番と、歌子にあてて、もっと女の道にはげんではどうかと手紙を書いています。

歌子、宮中に出仕

政府は二六〇年あまりもつづいた徳川の封建体制から、中央集権体制に大転換するもっとも重要な鍵として、皇室を整えようと尽力しました。

女官らに囲まれてお公家さんのように暮らしている柔弱《にゅうじゃく》な天皇を、山岡鉄舟《やまおかてっしゅう》・米田虎雄《こめだとらお》・高島鞆之助《たかしまとものすけ》・島義勇《しまよしたけ》らの質実剛健な人たちによって鍛えるのと同時に、天皇に仕えていることで特別な権力を握って専横の振る舞いをしているベテランの女官たちのほとんどを解雇し、新しい人員に替えたのです。

宮中改革は、西郷・大久保・木戸の明治の三傑の一致した考えでした。明治四年八月一日、大量解雇が決行されています。そうして、全国から有能な女官を募ろうとした折に、高崎と福羽の推挙によって、歌子は宮中に出仕することになったのです。

明治五年一〇月一九日、満一九歳の歌子は栄光の階段への第一歩に足を踏み出したのでした。辞令は、「宮内省一五等出仕を命ず」です。一五等は最下等でした。妥当なところです。

宮中の女官の地位は、高等官待遇の典侍《てんじ》、それから下へ権典侍《ごんてんじ》、掌侍《ないしのじょう》、権掌侍、命婦《みょうぶ》、権命婦、この下に判任官《はんにんかん》待遇の女嬬《にょじゅ》、その最下位が歌子の一五等でした。「権」というのは「副」ということです。

典侍は女官長で、全体の指揮・監督をする役、権典侍は天皇の側室のことです。身の回りの世話もします。

柳原愛子（1855～1943）明治天皇の側室で、大正天皇の生母。柳原白蓮は姪。

掌侍・権掌侍職は皇后の身の回りの世話役です。命婦以下は天皇・皇后と直接話すことはできず、御座所《ござしょ》・御寝所に入ることも許されません。御座所とは、天皇・皇后にとっての居間になります。

女嬬は、御膳掛・御服掛・御道具掛などで、さらに下に雑仕《ぞうし》（女の雇員）、女官の使っている侍女・下女がいます。

このときの権典侍には、大正天皇を生んだ柳原愛子《やなぎわらなるこ》や千種任子《ちぐさことこ》・園祥子《そのさちこ》・小倉文子《おぐらふみこ》がいました。若かった歌子は、仮にも天皇の目にとまり、権典侍にでもなれたらと夢想しますが、畏《おそ》れ多いと即座に打ち消します。

歌子の家は代々、天皇、皇室を尊崇する勤皇でしたから、一家あげて大喜びしました。歌子は持ち前の熱心さ、誠実さ、頭の良さをいかして職務に励んでいます。

「歌子」と改名

女孺《にょじゅ》として働く歌子ですが、日をおくことなく、衣服のたたみ方、履き物の揃え方など、ほかの女孺たちと違って、つねに整然としていたことが上司の目にとまり、みんなの前で褒《ほ》められています。

これらは祖母と母の躾《しつけ》のきびしさが功を奏していました。裁縫《さいほう》をさせても手早くきれいに仕上がるほか、天皇の食膳についての説明も、いちど聞いただけで覚えてしまうのです。

天皇・皇后の食膳には厳密な決まりが山ほどあり、食器や料理の種類でも用途によって多くの様式があるのをさっと覚えるので、ほかの女官たちは、「ただものではない」と舌《した》を巻いています。

一〇月に仕えた歌子ですが、はじめての新年を迎えた歌会では、早くも美子《はるこ》皇后より声を掛けられたのです。これは、その前に皇后の歌会に女官たちが参加した際、歌子が詠《よ》んだ歌を、皇后は覚えていたからでした。

囊中《のうちゅう》の錐《きり》のように才あふれる者は、自然と頭角をあらわすのです。新年の席で歌子が一首を詠むと、皇后は近くへ寄りなさいと最前列に呼び寄せました。

その日以降、皇后の前で数多《あまた》の歌を詠みましたが、ある日、「春月」という御題を与えられ、

大宮の玉のうてなにのぼりてもなほおぼろなり春の夜の月

手枕は花のふぶきにうづもれてうたたねさむし春の夜の月

と詠んだ歌に、皇后はいたく感銘を受けられ、今日からは御歌からとって、「歌子」と名乗るがいいと告げたことから、歌子に改名したのでした。

その後は、歌子は皇后の歌の相手となるとともに、女官たちから作歌を教えてほしいという声が集まり、指導するようになっています。それまで、歌子に意地悪をしてきた女官たちも、礼節をわきまえるようになったのです。

また、歌子の国学や漢籍の教養も宮中にあまねく知れ渡りました。翌年の夏、歌子は「御書物掛」の役を拝命し、本と接することに喜んでいます。

明治六年一二月、いきなり一等級飛ばして一三等に昇格、前例のない人事で周囲を「あっ」と言わせています。

こうしたなかで、歌会で歌子の詠む声を宮内卿の徳大寺が耳にして、あのときの『左氏伝』の女性だ、と気づくことになりました。

一三等になって間もなく、歌子に大きな恩典が与えられました。天皇に学問を講じる侍講《じこう》の御進講（講義）の席に同席を許されたのです。これはたいへんな栄誉でした。歌子の教養の深さと頭の良さが認められてのことでした。明治八年五月、超特急で一二等出仕、六月に権命婦、翌年六月に命婦一〇等に昇格しています。

権命婦になって以後、美子皇后が女子高等師範学校に行啓《ぎょうけい》された折には歌子も同行し、以降、学事に関する皇后の行啓には必ず歌子が同行するようになりました。

結婚生活の窮状

ここまで順風満帆の歌子ですが、父がかねてから約束していた元・剣客の下田猛雄と結婚することになり、明治一二年一一月に宮中を退いています。猛雄とは気の進まない婚儀でしたが、父権絶対の時代ゆえ涙を飲んでのことです。退いた翌月に二五歳で結婚しましたが、猛雄は腕は立つものの酒乱で乱暴者、気性の荒《すさ》んだ男で、しかも酒の飲み過ぎで体を悪くし、間もなく寝たきりになり、歌子は看病の日々となります。猛雄は病床でも一升瓶を手にして、酔うと暴れるのでした。

そのうち、歌子のほうが顔色が悪くなって痩《や》せてきたので、父が心配して看病を代わってくれ、歌子は母の房子と伊香保温泉に療養にも行っています。

半月ばかり逗留《とうりゅう》し、帰宅後は禅も学ぼうと、禅では定評のある陸軍の鳥尾小弥太《とりおこやた》中将を訪ねました。鳥尾は体調を崩し、歌子が訪ねた明治一三年に退役して禅の生活に入っています。歌子は宮中仕えで、多くの政府・軍・官界の幹部とは知り合いでした。

鳥尾小弥太（1848～1905）
陸軍軍人、政治家。明治13年、『王法論』を執筆した。

ふたたび、看病生活がはじまりましたが、猛雄に収入がないので、歌子が費用を全額負担する生活で、それも困窮してくると、家財道具や歌子の着物まで売って生活しています。

そんな苦境が、政府顕官《けんかん》、なかでも歌子のことを気にかけていた伊藤博文の知るところとなり、事態が動くのです。

伊藤といえば、明治天皇が、「おまえの女好きはなんとかならんのか」と言ったほどの艶福《えんぷく》家《か》で精力絶倫の人です。伊藤は、「御上、私の相手は玄人筋《くろうと》ですから素人は泣かせていません」としゃあしゃあと応えて、天皇を苦笑させた御仁です。

じつは、のちに歌子とも噂があり、山県有朋《やまがたありとも》の別荘に歌子を呼び出して強姦《ごうかん》しようとし、懐剣をしのばせていた歌子がその刃を自分の首にあてて、そうされるなら自害します、と言ってことなきを得た、いやいや、ことはすませた、など風評が飛びかっています。

二人の歴史をみると、伊藤は終生、歌子に気を配り、要所要所で助け舟を出したり、引き立てたりしていました。しかし、歌子にそのようにしたのは伊藤だけではありません。井上馨《いのうえかおる》・土方久元《ひじかたひさもと》・大隈重信・山県有朋・高崎正風・福羽美静・伊東巳代治《いとうみよじ》・井上毅《いのうえこわし》などなど、枚挙《まいきょ》にいとまがないほどです。

後年、ありもしないスキャンダルをでっちあげた『平民新聞』では、これらの顕官たちと歌子が男女の関係にあったと報じていますが、これは幸徳秋水《こうとくしゅうすい》・堺利彦《さかいとしひこ》らが、新しく発行した新聞を売るための虚偽報道だったのです。

女子教育の担い手に

女子教育の第一歩

このとき、困窮している歌子を助けるべく伊藤や要人らが企画したのは、女子教育を歌子に担ってもらおうというものです。

教育については、天皇の「勧学の勅諭」が明治四年（一八七一）に出され、三年後、華族の子弟のために「華族勉学所」が創設となり、さらに三年後の明治一〇年、「学習院」と改称していましたが、対象は男子中心でした。

女子は入学しても小学科止まりで、中学科まで進める男子とは差が大きかったのです。これでは西欧諸国から野蛮国とみなされる、という声もあり、官立の女学校も創立されたものの数年で廃校になっていました。社会は男女ともに、「女に高等教育どころか、教育は不要」が、コンセンサスだったのです。

実際の女子教育の歩みを概観すると、明治三年、横浜でミス・キダーがフェリス女学院の前

メアリー・キダー（1834～1910）日本に定住した女性宣教師。フェリス女学院の創立者。

福岡孝弟（1835～1919）土佐藩士、政治家。「五箇条の御誓文」を加筆した。

身の学校を開校、翌年、アメリカン・ミッションホーム（現在の横浜共立学園）開校、明治八年に跡見女学校（現在の跡見学園）、神戸英和女学校（現在の神戸女学院）、同九年に京都に同志社女子塾（現在の同志社女子大学）が開校しています。

歌子が療養から戻った明治一三年に、「改正教育令」が出て、西洋の学問中心を是正し、儒教や国学を復活させる動きが出ました。「特に教育は皇国固有の教えに基づき、儒教の主義によることを要す」と文部大臣の福岡孝弟《ふくおかたかちか》が声明を出しています。

福岡は土佐藩出身で、「五箇条の御《ご》誓文《せいもん》」の草稿に手を入れた人です。のち、天皇の諮問機関である枢密院《すうみついん》の二四人しかなれない枢密顧問官になっています。

こうした声明により、全国の学校で、それまで使えなかった『論語《ろんご》』を使い「仁義忠孝の道」

を明らかにし、道徳においても「誠の道」を説くようにしたのです。

誠の道とは、自分と他者に誠実であることで、ただの正直より、はるかに人として重要な徳目のみならず行動指針なのです。

この改革を進めたのは伊藤で、この人は、さすがによくわかっています。伊藤は女子教育の進展がないのは女子生徒を教える人材がいないからだとして、女性教師の養成を喫緊《きっきん》の課題とし、その先導役、先がけとして歌子に白羽の矢を立てたのでした。

それに俸給を払うことで、歌子の窮状も救えます。伊藤の提案には、ほかの顕官らも歌子をよく知っていたので、一も二もなく賛同して開設にいたったのです。最初の学生は、彼らの娘たちでしたが、すぐに妻たちも学びにくるようになっています。

この当時、彼らの妻の多くは、元・芸妓《げいぎ》であり、高等教育は受けていないに等しい女性たちでした。

伊藤の妻は下関の芸者、外国の外交官の間でも絶世の美女として勇名《ゆうめい》を馳《は》せた陸奥《むつ》宗光《むねみつ》の妻の亮子は新橋の超売れっ子芸者の小鈴、井上馨の妻の武子は柳橋の芸者、大隈重信の妻の綾子は元・吉原の遊女、というようにです。

彼女らは没落藩士の娘も多く、教養がまったくないわけではありませんでしたが、それでも新時代に対応するには、正式な学問の学び直しが急務でした。

陸奥亮子（1856～1900）陸奥宗光の妻。日本赤十字社正社員。「ワシントン社交界の華」。

余談ですが、伊藤の妻の梅子は、ひらがなも読み書きできないところから、欧米視察旅行「岩倉使節団」の一員となって外遊中の伊藤が、手紙で懇切丁寧《こんせつていねい》に指導して読み書きできるようにしたのです。そのときの伊藤の手紙は、少しのことでも褒《ほ》めてやるという優しい心づかいにあふれたものでした。

陸奥も欧州外遊中に亮子夫人にたびたび手紙を出して文字の勉強を勧めたほか、外交官の妻は体力も大事だから、一日に数時間は歩きなさいと忠告し、夫人も忠実に実行しています。この人も夫人に優しい人でした。

女学校の開校

伊藤博文という人は、「酔うては枕す美人の膝《ひざ》、醒《さ》めては握る天下の権」という歌が広言されているほどの女好きですが、それができるのは梅子夫人の度量と努力の賜物といっても過言ではありません。

梅子は名ばかりの妻ではなく、伊藤の妻として能動的にみずからの役割を担っていたのです。外国人との社交の舞台となった鹿鳴館《ろくめいかん》でも、好きでもないダンスを習い、外国人とも率先して踊っています。

舞踏会に出席する華族夫人や令嬢たちを募ることも務めのひとつでした。まさに内助の功の亀鑑《きかん》といえます。それだけに、正式な教育・教養も必要とされたのです。

歌子は明治一五年（一八八二）三月、東京府知事あてに、学校開業上申書を提出し、「下田学校」という私立女学校を開校、同年六月に、「桃夭女塾《とうようじよじゅく》」と改称しています。

桃夭とは、『詩経《しきょう》』の周南桃夭編にある、「桃の夭夭《ようよう》たる　灼灼《しゃくしゃく》たりその華　この子ここに帰《とつ》がば　其の室家に宜《よろ》しからん」から採《と》りました。みずみずしく美しいこの子が嫁げばその家に相応《ふさわ》しいという意味です。

桃夭学校時代　塾生の本野久子とともに。明治17年。下田31歳。

学びにくる娘たちに教養と品性を備えさせようというのが目的でした。歌子は工事費あと払いで改築し、教室と猛雄のために豪華な寝室をつくらせました。

教える科目は、その年齢によって、『徒然草《つれづれぐさ》』『古今和歌集《こきんわかしゅう》』や四書五経などの国文学・漢学・修身・書道とし、学力以上に品性の向上に重きを置いています。その後、算術・日本史・中国史・裁縫も加えました。

学生のなかには政府高官の伊藤や山県らの夫人も参加し、評判が評判を呼んで、学生は増える一方でした。授業料は、当初、歌子の生活のために、かなり高額にしようとなったのですが、それでは一般家庭の娘が通えません、という歌子の申し出で安くしています。

歌子は自分の生活のことは最低限でよし、それより女性への教育が重要と考えたのです。この姿勢は終生変わりませんでした。

歌子の講義は質が高く、なかでも、『源氏物語』の講義は秀逸で、早稲田大学での坪内逍遥《つぼうちしょうよう》の「シェークスピア講義」と並ぶ二大講義とまで評され、後年には、国文学の権威である武田《たけだ》祐吉《ゆうきち》・折口信夫《おりくちしのぶ》ですら聴講するほどでした。

坪内は評論集『小説神髄《しょうせつしんずい》』、小説『当世書生気質《とうせいしょせいかたぎ》』の著者で、シェークスピア全作品を完訳しています。武田は国文学者で『万葉集』の大家、折口は詩人でもあり、近代短歌に新しい作風を確立した人です。歌子の『源氏物語』は、論理性からもレベルが高いと評されていました。

講義中、猛雄が大声で叫ぶと、歌子は、「ちょっと失礼あそばせ」と枕元に馳《は》せつけて介護をしつつ教えていました。数十人にまで増えた生徒たちは深く心を打たれたそうです。

のちの生徒の本野久子の話によると、歌子は黄八丈《きはちじょう》の着物に豊かな髪を丸髷《まるまげ》として、黒繻子《くろじゅす》の合わせの昼夜帯《ちゅうやおび》を締め、粋な姿だったといいます。

津田梅子の協力

歌子の女学校には、伊藤の斡旋《あっせん》で、アメリカに留学して一一年後に帰国した津田梅子《つだうめこ》（のちの津田塾大学創立者）も教員として加わり、英語を教えていました。

明治一七年五月、猛雄が他界します。胃ガンでした。これを知った伊藤は、この人らしく迅速果敢に動きます。四十九日の忌明けに歌子を宮中に呼び、次に設ける華族女学校の実質的な責任者になるように要請したのです。歌子に断る理由はなく、引き受けています。

即日、「宮内省御用掛被仰付《おおせつけらる》」の辞令が出て、奏任官に準じ主事取扱、年俸一〇〇〇円を下《か》賜《し》となりました。奏任官とは、官吏の高等官三等以下のことです。高等官は最上級が天皇の面前で天皇みずから任ずる親任官、次の高等官一等、二等の勅任官がありました。奏任官は九等まであります。

年俸一〇〇〇円というのはたいへんな額で、現在価値にすれば一五〇〇万円を下りません。ちなみに、この七年後の明治二四年の独身官吏の月給は二〇円強でしかなく、年俸は三〇〇円にもならないほどでした。各省のトップ、次官は年俸四〇〇〇円、各大臣同六〇〇〇円、首相九六〇〇円と、いまよりはるかに高給でした。

華族は明治一七年に伊藤が欧州を真似て導入した制度で、上から公爵家一一、侯爵家二四、

華族女学校学監時代　前列中央が下田。華族女学校官舎前にて。

伯爵家七六、子爵家三二七、男爵家七四の計五一二家からスタートしています。

華族の男子の教育には、官立の学習院がありましたが、女子に正式な学校はなく、美子皇后も憂慮して、女子のための学校を開校せよと下命して明治一八年一一月一三日に開校したのです。

歌子は学校幹事兼教授でしたが、実際は校長のようなものでした。名目上、校長は谷干城《たにたてき》学習院院長が兼務していましたが、歌子に任せています。谷は陸軍の将官出身者で、西南戦争時の熊本鎮台《ちんだい》の司令官でした。

歌子は、津田梅子も教授補に推薦して採用しています。編入試験に合格した桃夭女塾生六〇人、新規の希望者からの選抜者四五人と、学習院女子部からの三八人、計一四三人ではじまりました。

開校式には美子皇后が行啓していますが、以後、一六回も行啓されています。その後、津田は明治二二年から約三年間、アメリカに留学しますが、歌子の厚意で給与はそのまま受け取り、帰国後八年勤めたあとに、女子英語塾、現在の津田塾大学を創立したのです。

開校の翌年、歌子は学監となり年俸一八〇〇円となっています。女性としてはたいへんな高給です。合わせて正六位に叙任されています。美子皇后の思《おぼ》し召《め》しの「孝順貞烈自愛《こうじゅんていれつ》」の徳を身に着けさせるため、日夜、くふうを重ねています。これは、親に孝を尽くし、貞淑で愛する心をもっている、ということです。

また、制服には、和服を着る際は、海老《えび》茶《ちゃ》色の袴《はかま》を独自につくり、この袴と靴を着用することとしました。世間からは「海老茶式部」と呼ばれ、東京の各女学校の生徒らが真似て一大ブームになっています。

歌子は学校運営に尽力しながら、著作活動にも精力的に取り組んでいます。『和文教科書』全一〇巻、『国文小学読本』八巻九冊を書いていました。生命エネルギーが旺盛な人でした。

華族女学校は入学者が増えて三八〇人となり、明治二二年七月、永田町に敷地面積五六六〇坪余、建坪二六六五坪余の新校舎を建てて移転しています。

新築費の一〇万円は全額、皇室から下賜されました。現在価値なら一五億円というところです。歌子も新築の官舎に移りましたが、庭をへだてて首相官邸と隣り合う場所でした。明治二六年からは、現職のほかに、天皇の内親王である常宮昌子《つねのみやまさこ》内親王（二歳六か月）と周宮房子《かねのみやふさこ》内親王（一歳二か月）の御教育掛も兼任しています。いかに天皇・皇后や宮内省の高官たちから信頼されていたかがうかがえます。

養育は、天皇の信頼あつき佐々木高行《ささきたかゆき》伯爵（のち侯爵）が任命されていますが、この人は硬骨漢でした。歌子の年俸は二四〇〇円にもなっています。

年俸のほかに、マスコミへの寄稿や講演料が約二〇〇〇円あり、さらには両親王の御教育掛として二〇〇〇円が加えられます。大臣が年俸六〇〇〇円ですから、歌子はそれ以上の高給取りとなりました。

この時代、米が一石《こく》（一八〇リットル）九円八〇銭、天丼三銭、『日本』新聞に入社した正《まさ》岡子規《おかしき》の月給が二〇円、巡査の月給八円、樋口一葉《ひぐちいちよう》の『たけくらべ』の原稿料が一枚七七銭、『自由』新聞社に記者として入社した幸徳秋水の月給が七円、ひとりあたりの消費支出が年に一〇八円九三銭ですから、歌子の俸給が、いかに高額かわかるでしょう。

しかし、弟の鍗蔵《ていぞう》の出来が悪く、この弟の借金の保証人や肩がわりや、次々に教育機関に寄付をしてしまうので、いつも火の車だったといいます。時には歌子に対して差し押さえもあったほどです。

歌子、欧州へ

五歳になった常宮内親王への御進講は高輪《たかなわ》御殿内の御学問所で定期的に行われています。幼少の内親王に対し、仁慈《じんじ》・勤勉・礼譲《れいじょう》・孝行・報恩などを物語にして教えていました。

その歌子に対して新たな使命が課されます。二人の内親王への教育について、欧州での先進的教育をも参考にするため視察されたし、となったのです。予定は一年、随行者は二人、費用は六〇〇〇円でした。

明治二六年（一八九三）九月一〇日、歌子は教授のまま、横浜へ向かう列車に乗るため新橋駅に向かいます。途中、伊藤博文や大山巌《おおやまいわお》という政府の大幹部に激励され、駅前の広場には谷干城・佐々木高行のほかに女学生らがぎっしりと並んで、盛大に見送ったのです。

四四日の航海後、フランスのマルセイユ到着、その後パリで一か月逗留《とうりゅう》、目的地のイギリスに渡りました。幸運にもゴルドン（ゴードン）という知日派の老夫人と知己《ちき》を得て、ホテルを引き払ってゴルドン邸に寄宿します。

ゴルドンは来日経験のある宗教学者で、若いころはヴィクトリア女王の女官を務め、信望もある人物でした。これは歌子にとって僥倖《ぎょうこう》になりました。ゴルドンは来日した折、箱根の宮ノ下にて遊び、大いに気に入ったので自邸に宮ノ下と命名するような夫人です。

ヴィクトリア女王（1819～1901）世界各地を植民地化して繁栄をきわめた大英帝国を象徴する女王。

歌子は、貴族や上流社会の女性の思考やライフスタイルを学びたいと伝え、高名な伯爵夫人を紹介してもらいます。歌子は、イギリス社会での女性活躍の役割の大きさに驚きました。

また、このとき、日本はまだアジアの弱小国でしたが、歌子は、その地位を少しでも引き上げるべく、ヨーロッパ王室の母とも称されるヴィクトリア女王との謁見を熱望していたのです。

女王は一八一九年生まれで一八三七年に即位し、亡くなる一九〇一年まで六四年の最長在位記録（のちエリザベス女王が最長となる）をつくった以上に、イギリスの繁栄を招いた偉大な女王でした。

夫のアルバート公との間に九人の子をなし、その子たちが欧州各国の王室と婚姻関係を結びました。ドイツのウィルヘルム二世、ロシアのニコライ二世も女王の孫にあたります。

このときの在ロンドン駐日公使は青木周蔵《あおきしゅうぞう》でしたが、歌子の大出世を快く思わず、謁見したいとの歌子の申し出を一笑に付していました。おまけに、日本の着物で会いたいという歌子の希望を、愚かなことと嘲笑していたのです。しかし、それで諦める歌子ではありませんでした。

女子教育界の第一人者に

ヴィクトリア女王への謁見もしたい、せっかくイギリスに来たのだからもっと多くのことを学びたい、という理由で、歌子は伊藤・佐々木と宮内省にたびたび手紙を出しています。

政府には欧化主義者やキリスト教に帰依した高官もいたので、キリスト教を広めるためには、国粋派の歌子の力が強くなることは阻止したく、さっさと帰国させよと論陣を張っていました。

逆にいえば、天皇・皇后と伊藤という大きな支持者をもち、教え子の良家の娘たちを通じて華族の間でも歌子ファンや支援者が多く、本人にその気がなくても権威と権力をもつようになっていたのです。

青木も欧化主義者のひとりでした。日本人の妻と強引に離婚して、ドイツ人女性と結婚しています。

歌子は、このままでは一年の期限がきてしまうと、伊藤と佐々木に手紙で期間の延長を申し出ます。その間、皇族の小松宮依仁親王《こまつのみやよりひと》が渡英して、歌子と会っていました。

小松宮親王と随行者の長崎省吾《ながさきしょうご》が帰国後、強力に歌子の熱心な勉学態度を報告し、歌子の期間延長が認められています。

さらに運の良いことに、日清戦争で大国の清に完勝し、「日本は無視できない国」となったのです。イギリスも日本の躍進に瞠目《どうもく》し、急遽、歌子の謁見を許可しています。

一八九五年（明治二八）五月八日、とうとうその日が来ました。歌子の装いは、かねてから用意していた、平安王朝の女性の礼服の袿袴《けいこ》でした。手には扇を持ち、髪は、「おすべらかし」という古式豊かで流麗なものです。

早速、『ロンドン・タイムス』以下のマスコミが、一斉に「戦勝国日本の女性の伝統的礼装」と大々的に報じます。

女王自身、頭の回転の速さ、なにを尋ねても即座に的確な回答を話す歌子に好感を抱き、以後、何度も歌子を呼び、時には栄誉ある陪食《ばいしょく》も再々、許すようになりました。

研究書のなかには、女王へのプレゼンテーションが功を奏して、明治三五年一月三〇日の日英同盟につながる一助になったというものもありますが、まったく関係ないとは言えないでしょう。

それにしても歌子、欧化運動がさかんなときに、イギリスの地で、よくぞ袿袴とおすべらかしで謁見したものです。

教育については、自立心や運動の重要性も学んでいます。加えて上流階級が慈善事業に奉仕することも知り、ノブレス・オブリージュを痛感したのでした。そうして明治二八年八月二〇日、歌子は帰国したのです。

飛翔する歌子

実践女学校開校

歌子は華族女学校学監として、高等官四等の高位に昇進しました。常宮《つねのみや》・周宮《かねのみや》の御養育についても長文の意見書を佐々木高行に出しています。大判の美濃紙三〇余枚に、ぎっしりと書き込んだ労作でした。体育の重要性を強調し、徳育と合わせて励行すべし、としていました。

歌子は、日清戦争勝利後の日本人の変貌にも慨嘆《がいたん》しています。増長、物質主義、軽薄、自由のはき違え、無節操など、日本個有の美風・道徳の衰退を見て、「いまこそ日本古来の婦人の徳の長所を活《い》かす女子教育が必要です。よほどしっかりやらねば、西欧に対抗できません」と伊藤博文に直言しています。

明治二九年（一八九六）五月二〇日、正式に常宮・周宮両内親王の御教育掛の辞令が出ています。同年一二月、正五位に叙せられました。このときに弟のだらしなさとあちこちへの寄付で借金が多かったので、差し押さえを受けています。

歌子の栄典については、最終的に従三位《じゅさんみ》という高位に合わせて、勲三等瑞宝章《ずいほうしょう》を授与されました。これは政府高官並みの栄典でした。

御教育掛は、週に三日の御進講をしますが、周宮内親王が結婚する明治四二年まで、約一三年間、つづきました。

明治三一年一一月、歌子は帝国婦人協会を設立します。階層を上流だけにせず、志を一に女性の教養と自覚を高める、実業に就かせて生活を改善、向上させねば、という目的のためでした。華族女学校を辞することを佐々木に申し出ますが、拒否され、「あなたなら、やれるでしょう」と励まされています。

会長には歌子、総裁には皇族、理事・評議員には政・財・官界の錚々《そうそう》たる人たちが就任しています。

明治三二年五月七日、実際の教育の場として、実践女学校・同付属慈善女学校・女子工芸学校・同付属下婢《かひ》養成所の四校を一度に開校しました。

ここは、歌子の猛烈な生命エネルギー、私がやらねば、という血の滾《たぎ》りを感じます。

実践女学校は現在の実践女子大学となりました。当時の修業年限は五年間で、修身・国文・漢文・地理歴史・算術・理科・家政・裁縫・図画・書道、外国語・体操を教えます。

女子工芸学校は、修身・読書・算術・理科・地理歴史・裁縫・編物・刺繍・造花・速記・看

病法・割烹・写真術と、まさに生きていくのに必要なスキルを教えていました。

歌子は、アジアが団結して列強に対抗しなければならないという思想によって、中国からの留学生も積極的に受けいれます。

このときの中国は、張之洞《ちょうしどう》ら開明的な政治家が日本に学ぼうと唱えていたこともあり、日本への留学がブームになっていました。歌子は来日した孫《そん》文《ぶん》とも再々、会う仲でした。留学生として歌子の教えを受けたなかに、女性革命家の秋瑾《しゅうきん》がいます。清朝打倒運動で、のちに処刑されましたが、彼女は日本の愛国心を見て羨ましいと洩《も》らした人でした。

実践女学校女子工芸学校　明治32年、東京市麹町区元園町に、帝国婦人協会の事業として設立された。女性の社会的立場の向上と自立を図ることを目的とした。

中国からの女子留学生をはじめて大量に受け入れたのが、実践女学校です。これは勇気のいることでした。こうした受けいれにも、歌子は惜しみなく私財を投じていたので、内情は苦しかったのです。

ほかにも、新たな試みを含め、役所との交渉ではことごとく歌子の望むとおりとなり、こんなところからも、政府高官たちと深い関係にあるのでは、と下衆《げす》な噂を立

孫文（1866 ～ 1925）中華民国の政治家・革命家。初代中華民国臨時大総統。

てられたのでした。

明治三八年、華族女学校が学習院と統合となり、学習院女学部となり、歌子は教授兼女学部長に任じられます。むろん実践女学校の校長もつづけていました。

しかし、学習院のほうは、幸徳秋水らの『平民新聞』が売るためにでっちあげたスキャンダルと、院長の乃木希典《のぎまれすけ》との対立があり、明治四〇年一一月に辞任となっています。辞任に際し、勲四等宝冠章と御手許金《おてもときん》二五〇〇円、菊の紋章付銀製花瓶を下賜されました。

日夜、精力的に活動する歌子ですが、その容姿の若々しさ、美しさにつき、当時、女性記者の第一人者とされた大沢豊子は、

根上がりの御髪に黒の細長《ほそなが》、濃き色の御袴《はかま》の威厳のある御姿。華美な御浴衣に長くお裾《すそ》を引いて、御手に団扇《うちわ》を持たれた夏の夜の御姿。その時の御髪に、湯気の玉が真珠のように光っていたお美しさ。

実践女学校高等女学校　西門。右が校舎、突き当たりは雨天体操場。

と形容していました。

大沢は、実践女学校の卒業生で、新聞記者になるにあたって、歌子に励まされて就職、のちに東京放送局で女性初のプロデューサーとなった人です。

実践女学校は、歌子の人気によって学生数が急増し、明治三六年に皇室から御料地だった二〇〇〇坪を下賜されて移転しています。現在の渋谷区常盤松町《ときわまつ》のあたりです。

歌子は、日本の女子教育の押しも押されもしない第一人者となりました。

明治四一年、実践女学校と女子工芸学校を合併し、私財の三万円を投じて、実践女学校、さらに同中等学部として、将来の大学化を視野に入れました。

愛国婦人会の設立

歌子を語るとき、教育以外で特筆されるのは、「愛国婦人会」の設立です。歌子には、祖国のために戦う兵士たちのためにも、女性も銃後にあって国家への奉仕をするべきという考えがありました。

その考えに共鳴して果断に行動したのが、唐津の女傑奥村五百子《おくむらいおこ》でした。彼女は、明治三三年の「義和団《ぎわだん》事件」の折に北京に慰問に出かけ、日本の将兵が悲惨な目に遭っているのを知り、翌年から愛国婦人会の設立を唱えたのですが、まずは歌子に会って発起人になってほしいと頼んだのです。

自分より九歳上の奥村が、「先生、お力を貸していただけませんでしょうか」と頼んできたことに心を動かされ、歌子は設立趣意書を起草し、明治三四年三月に偕行社《かいこうしゃ》で会合を開いています。

岩倉具定《いわくらともさだ》宮内大臣（具視の次男）の妻久子が初代会長となり、歌子は奥村と全国を遊説、「半襟一掛《はんえりいっかけ》」運動を掲げました。半襟をひとつ節約すれば兵士遺族への援護は可能として、寄付を募っています。

歌子の演説は巧みであり、明治四一年八月、小野田翠雨《おのだすいう》が書いた『現代名士の演説ぶり』と

奥村五百子（1845～1907）社会運動家。愛国婦人会の創設者。

いう書では、六四名士のひとりになっています。「下田女史の演説は、たしかにうまい。第一流の価値は十分にある。弁舌がいかにも流暢《りゅうちょう》で抑揚があり、興趣もあって、態度、身振りも堂に入ってる」と評されていました。演壇での歌子も一二、三歳は若く見えて、艶《つや》っぽく華やかだったといいます。

歌子が動けば、会員は急増したのです。華族の夫人たちの賛助もあって、会員は日露戦争後に四六万人、昭和一二年（一九三七）には三八〇万人にもなっています。

この愛国という言葉が、社会主義者の幸徳秋水・堺利彦らの歌子へのスキャンダルキャンペーンの一因になったともされていました。

大正九年（一九二〇）には、歌子が第五代会長に就任しています。歌子は実践女学校の仕事に精励しながら、大日本婦人慈善会の純心女学校（現在の純心女学園）、滋賀県の淡海《たんかい》女子実務学校の校長になったほか、運営に参画した女学校がいくつもありました。

社会でも圧倒的人気

社会においても、歌子の装いである「下田式束髪《そくはつ》」「下田式被布《ひふ》」が新聞で報じられ、ブームにもなっています。その新聞では「本来の日本婦人としての根本的自覚に発し、多年の知行合一《ちぎょうごういつ》と躬行実践《きゅうこうじっせん》によって裏付けられた人格」「比倫《ひりん》を絶した不世出の女性」「一点私心なき皇道実践精神の権化《ごんげ》」などと評価されていました。

洋装、ボンネット着用の歌子

明治四一年三月一二日付の『東京日々新聞』には、「女人日本一の年収は下田女史、次いで幸田延《こうだのぶ》（東京音楽大学教授）」と載っています。歌子が七五〇〇円、幸田が三〇〇〇円前後でした。幸田は文豪幸田露伴《こうだろはん》の妹で日本初の洋楽を身につけた音楽家です。

歌子は女性として日本一の収入がありながら、このときに及んでも借金の山でした。学校経営、雑誌『日本婦人』の発刊、各種団体への寄付、愚かな弟の借金の後始末などによってです。

明治四三年六月、人気雑誌の『冒険世界』（博文館）の「痛快男子十傑投票当選」の企画では、「番外偉い婦人」第一位に歌子が一万二三七五票、第二位に乃木大将の静子夫人が七七五三票で選ばれています。このように、世間でも圧倒的人気のある名士でした。

歌子はつねに活動していないと生きている実感のない人であり、みずからの使命感に忠実に生きる人でした。昭和四年には、働く女性のために夜間女学部を設置しています。

歌子は職務をこなしながら『普通礼式』『泰西婦女風俗』『新選家政学』『家庭文庫』『新題詠歌捷径《しょうけい》』『婦人常識の養成』『日本の女性』『女子の修養』などなど、約八〇冊の本を出し、めずらしかったミシンの普及にも力を入れました。

昭和四年に強盗が家に入ってきた際は、騒がず、強盗が包みを手にしたとき、「それは宮様の物ですよ」と告げて、机上の時計だけを取らせて退散させています。亡くなる数年前から『源氏物語講義』の執筆をはじめますが、一巻だけに終わったことを研究者たちは無念がっていました。それほど優れた内容でした。

昭和六年、右乳房に乳ガンが見つかり摘出、三年後から右腕に転移し、再治療をします。右腕が使えないならと左腕で文字を書く練習をしていますが、八一歳になっていました。

歌子は、どんな状況でも授業を行い、車椅子にも乗れなくなると、自分は横になったまま、女学生たちを集めて授業をしています。どんなに体調が悪かろうと、定刻には学校にやってくるのです。まさに執念の教育者でした。

昭和一一年九月二八日、最後になった授業のあと、一〇月八日、歌子は穏やかに冥界へ旅立ちました。八三年の情熱にあふれた人生でした。

歌子について、伊藤は、「大臣になる器」と語り、山県は、「清少納言、紫式部のあとに、こんな偉い女はありますまい」と語り、大隈は、「女傑」と語っています。

下田歌子に会いたい

下田歌子顕彰碑　岐阜県恵那市

下田歌子生誕地　岐阜県恵那市

下田歌子の墓所　東京の護国寺から分骨された。岐阜県恵那市

武士道精神で
キリスト教に殉じる

山室《やまむろ》機恵子《きえこ》

生没：1874年12月5日～1916年7月12日

花巻から上京、明治女学校へ

岩手・花巻の出身

皆さんは、「救世軍」という言葉を聞いたことがありますか？

救世軍は、一八二九年にイギリス人のメソジスト派牧師、ウィリアム・ブースによって設けられました（正式発足は諸説あって一八七一年説もあります）。ロンドンの貧民窟《ひんみんくつ》でテントを張って貧困に喘《あえ》いでいる人びとを救済したのがはじまりです。

日本には明治元年（一八六八）九月に入ってきました。イギリス人のエドワード・ライト大佐夫妻ら十数人の一団が来日したのが嚆矢《こうし》です。救世軍は貧窮者のほか、社会で弱者とされる人びとを救済・支援しようという組織でした。

その救世軍の日本の父と呼ばれたのが山室軍平《やまむろぐんぺい》であり、軍平を支えたという以上に婦女子の救済に尽力したのが、妻の機恵子《きえこ》です。

機恵子は、成長の途上、あるいは成人してから、なんらかの啓示を受けて、突如として世のため、人のために救済事業に身を捧げようとしたわけではありません。

幼少のころから、そのような資質が備わっていて、その思いが深まりつつあるなかで軍平や救世軍との出会いがあり、以来、我が身を顧慮《こりょ》することなく献身的奉仕をつづけたのです。

機恵子は明治七年（一八七四）一二月五日、岩手県の花巻川口町で生まれました。北上川《きたかみがわ》に沿った景勝の地で、花巻温泉郷のほか、宮沢賢治《みやざわけんじ》の生誕地としても有名です。

機恵子が生まれた佐藤家の祖は源義経の家臣佐藤忠信《さとうただのぶ》とされ、家紋も源氏車《げんじぐるま》でした。戦国時代に没落し、花巻に移って南部《なんぶ》藩に仕えています。

父の庄五郎は嘉永五年（一八五二）の生まれで、ペリーが四隻《せき》の船とともに来航した前の年です。戊辰《ぼしん》戦争と明治維新によって武士は家禄《かろく》を失ったので、庄五郎は養蚕《ようさん》業に転じています。

十代のころの機恵子

花巻では新しい試みで、町内の人びとのつくる繭《まゆ》を集め、自宅の工場で絹糸をつくるようになったのです。これが県下に広まったので、庄五郎はパイオニアといえるでしょう。

庄五郎は養蚕だけではなく、農家の指導にも熱心で、桑《くわ》の葉の調理法や貯蔵法も発表しています。進取の気性に富む人でした。

母の安子は庄五郎と同年の生まれで、陽気で心が広く同情心のある人ですが、規律やしきたりにはきびしい人でした。佐藤家には六人の子がいましたが、機恵子は二番目です。

長男の皐蔵《こうぞう》は明治四年生まれ、海軍兵学校に首席で入学、エリートのみが進める海軍大学校を卒業し、第一次世界大戦時には、少将となっています。

マルタ島を根拠地として、地中海派遣艦隊司令長官として出征し、連合国艦隊の護衛に多大な功績を残していて、その功績でマルタ島に大日本帝国海軍の殉職者の碑《ひ》が建立されました。この下に四人の男児がいますが、それぞれの分野で活躍しています。機恵子は八歳で小学校に入学、成績はつねに首席か次席でしたが、次席のときは悔しくて泣いたそうです。

その後、高等小学校に進みますが、女子が高等小学校に進学することは花巻では前例のないことでした。機恵子の優秀さだけではなく、両親の開明さもうかがえます。

学校とは別に、岩手県一と称された漢学者の名須川他山《なすかわたざん》に『論語《ろんご》』『孟子《もうし》』を習っています。卒業後、名須川の要請で、半年ほど小学校の教員を務めました。このころの機恵子は、父の姿を見て、自分は将来、何者かになり、何事かを為《な》す人にならねばと夢想していたのです。

そうして、ある日、『女学雑誌』の中にあった「憂世《うきよ》と有喜世《うきよ》」という論稿を読んで、自分のすべきことを明確にしました。

明治女学校にて

『女学雑誌』は、明治女学校校長となった巌本善治《いわもとよしはる》が、女性の資質を育てるため明治一八年に創刊した教養雑誌で、主にインテリ層に読まれていた雑誌でした。北村透谷《きたむらとうこく》・島崎藤村《しまざきとうそん》を輩出し、明治浪漫主義の母体にもなっています。のちの「日本キリスト教婦人矯風会《きょうふうかい》」の廃娼《はいしょう》運動や一夫一婦制推進運動を支援したオピニオンリーダー的な面をもっていました。

その論稿には、「此の世は憂き苦労の繁き（多い）処《ところ》ではあるが、唯《ただ》天地万物の造主で、その支配者である神を認め、これに万事をお任せして、神が一人一人に授け給うた職分を忠実に尽くすならば、憂世は有喜世となる。このようになれば心から喜んで毎日を過ごすことができる」という旨《むね》のことが述べられていたのです。

この文章が、機恵子の生き方を方向づけたのでした。機恵子は一八歳で上京し、当時の先進、開明的校風で優れた女学生が集まっていた、明治女学校に入学します。創立は明治一八年で、創設者は木村鐙子《きむらとうこ》・熊二《くまじ》夫妻でした。鐙子は自由主義の経済学者として知られた田口卯吉《たぐちうきち》の姉です。

教授陣は、島崎藤村・北村透谷・馬場孤蝶《ばばこちょう》・星野天知《ほしのてんち》・戸川秋骨《とがわしゅうこつ》・平田禿木《ひらたとくぼく》といった、後年、『文学界』を創刊する新進気鋭の文学者たちでした。校医は女医第一号の荻野吟子《おぎのぎんこ》、歴史に名

明治女学校での機恵子　明治 28 年３月、前列左２人目が機恵子。後列左２人目が島崎藤村、その後ろが校長の巌本善治。

を残した人たちです。

キリスト教をベースに、女子の人格を尊重した自由主義的教育をした学校でした。教育レベルも高く、帝国大学総長の加藤弘之《かとうひろゆき》が、女子に高等教育は無理と演説した際、校長の巌本が、超エリートの開成学校の第一級生は大変レベルが高かったが、それくらいなら明治女学校の二年でできる、と豪語しています。

事実、女学生たちは海外の原書を自在に読み、テニスンやロングフェローの詩を暗誦し、シェークスピアを愛読していました。校風について相馬《そうま》黒光《こっこう》女史は、「単なる学校ではなく、まるで青春の道場という気がする」と語っています。

ただ、教師陣が西欧文学に親しみ、西欧的恋愛観の影響を受けていたので、女学生との恋愛沙汰が多いということもありました。成就したのは、星野と松井まんだけでしたが、藤村・透谷・平田・戸川は女学生と交際しています。

島崎藤村（1872～1943）詩人、小説家。小説『破戒』などで代表的な自然主義作家となる。

星野天知（1862～1950）明治期の作家、教育家、武道家、のち書道家。

藤村は機恵子の同郷の先輩の佐《さ》藤輔子《とうすけこ》と、透谷は斎藤冬子と、かなり熱の入った付き合いをしていましたが、男たちの優柔不断で成就していません。

明治女学校の学生となった機恵子は、花巻の娘たちの憧れの的となり、休暇で帰省したときは、街の娘たちが大騒ぎして駅で送迎するので、駅長が驚いたとのことです。

往時の花巻は養蚕による収入も多く、生活レベルが高くなり、娘たちも服装が華美になっていましたが、機恵子が帰省すると、だれもが質素な装いになったといいます。それくらい影響力があったのでした。

明治女学校の普通科は五年制ですが、機恵子は四年級に編入されるほどの学力をもっていました。機恵子は文学的なものより、科学的な学科、なかでも数学が得意でした。武道では柳生心眼流免許皆伝の星野慎之輔（天知）が創始した薙《なぎ》刀《なた》術を修めています。

機恵子は在学中から社会事業に関心をもち、暇があれば、その種の施設を見学に行っていました。施設では、保護されている人びとと食事を一緒にしたり、おやつ代を倹約しては、知的障害者施設に寄付したりしています。

こうしたことは、父の庄五郎が、郷里の若者の教育や支援をしていた影響もありました。明治一四年、明治天皇の二度目の東北巡幸のとき、花巻にお泊まりになられ、庄五郎から桑の葉を献上されたことに対し、陛下は蚕業奨励のために御下賜金《ごかしきん》を与えています。感激した庄五郎は、この御下賜金を、有用な人材育成のために子どもたちの教育資金にしたのです。こんなことも機恵子の胸奥に残っていました。現在も蚕に桑の葉を食べさせることは、皇后の行事として残っています。

明治女学校の学生は、日曜日ごとに近くの一番町一致教会《いっちきょうかい》に通うことが一般的でしたが、機恵子も通う間に入信と受洗を受けました。導いたのは植村正久《うえむらまさひさ》です。

植村は当世のキリスト教の大家になった人で、廃娼運動にも深くかかわっています。機恵子は、植村の説教、聖書の講義を聴くことがこの上なき楽しみと語っていました。時には、なぜもっと神に近付けないのかと煩悶《はんもん》することもあったと吐露《とろ》しています。洗礼を受けたのは一八歳のときですから、上京して間もなくでした。

婦人の権利のために

機恵子は明治二八年（一八九五）四月、明治女学校の高等文科を卒業しました。その後、『女学雑誌』を発刊する女学雑誌社で事務員をしています。

『女学雑誌』は、婦人の権利の確立や、廃娼・禁酒も奨励していたので、廃娼運動をしていた救世軍の山室軍平《やまむろぐんぺい》の投稿もたびたび掲載していて、機恵子は名前だけは知っていました。

その後、機恵子は明治女紅《じょこう》学校で教鞭《きょうべん》を執ります。この学校は女子教育の普及促進、日本女性の徳を養成するため、当時、有力団体だった「大日本婦人教育会」（明治一九年結成）が設立した学校でした。

満一二歳以上の女子に修業年限三年、月謝二〇銭で、修身・読書・習字・算術・裁縫・織《しょ》機《つき》・図画・刺繍を教えます。明治二五年三月に開校式、翌年に女子小学校を設けました。

機恵子は女学生たちに日記を書かせ、個別に指導、相談相手になったこともあり、深く敬慕《けいぼ》されています。その時期に併行して「東京婦人矯風会《きょうふうかい》」の最初の書記も務めていました。

矯風会は、アメリカから禁酒運動団体の「ウーマン・テンペランス・ユニオン（婦人禁酒会）」

フランシス・ウィラード（1839〜98）アメリカの禁酒運動改革者、女性参政権運動家。

のレビット女史が来日して講演したことを契機として、明治一九年一二月に結成されています。会頭は矢《や》島楫子《じまかじこ》女史です。明治から昭和にかけてのジャーナリズム界の巨頭、徳富蘇《とくとみそ》峰《ほう》の叔母でもあります。

矯風会の目的は、「本会は社会の弊《へい》風《ふう》を矯《た》め、道徳を修め、飲酒喫煙を禁じ以て婦人の品位を開進するを目的とす」（第二条）でした。といっても、禁酒だけではなく、婦人の人権擁護、権利拡張に幅広く活動したのです。

矯風会の書記となった機恵子ですが、書記という立場は軽いものではなく、この会においての機恵子の活躍は大きなものでした。日本初の女医の荻野吟子も矯風会に所属し、副会頭の重責を担っています。

「キリスト教婦人矯風会」自体は、アメリカの酒場の排撃運動に端を発し、ノース・ウエスタン大学で女性初の学部長となったフランシス・ウィラード女史によって組織され、世界的に広まったのです。女史は大学総長の夫にこの活動を禁じられた折、決然と離婚し、学部長・総長夫人の地位を捨てています。

会は白いリボンを会章として、「純潔・平和・排酒」の三大目標を掲げていました。この純潔が廃娼運動につながっていくのです。

『女学雑誌』でも禁酒を社説としたほか、廃娼や一夫一婦制について再三、識者の論稿を掲載し、世論を喚起しています。なお、矯風会は明治二六年に、「日本基督教婦人矯風会」と改称しました。

明治二二年には一夫一婦の建白書を元老院《げんろういん》に提出しています。民法上、明治一五年の改正までは、妻と妾（愛人）は同じ二親等であり、妻妾同居もめずらしくありませんでした。会頭の矢島は、この建白書を出して無事に帰ってこられるかわからぬ、として白無垢《しろむく》を着て、切腹を申しつけられてもいいように懐剣《かいけん》を胸に秘めて行きました。

矢島楫子（1833～1925）徳富蘇峰・蘆花兄弟の叔母。女子教育者、社会事業家。

また、帝国議会が開かれた折、衆議院規則一六五条に、「婦人の傍聴は許さず」の一項があり、矯風会は、「廃止せよ」の陳情書を出して削除させています。いまの世からすれば、とんでもない条文ですが、明治期には、このような弊風が残っていたのです。

刑法においても姦通《かんつう》罪があり、条文は「有夫ノ姦通シタルモノハ五ヶ月以上二年以下ノ重禁錮ニ処ス其ノ相ヒ姦スルモノマタ同ジ」となっていて、罰せられるのは人妻とその相手だけでした。夫がいくら愛人をつくっても、その女性が「有夫」でなければ罰せられないのです。

ちなみに、大正一二年（一九二三）六月九日に作家の有島武郎《ありしまたけお》と『婦人公論』記者の波多野《はたの》秋子《あきこ》が心中したのも、有島が波多野の夫から法外な金を要求されていたことが原因で、この刑法により有罪となるか、もしくは巨額（いまの約一億円）の金を払うか、という選択を迫られてのことでした。

波多野は、超のつく美貌の持ち主で、それまで原稿を引き受けてくれなかった名高い作家たちが、波多野にかかると一転して引き受けたというほどの美女です。その美人ぶりで、社長の滝田《たきた》樗陰《ちょいん》も連れ歩いていました。永井《ながい》荷風《かふう》・芥川龍之介《あくたがわりゅうのすけ》なども、ころっと宗旨変えして原稿を書いています。

矯風会では「有妻」の男性も姦通すれば罰せられる、離婚の理由になるように改正せよ、と運動していました。

そうすれば、芸者や娼妓《しょうぎ》との姦通となるので、廃娼につながるからでした。

凶作と身売りから

なぜ、廃娼か

機恵子が、その人生を捧げることになる廃娼運動ですが、その理由としては、山室軍平の書いた『社会廓清論《しゃかいかくせいろん》』に次のように叙述されていました。

公娼とはいかなるものかというに、これはすなわち旧時代の迷信的道徳をもって人の娘に猿轡《さるぐつわ》をはめ、前借金という荒縄をもってその両手をしばり、これを遊郭と名づくる別室に監禁し置き、貸座敷営業者と名づくる強姦幇助者《ごうかんほうじょしゃ》の手をかりて、遊客《ゆうかく》と名づくる色情狂者らが入れかわり立ちかわり、これを辱《はずかし》め、しかもそれが一日や二日のことではない。数年、十数年の長きにわたることを、平気で公許《こうきょ》しておくところの制度ではないか。嗚呼《ああ》、これは果《はた》して私どもの時代に存在することを許しておかるべき制度であろうか。私は決してそうではないと確信するのである。

日本には室町時代から、お上《かみ》、役所が公認した公娼制度という売春システムがありました。娼妓売春婦の大半は、貧しさのために売られてくる女性であり、日夜、意に沿わぬ売春をして生きています。

さらに、前借金と称した自身を売った金が、働いても減らないどころか逆に増え、いつまで経っても自由になれないことがめずらしくありませんでした。これは経営者が、食費のほか、あらゆる物品を高値で娼妓に売る、貸すの結果で、ほんものの搾取《さくしゅ》があったのです。その昔、娼妓に身を落とすことを、「苦界《くがい》（海とも）に沈む」と表現しましたが、そのとおりでした。

昭和の前期、アメリカからはじまった大恐慌《だいきょうこう》の波が日本に訪れたとき、東北地方は記録的大凶作が重なり、農家は貧困に喘《あえ》ぎ、食べるものもないという惨状でした。そのとき、やむなくとはいえ、一家の父親が家父長の権限をもって娘を売ったのです。

そのときばかりでなく、江戸時代、明治時代でも同じでした。もともと結婚も家と家との結びつきなので、本人の意思は顧慮《こりょ》されず、父親の意向で決められていました。

当時、売られたことにつき親孝行だという声があったのも、それまで育ててもらったことへの報恩という意義を含んでいたからです。ひとりの人格ではなく一個の商品として扱われたのです。

こうした側面もあり、廃娼は急務、と考える人も少なくありませんでした。明治二三年

（一八九〇）には、「東京廃娼会」「日本全国廃娼同盟会」の会合が明治女学校で開かれています。

機恵子と軍平

日本に上陸したイギリス人救世軍の一行は、日本の風俗に従うとして似合わない和装で活動しました。当時、世界の覇者のイギリス人とは思えない謙虚さ、配慮ですが、畳の上の正座はとくに痛いようで、すぐに顔をしかめて膝《ひざ》を伸ばすほか、日本の習俗に慣れていないようすがうかがえたのです。

見学した機恵子は気の毒に感じ、進んで日本の習慣・作法をわかりやすく教えたいと考えるようになり、その奉仕を実行したのです。機恵子は、考えるだけではなく実行の人でした。

なかには、「あんな西洋法華《ほっけ》など構うな」と言ってくる人もいましたが、機恵子は思いを変えず貫徹しています。その奉仕の間に、山室軍平に紹介されたのです。明治二九年の春でした。

山室軍平（1872～1940）宗教家。説教者。日本人初の救世軍士官（牧師）。最終階級は中将。

その後、一年半ほどして再会した折、軍平は、「救世軍の母、ブース大将夫人」について熱く語っています。以後、機恵子は救世軍の集会に出席したり、聖書の研究をしたり、山室と顔を合わせることも増えたのです。

その後、母の安子が病で倒れたので、このときは北海道にいた両親のもとに帰り、数か月滞在して看病しました。この間、軍平とは文通しています。明治三一年四月、軍平より結婚の申し込みがあり、両親がそれとなく知人らに問い合わせてみたところ、一様《いちよう》に救世軍のことはよく言いませんでした。

しかし長兄の皐蔵《こうぞう》は、軍平が貧しくても優れた人で有望な青年と伝え、機恵子にとって良縁であると報告してきました。加えて、明治女学校校長の巌本善治が講演のために北海道に来た折に両親と会い、軍平のことを良き人であると説明して推薦したのです。

両親も賛成すると、機恵子はいくつか来ていた縁談を断り、

君ならでたれにか見せん梅の花色をも香をもしる人ぞしる

という歌に託して承諾しています。

同年九月、軍平は神田三崎町の棟割長屋《むねわりながや》の一部を借りて、救世軍の伝道所（神田小隊）を開

きました。救世軍は、その役職や地位など軍隊式の呼称です。広さは四畳半、家賃は月三円五〇銭（現在の約三万五〇〇〇円ほど）でした。

軍平は明治五年、岡山県に生まれ、一七歳で同志社（現在の同志社大学）に入り、苦学のなかで神学を学んでいます。年齢は機恵子の二歳上でした。生来、恵まれない者への慈悲の心があったので、女性のなかでももっとも不幸と感じられる娼妓《しょうぎ》たちを救うことを決めたのです。

娼妓の自由廃業問題

そうして、すぐに名古屋で宣教と英学校を開いていたアメリカ人のユー・ジー・モルフィを訪ねました。モルフィは明治二六年に来日し、娼妓たちの存在を知ってから、日本の法律を調べていたのです。当時の民法第九〇条に、「公ノ秩序又ハ善良ノ風俗ニ反スル事項ヲ目的トスル法律行為ハ無効トス」という条文を見つけ、娼妓の自由廃業への道筋を考えたのでした。現在の民法第九三条の「公序良俗に反する行為は無効」と同じです。

明治三〇年、北海道の娼妓が弁護士を頼んで裁判を起こしました。いくら働いても前借金が減らないというのがきっかけでした。一審、二審は敗訴、明治三三年二月、大審院（最高裁）は、人身の自由を制限するので契約は無効、借金の有無にかかわらずいつでも廃業できる、という判決を出したのです。

このとき以降、自由廃業の道が開かれ、廃業する娼妓が急増しました。しかし、廃業できても借金が消えるということではありませんでした。業者らは、借金請求会社をつくって、ヤクザやごろつきを使い、廃業した娼妓の家に行かせて脅して取り立てをしています。

それで仕方なく娼妓に戻る女性もいましたが、ないものは払えず、踏み倒すケースも少なくありませんでした。この判決が業者らに与えた衝撃は大きく、廃業者も続出しています。ただし、判決には欠陥もありました。

自由廃業するには、本人が直接、警察に行かなければならなかったのです。当然、業者は行けないように見張っています。そうして、なんとか警察に行き着いたとしても、廃業には業者の判が必要なので、経営者から買収されている警察は、娼妓を不心得者《ふこころえもの》として叱《しか》り、よく話し合うように勧告するのでした。そのため、法で認められたとしても、実際の廃業は容易ではありません。

そこでだれかを頼り、文通ほかの手段で連絡して救出を待つということになりました。救出する側の大半は組織・団体であり、救世軍は以降、東に西に奔走することになります。

対する業者は私設の暴力団をつくり、救世軍や救出しにくる相手を暴力をもって撃退することになりました。

貧しきなかでの結婚

明治三二年六月、機恵子は軍平と九段坂上のメソジスト協会で結婚式を挙げます。日本の救世軍のはじめての結婚式でした。この結婚式において、結婚の誓約書が読み上げられています。それには、より以上に神に仕え熱心に救世軍の活動をすること、救世軍のために尽くすことなどが謳《うた》われていました。機恵子は両親から、嫁入り支度として和服を仕立ててやろうと言われた際、「できるだけ地味な品で、五〇歳まで着られるような着物にして下さい。救世軍に行って着物をつくってもらう考えはありませんから」と答えています。

植村正久（1858～1925）日本基督教会、日本のプロテスタントの指導者。

式の費用も、案内状・礼状を含めて一五円（いまの一五万円ほど）で済ませていました。軍平は結婚直後、機恵子の両親に手紙を出していますが、内容は、機恵子が救世軍のことを理解し、自分とともに貧苦多難の事業に従事する決心をしてくれたこと、それを両親兄弟がただちに許してくれたことに対し、どのようにお礼を言っていいかわかりません、こ

軍平と機恵子　明治32年、九段のメソジスト協会にて。

の上は社会へ献身してご恩に報いるほかはありません、という趣旨でした。軍平の率直で誠実な人柄が表れている手紙でした。

新婚夫婦の暮らしは、月七円の救世軍からの手当てだけで、家賃が三円五〇銭、残りの三円五〇銭で暮らさねばなりません。軍平には護衛役を兼ねた副官の山田某という巨漢がいましたが、その男の面倒もみなくてはならず、「赤貧《せきひん》、洗うが如《ごと》し」の生活でした。

早朝に起きて外を掃き清め、竹や木屑《きくず》を拾っておいて小刀で切り割って七輪《しちりん》での煮炊きに使っています。書物を買う余裕もありませんでしたが、植村正久が結婚祝いに『福音新報』を二年分、無料で寄贈してくれました。

十分な栄養も摂《と》れず、週に一日、牛のレバーを買うのが御馳走ですが、機恵子ははじめのうち匂いが鼻につき、なかなか飲み込めませんでした。裕福な家庭の娘として育った機恵子ですが、愚痴は言いません。

命がけの奉仕

全身全霊で神に仕える

夫婦は結婚後間もなく二週間の夏季休暇をもらって、横浜市郊外の根岸に一間を借りて休養していました。その間、毎朝午前五時に起き、軍平が書く草稿を機恵子が清書して、『平民之福音』という書を著しました。

軍平の処女作で代表作となり、日本のキリスト教文学の古典として頒布数ではトップになる名著です。軍平、満二七歳の著作で、宗教改革者のジョン・カルバンが『基督教綱要』という不朽の名著を出したのと同じ年齢でした。

軍平の著作では、機恵子が助言・加筆・修正・校正をしたとされています。幼少時から秀才の機恵子でしたから、大いにうなずけます。

救世軍には、「主要なる救世軍主義」として、次の戒律がありました。

・神に愛されている自覚を絶えず持たねばならない。

・我が持てる一切のものをことごとく神に捧げなくてはならない。
・世俗から離れ罪深き気分、流行、娯楽及び交際と関係を絶たねばならない。
・絶対禁酒の実行者であり、酒類販売に関係してはならない。

などですが、ほかには禁煙もあります。

自分をきびしく律する精神がなくてはならず、心の鍛錬、つねに自分が試されているということです。機恵子は繰り返し自問します。もともと真面目な人なのですが、神中心の愛の生活に移ったことを自覚しています。

それればかりではなく、善を行おうとしてきましたが、そうしないと人から敬意を表されないのではないかという思いのほか、見栄や世間の評判を気にしていた己を愧《は》じ、ひたすら純粋に善を行うのみと改心しています。

カントの哲学でいうところの「定言的命題」です。何かの目的や報いのためにではなく、純粋に善を行いたいから、という動機で行動するように心がけました。

カントの標榜《ひょうぼう》する善・道徳律とは、その行為による報恩・利得は微塵《みじん》も求めず、ただただ己が善をなしたいからする、というものですが、機恵子はそのような人をめざしたのです。

それまでの機恵子は、世間からの嘲笑の理由のひとつになっていた、ほかの人びとと行列をつくり、軍歌（救世軍の歌）を歌いながら、タンバリンを叩いて行進することに恥ずかしいという思いがありました。

しかし、純粋に善を行う、神に仕えると誓ってからは、恥ずかしいという思いを払拭《ふっしょく》し、指から血を出すほどまでにタンバリンを叩いて行進したのです。ここにも機恵子の至誠・誠実さが表われています。

これができたとき、それまで以上に神と近くなったと、機恵子はのちに述懐していました。「キリストのために、自分を無にする、愚にする」ことができたのでした。

このような機恵子の内助の功もあり、軍平の神田小隊（伝道所）には五〇人前後の信頼できる信者もできて、機関紙の『ときのこえ』も六〇〇戸以上の家に配るほどになっています。説教や布教をしながらも、夫妻の大きな使命は廃娼運動でした。

前出のモルフィが明治三二年に「社会道徳に関する統計表」という冊子を刊行していますが、それによると明治三一年、日本の娼妓の数は五万五五三人、芸妓及び妾は三万三八六人、そのほかに密売婦（私的な売春婦）約八万人でした。

明治三三年二月に、大審院は、「娼妓との契約は無効」という判決を出していますが、モルフィはこの判決に力を得てキリスト教信徒の弁護士を起用、同年三月に「娼妓廃業届に連署捺印請求の訴訟」を起こして数件の勝訴を得ていました。

モルフィを強力に支援したのが救世軍でした。軍平を先頭に、あちこちの遊郭街に繰り出しては、娼妓たちに廃業の支援をするので来なさい、と呼び掛けています。

そのたびに五〇人、一〇〇人ものならず者に襲われ、怪我をしますが、軍平やほかの救世軍の面々は怯《ひる》むことなく、何度も足を運びます。時には殴られて失明する者も出ますが、軍平は躊躇《ちゅうちょ》せず、活動をつづけました。

軍平もあるときには頭を割られる大怪我をすることもありましたが、活動はつづけています。軍平やほかの救世軍の人たちを動かしていたのは、神の代わりに善を行う、苦境に陥っている娼妓たちを救うという使命感でした。

機恵子の救済

仮に廃娼させても、問題はふつうの生活に戻ることです。そのため、軍平と機恵子は、そうした女性たちの安住の地となる婦人救済所を設けました。

軍平たちが、遊郭の暴力団に襲われることがたびたび報じられると、明治三三年一〇月、西《さい》郷従道《ごうつぐみち》内務大臣の名で「娼妓取締規則」が発出され、自由廃業を法的に裏付けました。

その条文には、一八歳未満は娼妓になれないこと、警察への出頭はやむを得ない理由があるときは免除する、廃業を妨害することは許さず、という旨が列挙されていたのです。

この後、自由廃業が激増し、一年間で一万二〇〇〇人余りが廃業しています。世間では、

東京婦人ホームでの機恵子（前列右から３人目）娼妓たちを連れだしては、生活していけるように教育した。うしろの建物には「山室」の表札が・・・。

「巷説《こうせつ》救世軍」という講談や、「救世軍廓之今《くるわのいま》様《よう》」という演劇が興行されるようになりました。

救世軍の婦人救済所には元娼妓・元芸妓・元酌婦らがぞくぞくと入所しています。これらの指導・助言・管理は機恵子の任務でした。正式に主任として任命され、更生に向けて世話を焼いています。

機恵子は彼女たちに規則正しい生活をするように指導・訓練するとともに、簡単な布製品の製作を奨励しました。また、着物などの洗い張り、裁縫仕事を安価で募集し、彼女たちの生活資金に充当しようとしたのです。

支援者のなかに大隈重信《おおくましげのぶ》侯爵・近衛篤麿《このえあつまろ》公爵（近衛文麿の父）もいますが、直接、機恵子が訪問して支援を取り付けています。大隈は救世軍の活動を高く評価して力を貸していますし、近衛も同様でした。

著名な経済学者の田口卯吉《たぐちうきち》も支援者のひとりですが、ほかにも大原孫三郎《おおはらまごさぶろう》とその夫人たちなど、枚挙《まいきょ》にいとまがないほど、機恵子の要請を受けて応じていました。

そうした有志の夫人たちの前で機恵子が演説したことがありますが、救済所に入ってくる女性たちにはいろいろな境遇の者がいて、冬の寒い日に薄い単衣《ひとえ》一枚に裸足《はだし》でやってくることも少なくない、日々の生活が退屈なのか元の娼妓に戻りたがる者もいる、反面、まっとうな暮らしと自由を手に入れて感涙《かんるい》にむせぶ者もいる、などと語っています。

機恵子は救済所を三年運営したあと、健康を害したのと出産のため休養しましたが、その間、軍平はイギリスに渡り、救世軍創始者のブースと会見しています。

明治三七年、日露戦争の最中のことで、日本は連戦連勝ということもあり、いたる所で大歓迎されました。紅海《こうかい》を航行中の六月、軍平は結婚五周年を迎え、過去五年間の機恵子の献身的奉仕と家庭における大きな助力を感謝する手紙を認《したた》め、機恵子に送っています。機恵子は、この手紙を涙とともに読んでいました。

相変わらず貧しい生活でしたが、愚痴《ぐち》をこぼすことはありません。時折、母の安子が訪ねてくると、機恵子の貧相な身形《みなり》を戒めたり、食事の貧しさに驚いています。

機恵子は世話した女性たちに着物をあげてしまうので着る物も満足にありませんが、安子の小言《こごと》にはただ微笑《ほほえ》むばかりでした。

機恵子は温かな広い心、慈《いつく》しみにあふれた心をもった菩薩《ぼさつ》のような人でした。忍耐を忍耐と思わず、みずからの使命は神に仕え人びとを救済することであり、それをさせてもらっている自分は幸福だと感じていたのです。

婦人組織づくりに奔走

ロンドンでブースと会談した軍平は、その情熱と誠実さを認められて、日本の伝道部長（戦場書記官）という枢要《すうよう》な地位を任されました。

帰国した明治三八年、まれにみる凶作となり、東北地方では娘を買うために女衒《ぜげん》（娼妓買い）が入り、わずかな金で娘たちを買いあさり、奴隷的な工場や遊廓に売る事例が急増しています。救世軍ではただちに「東北凶作地子女救護運動」をはじめました。

東北地方で女衒の手に落ちる恐れのある娘たちを探して、東京で就職させるようにしたのです。救世軍には、職業紹介事業の起源ともいうべき、職業紹介部がありました。

このため、救世軍では娘たちの住居として寄宿舎を設け、機恵子はその主任に任命されています。明治三九年の上半期だけで一五六人を保護し、内務省も協力したので、地方の官庁も便宜を図っています。また、日本鉄道会社は乗車賃を三割引としました。

このほかに救世軍は、東北で五〇〇戸の極貧世帯に対して資金や道具の補助をするなど、生活扶助も行っています。こうして寄宿舎に収容された娘たちに行儀作法を教え、身形を整えてやるのは機恵子の仕事でした。娘たちは一定の期間を経たあと就職しますが、大事にされたようです。

『毎日新聞』社長であり、衆議院議員の島田三郎は、「このたびの凶作地救済には、種々なる運動もあったが、もっとも少額の金をもって、もっとも有効なる事業を為《な》したものは救世軍である」と評価しています。

この年、次男の襄次が生後七か月で亡くなりました。機恵子が多忙をきわめているなか、百日咳《ひゃくにちぜき》から肺炎になり、急死したのです。軍平・機恵子夫妻は、自分らの無知のために我が子を苦しめたことを神に懺悔《ざんげ》する、と心の内を記しています。

以来、機恵子は子どもたちの健康にいっそう注意を払うようになり、雨天に日曜学校に通わせる際は風邪をひかせないように人力車に乗せるようになりました。子どもを人力車に乗せるのか、という非難には、薬代より人力車代は安く子どもは万難を排して神を礼拝し教えを学ぶべきです、と応じています。

またこの年の末に、地方出身の女学生のための女学生寄宿舎を新設し、これもまた機恵子が主任となり、一家で入居することになりました。女学生への教導は、機恵子にとって得意分野

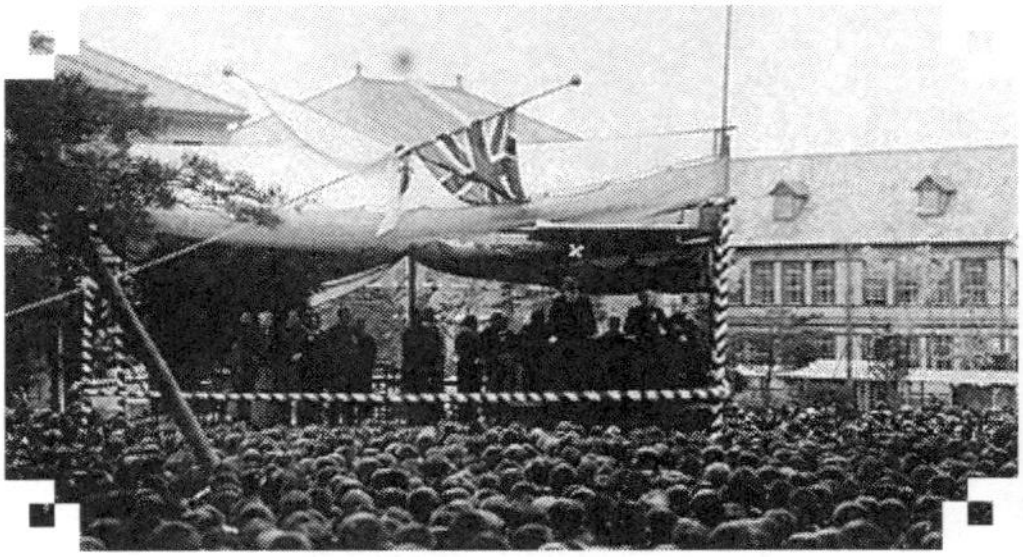

早稲田大学で講演するブース　右は、通訳の山室軍平。
明治40年4月24日

ウィリアム・ブース
(1829～1912)

です。この教導の間、少なくない女学生がキリスト教に入信しています。

さらに、この年末から、救世軍では貧窮して食べることさえままならない人びとに対して、餅や食物を入れた「慰問籠」を配っています。同じころ、軍平は『救世軍創立者ブース大将伝』を上梓《じょうし》して好評を得ました。また、次女の友子が誕生しています。貧しい人、弱い人の友となるように、友子と命名されています。

翌明治四〇年四月、創立者のウイリアム・ブースが来日し、五月末に離日するまで、日本の各地で説教講演を行いました。明治天皇にも拝謁しましたが、天皇も感銘を受けたそうです。

各地での講演の通訳は軍平でした。ともに全国を回るなかで、ブースは軍平のことを、「精霊に満たされた人物」として信任し、書記長官という、日本で第二の地位に任じたのです。軍平、満三五歳のときでした。

この間、機恵子は軍平の代わりに、あらゆる職務に邁進《まいしん》しています。この激務が、職務と家庭の両方を担《にな》う機恵子の健康を蝕《むしば》んでいきました。

そのような状況でありながら、ヨーロッパの救世軍には婦人会組織が多いということから、日本も見習うための婦人組織づくりに機恵子は奔走するようになります。機恵子は雄弁家ではなく、静かに話す人ですが、聴く者の心を打つ誠実な話しぶりでした。

機恵子のある日の講演が英訳されて欧米にも伝えられましたが、それには、習慣は最初が大切、若いときによい習慣をつくること、自省《じせい》の必要、身に着ける習慣として、祈祷・感謝・寛容・親切・勤勉のほか、足るを知る、難事を敢行する、などがありました。

当時の救世軍本部は銀座二丁目にあり、日曜日の朝の聖別会《せいべつかい》のあとは、機恵子による身の上相談も行っています。機恵子は、それまで保護した人びとの世話もしなければならないほか、婦人会のメンバーの勧誘、職員の募集、冠婚葬祭などで、訪問や手紙の発信など、休む暇なく働いていました。

機恵子は日記に、「救世軍全体と諸種の集会のために祈るべし」「家庭集会をなし、小児らを神に結ぶべし」と記しています。機恵子にとっての信仰は日々の日課ではなく、生きていること自体が信仰であり、みずからそのものが信仰というほどでした。

結核療養所の建設

救世軍は社会事業の一環として、明治四五年に救世軍病院を開きました。夜間診療・巡回診療・篤志看護婦などの新しい試みも行い、社会保険運動の先駆的行為となっています。このとき、下層階級の間に猛威をふるう結核の実態が明らかになり、結核療養事業に発展していくのです。結核は昭和に入っても「不治《ふじ》の病《やまい》」として恐れられていました。昭和三三年（一九五八）の統計でも、死亡原因の第七位になっています。

救世軍は、大正元年（一九一二）八月に亡くなったウィリアム・ブースを記念する事業として、結核療養所の新設を決めました。当初の予算は一〇万円（現在の約一〇億円）で、イギリスから二万円の補助があり、残りの八万円を募るという計画でした。

森村市左衛門（1839～1919）
森村財閥創設者。教育・社会活動にも積極的で、多額の寄付を行った。

「救世軍療養所設立に賛助を仰ぐ状」では、大隈重信・渋沢栄一・森村市左《もりむらいちざ》衛門《えもん》・島田三郎などの名士が名を連ねています。このとき、機恵子はみずからを鼓舞して、寄付集めに走り回るのです。

日記には、

病院の事業は己が責任なりと切に感じ、良人《おっと》に願って二十日より一人女中を増やし、五月、六月、七月の三カ月に五万円の建設費を得んがために奔走せんと決心す。かかる立志は無謀の策なりといえども、神においては能《あた》わざるなし。ジャンダーク(ジャンヌ・ダルクのこと)を起こしたる神、何ぞ今の世の必要に応じてこの身を使い給わざるべき。

と、機恵子の使命感、責任感の強さが表われています。

賛助を依頼した著名人は膨大な数になります。津田梅子《つだうめこ》・下田歌子《しもだうたこ》・徳富蘇峰《とくとみそほう》夫人・新渡戸《にとべ》稲造《いなぞう》などがいました。機恵子は一〇〇〇人にのぼる紳士名簿をつくり、寄付を呼びかけています。

機関紙の『ときのこえ』では、結核に関する特集を組んで、権威の北里柴三郎《きたさとしばさぶろう》も寄稿しました。機恵子は、「将を射んとせばまず馬を射よ」の精神で著名人の妻に協力を頼み、趣意書にずらりと名を並べています。

こうした機恵子の八面六臂《はちめんろっぴ》の活躍があり、結核療養所は大正五年一一月二三日に開所したのです。残念なことに機恵子は、それを見ることなく逝去してしまいました。

家庭での機恵子

救世軍の事業のために尽くした機恵子ですが、家庭でも良い妻でした。軍平をまったく煩わせることなく、家庭を守っています。

子どもたちには、「お父様は外で大きな仕事をしていらっしゃるのです。家の中ではご心配をかけてはなりません」と伝えていました。胃腸が弱くパン食のみの軍平に、鶏卵・リンゴ・紅茶など好物を常備しています。当時ではめずらしいトマトやオートミールも出しています。家族は麦飯が常食で、弁当には安価だった鮭の切り身が多いようでした。

出張の多い軍平が帰宅したときには、必ず風呂の用意をしています。軍平の制服もつねに清潔にし、骨の折れる炭火を使うアイロンがけも欠かさず、軍平は身嗜《みだしな》みの良い人として有名でした。子どもたちの衣服にも配慮していますが、自分の衣服だけは保護した人にあげるのが常でしたので、ほとんどないような状態でした。それで救世軍の制服で通していたのです。

実家に帰省したときの機恵子　前列右端。膝に抱いているのは、長男の武甫。

救世軍杉並療養所　機恵子の死後、大正５年11月に開所。病棟が並ぶ中央が会堂となっていた。

救世軍では、副業は禁止、救世軍以外からの収入を得ることを禁じられていたので、軍平の著書の印税も著作権も救世軍に寄付しています。そのような事情で、家計は貧しいままでした。

これ自体が修養みたいなものです。それなのに機恵子は、救世軍関係からの贈答品は受け取ることなく暮らしています。潔癖な人でした。

明治四四年一月に自宅が火事になった際も、機恵子は慌てることなく、隣家には延焼しないように、自宅のことはかまわずに近所の家々を回って知らせました。隣家に延焼したときのことを考え、自宅からはいっさいの荷物を運び出すことなく見守るだけでした。

そうしていたところ、近所で救世軍の働きに理解を示していた婦人が、駆けつけてきた救世軍の人たちと家の中に入って家財道具を次々と運び出したのです。二階にあったものだけは運べませんでしたが、機恵子は近所の人びとに挨拶《あいさつ》して回っています。

機恵子の振る舞い方から、機恵子の精神の強さ、利他の心が本物である、とわかります。このような機恵子でしたが、健康がすぐれず、大正五年七月一二日、闘病中に心臓麻痺を起こして黄泉《よみ》の客となったのです。四三歳でした。枕もとで機恵子は、軍平にこれまでの感謝と、行き届かずに申し訳ないと謝罪しています。軍平は、よく尽くして下さった、と感謝しました。

子どもたちには、「私が救世軍に投じた精神は、武士道をもってキリスト教を受け入れ、これをもって世に尽くさんとするにありました」という言葉とともに、信仰の大切さ、善行に励むこと、他者に親切にすること、などと語りかけています。このとき、六人の子がいました。

さらに軍平に、身障者のための「いざり車」をつくってください、と頼んでいます。機恵子の絶筆は、「神第二」であり、言葉は、「幸福はただ十字架の傍《かたわら》にあり」でした。葬儀は七月一四日、神田の東京ＹＭＣＡ会館で行われ、会葬者は二〇〇〇人にもなりました。

機恵子の死去につき、多くの新聞・雑誌がその功績を報じています。葬儀にも、「一婦人の葬儀としてこのように盛大なのは空前のことである」と各界の人びとの賛辞が贈られています。大隈重信は、「偉い女であった。社会公共の為《ため》に尽くしておったのに惜しいことをした」と語りました。翌年の末、津田梅子が中心となって募金をし、「山室機恵子記念会堂」が落成しています。

機恵子の生涯とは、ひたすら己を虚《むなし》くして、他者、弱者のために尽くすものでした。その質素朴訥《ぼくとつ》・無欲恬澹《てんたん》・廉潔《れんけつ》・外柔内剛の気性は、まさしく武士道の魂をもつものでありました。

山室機恵子に会いたい

救世軍資料館　東京都杉並区和田

機恵子の墓碑　東京都、多磨霊園

山室機恵子の墓　軍平や子どもたちと一緒に眠っている。東京都、多磨霊園

荻野吟子

―第四章―

鉄の意志で医師を志す

吉岡弥生

古代から女性の医師らしき存在はごくごくわずかにありましたが、正式に許され、男性と対等に同じ資格を有する女医の誕生は、荻野そして、同じ志をもつ幾人かの女性による闘いの結果によるものでした。

実際に荻野・吉岡が学校に通う間、心ない男子学生たちからの誹謗中傷やからかいなど、女子学生たちが受けた圧力と屈辱は相当なものでした。途中で挫折《ざせつ》する者も多く、荻野・吉岡ともに強固な精神と志がなければ断念していたことでしょう。

彼女たちの勉学は、ジェンダーに限らず社会や制度との戦いでもあったのです。

荻野は、結婚した夫からうつされた性病を男性医師に診《み》てもらう際の羞恥心から女医の必要性を痛感し、ならば「だれか」ではなく「自分が」と奮起しました。

一方、吉岡は荻野ら先人が開いた門戸をより多くの女性のために拡大すべく、義憤とともに生涯をかけて取り組みました。

両人は時代や社会の空気、法制度に果敢に挑んで克服したのです。

たおやかな鋼の精神の人

荻野《おぎの》吟子《ぎんこ》

生没：1851年4月4日～1913年6月23日

女医を志す

名主の五女

いまから数年前に、ある大学の医学部の入学試験において、女性受験者を不当に落とすという事件がありましたが、この令和の時代、二一世紀になってまで、まだこんなことを秘密裏にやっていたのか、とあきれた記憶があります。

女性が医師になるのはいまもって狭き門なのか、という思いから、日本で最初の医師・開業医となった荻野《おぎの》吟子《ぎんこ》を紹介しましょう。

明治維新後、医師を職業とするためには、正式な政府の認可が必要でした。俗にいう国家試験ですが、当時はスーパー官庁の内務省《ないむしょう》が定めた「医術開業試験」が、医師へのパスポートでした。

ところが、このパスポートを手にするための受験の門戸は、女性には閉ざされていたのです。その分厚い壁に不屈の精神で果敢に挑み、みごとに破ったのが、荻野吟子でした。

吟子は、ペリー来航の二年前、嘉永四年（一八五一）三月三日に武蔵国幡羅《はら》郡俵瀬《たわらせ》村（現在の埼玉県熊谷市俵瀬）の名主、荻野綾三郎の七人兄弟の五女として生まれています。裕福な家でした。現在の熊谷市北東部に流れている利根川に面した地です。

利根川は、時折、大雨によって氾濫《はんらん》する河川でしたが、おかげで肥沃《ひよく》な土壌となり、農作物が豊作となる土地でもありました。

吟子生誕の地　荻野吟子の生家があった場所で、史跡公園になっており、吟子の顕彰碑や銅像がある。また、西隣には荻野吟子記念館がある。埼玉県熊谷市

父の綾三郎は当地では知識人として知られ、子どもたちへの教育にも力を入れた人でした。吟子の兄たちは、地元で著名な儒学者の寺門静軒《てらかどせいけん》に師事して漢籍を習っていました。また、両親ともに歌を詠《よ》む人でもあったことから、吟子には風雅《ふうが》を理解できる雅《みや》びな心もあったのでした。

吟子は、紫式部《むらさきしきぶ》のように、兄たちの習う漢籍を、隣室にいながらことごとく覚えてしまう子だったといわれています。そのうち、吟子は兄たちが教わっている部屋の片隅に座って、一緒に勉強するようになり、綾三郎は学ぶことを許したのです。

松本荻江（1851 ～ 99 ）万年の家塾「止敬学舎」で教鞭をとり、のち女子師範教授となる。

両宜塾跡碑　寺門静軒が万延元年に妻沼に開いた。明治５年の学制発布までつづいた。埼玉県熊谷市

その後、吟子は、寺門の開いている「両宜塾《りょうぎじゅく》」という寺子屋に通うことになりました。吟子は、ここで天性の才能を発揮します。寺門は、「この子は天才かも知れぬ」と驚きました。

間もなく寺門は、高齢により、塾を松本万年《まつもとまんねん》に継承させます。

松本は秩父郡大宮郷（現在の秩父市）で、医業のかたわら漢学者として子弟たちに読み書きを教えていた人でした。そのとき、松本家には離婚して戻ってきた一人娘の荻江《おぎえ》がいて、松本は本人が好む学問に専念させてやりたいと、俵瀬に行くことにしたのです。

初対面の折、吟子は目を見張っています。荻江は男装のように袴《はかま》を身につけ、長身で颯《さつ》爽《そう》と歩く姿が鮮烈で斬新だったからです。この荻江が吟子の師になります。

夫に淋病をうつされる

吟子は、頭脳明晰なうえ目元が涼やかな清楚な美人でした。吟子の写真というと、大半が医師になるための試験に合格した記念に写真館で鹿鳴館《ろくめいかん》用のドレスを着た姿ですが、往時《おうじ》の三五歳とは思えない若々しさと凛《りん》とした美しさを感じます。現代風にメイクをすれば、そのまま女優にもなれる容姿です。

その美しさと賢さは近隣の村々に響き渡るほどで、縁談の話も多々ありました。明治元年（一八六八）、吟子は熊谷の上川上村《かみかわかみ》の名主である稲村弥五右衛門の長男、貫一郎《かんいちろう》と結婚することになります。

吟子、満一八歳、貫一郎は一つ年上でした。花嫁姿で馬上の人となった吟子は錦絵のような美しさで、村の人びとは溜息《ためいき》をつくばかり、といわれています。吟子は稲村家に嫁入りしたことで近所に住む画家の奥原晴湖《おくはらせいこ》と知り合うことになりましたが、奥原も吟子にとっての支援者になる人でした。

奥原晴湖（左、1837～1913）幕末から明治期の画家。野口小蘋とともに明治の女流南画家の双璧といわれた。右手前は稲村 貫一郎。

嫁入りして二年が過ぎようとしたころ、吟子は体調不良を感じて一時、家に戻ってきます。医者の松本万年の見立てでは淋病《りんびょう》ということで、夫の貫一郎からうつされたのです。この時代にはペニシリンなどの特効薬もなく、吟子は終生この病と付き合うことになります。淋病をはじめ性病は俗に「花柳病《かりゅうびょう》」とも称され、男性の悪所（遊郭）通いの結果でした。貫一郎は富裕な名主の子息だっただけに、悪所に通う金に不自由することもなく、淋病をもらってきたのです。

明治の治世になると、政府が認める公娼《こうしょう》制度下で営業している娼婦《しょうふ》・芸妓《げいぎ》たちには、週にいちど、「検梅（「黴」とも書く）」という検査もありましたが、これとて短時間のうちに数百人もの女性の秘所を男性医師が手早く目視するだけのもので、女性たちの評判も悪いうえに効果にも疑問符がついていました。

実際に吉原病院では二六〇人の娼妓を午前一一時ごろからはじめて正午までに終わらせる、とありますから、かなりいい加減な検査でした。結局、吟子は離縁となって実家に戻ってきます。

吟子が発起した機縁

離縁と病気で消沈していた吟子を励ましたのは、義理の姉妹の契りを交わした姉代わりの荻江でした。このような時世になったのだから女でも学問をしてみずからの人生を生きましょうと、語ったのです。荻江の心がけ、鮮やかでした。

その後も体調のすぐれない吟子は、松本万年の紹介で、東京の順天堂病院の名医佐藤尚中《さとうたかなか》の診察を受けることになります。

佐藤は当時、関東随一とされた有名な名医でした。まだ少年のころに師の安藤文澤《あんどうぶんたく》に弟子入りしましたが、師匠の留守中に大怪我をした人が運び込まれてきた折、放置すれば死は必然とみて、当家の妻の裁縫針《さいほうばり》を借りて二〇針以上を縫《ぬ》い、一命を救っています。帰ってきてからそれを知った安藤は、これはすでに自分の下で修行するより、大きく育てねばならぬとして、外科の権威だった佐藤泰然《たいぜん》の元に送ったのです。

佐藤尚中（1827～82）幕末から明治初期の蘭方医。佐藤泰然の弟子、のち養子。順天堂医院の初代院長。

この安藤の判断も際立つものでした。その期待に応《こた》え、日本一とも称される医師となり、明治四年（一八七一）には従五位《じゅごい》に叙され、「大学大丞《だいじょう》兼大学大博士大典医《だいてんい》」の肩書をもつにいたったのです。

それにしてもすごい肩書きです。大典医とは皇室の医師のことですが、これを辞《や》めて開いたのが順天堂病院でした。明治天皇の御典医を辞めて医業に尽くすという心意気も見上げたものです。

この時代、順天堂に行って治らぬ病はない、とまでいわれていました。吟子は佐藤の診察と治療を受けましたが、佐藤の背後には見習いらしき男性医師が一〇人余りもいたのです。診察台に上がって下半身をさらしたときの恥ずかしさは、清楚で教育のあった吟子だっただけに想像に難《かた》くありません。

吟子は約一年ほど入院しましたが、診察台の上で患部を薬液洗浄してもらうたびにはげしい羞恥心《しゅうちしん》に襲われ、これがために診察すら受けられない女性がどれほどいて、病気で日々、苦しんでいるのだろうかと考えたのです。

そこで、ならば自分が医者になろう、医者になって多くの女性を診察、治療してやろうと決意しました。これが明治四年、吟子二〇歳のときでした。ですが、時代は容易には味方してくれなかったのです。

立ちはだかった厚い壁

分厚い壁の第一は、吟子の母でした。入院中に父が亡くなり、吟子が東京に出て医者になりたいと伝えたところ、母は大反対したのです。女医もいない時代なだけに、この反応はもっともなことでした。

困り果てた吟子は、義理の姉の荻江と、父代わりともいえる松本万年に相談します。二人の答えも似たようなものでしたが、荻江は、いまは東京に勉強に行くことにして、その間に医者への道を模索しましょうと助言してくれました。

吟子はさらに女流画家の奥原晴湖に助言を求めました。晴湖は話を聞くと、即座に、自分が東京に戻ろうと考えていた矢先なので東京の保護者になってあげると応じてくれたのです。松本万年・荻江父子と晴湖の説得によって母は折れ、吟子は晴湖と一緒に上京できるようになりました。明治六年のことでした。

上京後、吟子は松本万年の紹介で、国学者で皇室の漢方医だった井上頼圀《いのうえよりくに》に師事しています。

井上頼圀（1839～1914）国学者。維新後は文部省・宮内省に出仕し、私塾神習舎で教えた。

明治の初め、医学といえばまだまだ漢方でした。

国学とは、日本の古い歴史・文化を学ぶ学問です。井上の塾でも一年足らずでトップの成績となり、美しさと相俟《あいま》って、その才能を賞賛されています。井上は二年前に妻を亡くしていたこともあり、吟子に結婚を申し込みますが、吟子は医者になる志を捨てることなく、丁重《ていちょう》に断りました。

東京女子師範学校を首席で卒業した吟子　後列左端。74人いた学生は18人になっていたという。明治12年

そういう経緯があって塾に居づらくなった折に、吟子の優秀さを聞きつけた人たちから教師としての誘いがきたのです。先方は、甲府で私塾を開いていた内藤満寿子《ないとうますこ》という著名な教育者でした。

そうして甲府で教鞭《きょうべん》を執って生計を立てていましたが、明治八年、荻江から手紙が来ます。秋に官立の東京女子師範学校（現在のお茶の水女子大学）が開校します。自分は教師に招かれている、吟子さんは第一期生になりましょう、学問は必要なのだから、という内容でした。

官立とは国立と同じことで、女子のための官立学校としての第一号です。官立ですから学費の心配もなく、吟子は志願することにしたのです。首尾よく入学でき、四年間の修養年限の間、勉強に打ち込みます。

国学・漢学で他を圧倒する吟子は、化学・物理・歴史・経済・数学などの新しい学問も習得していきました。学生たちの向学心は相当なもので、便所のランプの下で勉強した人もいたそうです。それでも入学時に七四人いた同期生が、卒業時には一八人になっています。吟子は明治一二年に首席で卒業しました。二九歳でしたが医者への道は諦めてはいません。

卒業時、教授の永井久一郎《ながいきゆういちろう》に進路を尋ねられ、医師と答えると、永井は瞬時の戸惑いの後に承諾してくれ、協力を申し出てくれたのです。時代を鑑みれば、永井も偏見や因習にとらわれない人物だったのが、吟子に味方しました。

永井は堅固な志をもつ吟子のために大きな働きをしています。

勉学とバイトに明け暮れる

永井久一郎は吟子に、医学界で力のある石黒忠悳《いしぐろただのり》子爵を紹介してくれたのです。このときの石黒は、大学東校《とうこう》（東京大学医学部の前身）の総長でもあり、もともと帝国陸軍の軍医総監という最高の地位にいた人物でした。森鷗外《もりおうがい》も石黒の部下で、のちに軍医総監になっています。

石黒は、女医になりたいという吟子に即座に賛意をしめし、大学に入学の可否を問い合わせてくれましたが、前例がないというので許可されませんでした。

石黒は、宮内省の侍医（皇室の医師）だった高階経徳《たかしなつねのり》に紹介し、吟子は高階が経営していた

高島嘉右衛門（1832 ～ 1914）
幕末～明治に活躍した横浜の実業家、易学家。

医学校の「好寿院」に特別に入学を許されることになったのです。

好寿院には二〇歳前後から四〇歳前後までの男子学生が通っていましたが、女子学生は吟子ひとりだけで、女子用のトイレすらありませんでした。

男子学生の好奇な目だけではなく、「女なんぞの来る所ではない」「帰れ」などの罵声《ばせい》も飛び交うなか、吟子は髪を短く切り、男の袴《はかま》に高下駄《たかげた》という身形《みなり》で通学しています。

どんなに心細かったことでしょうか、気の毒です。彼らは連日のように「女人禁制」と吟子を排除しようとしますが、吟子は忍び、耐えつづけました。この男たち、弱きを労《いたわ》る惻隠《そくいん》の情、武士道の心をもっていなかったようで、なんとも情けない連中です。

吟子は、ここで挫《くじ》けたなら多くの女性を救えなくなる、と己を鼓舞《こぶ》して授業を受けました。座る席も最前列で、よけいな雑音や干渉は無視しています。さらに吟子にとって困ったことは、学費と生活費の手当てでした。

医師の道をめざすということを告げた母には賛同してもらえず、仕送りも止まっていたのです。かくなる上は初志を成就させるために、みずからのか細き腕で稼がねばなりません。

学校の勉強に費やす時間も少ないので、稼ぐといっても大変なことでした。幸い、出自と評価の高さもあって、多くの良家や富裕な家の家庭教師の口があり、授業のない時間は多忙をきわめることになったのです。

海軍将官や農商務省官僚の家庭のほかに、豪商の高島嘉右衛門《たかしまかえもん》の子どもの家庭教師も引き受けて、目の回るような忙しさの日々を送っています。

高島はのちに、「高島易断《たかしまえきだん》」で有名になりましたが、事業家としての手腕にも卓越したところをみせた人物です。政府にも顔が利《き》き、鉄道やガス事業などに力を尽くし、横浜の発展に大きく貢献しました。西区高島町にその名を残し、「横浜の父」とも呼ばれた傑物《けつぶつ》です。

政府高官や省庁官僚には、新事業や政策がうまくいくかどうか、再々、高島にお伺《うかが》いを立てる人も少なくありませんでしたが、ほとんどは高島の易での占いどおりになったという伝説が残されています。

さて、家庭教師をすることになった吟子ですが、それらの家々を回る道のりは何キロにもなったそうです。それを雨の日も休むことなくつづけて、勉強にも身を入れました。

人間の意志の強さは、志の深さによって支えられます。明治一五年、三年間の辛い時を経て、吟子は好寿院を卒業しました。三二歳でした。

叩けよ、さらば開かれん！

女性の受験が認められない

しかし、本当の試練はそれからでした。吟子にとっての試練は、医師免許規則による試験に合格する以前に、女性の受験を認めてもらうところにあったのです。

明治維新になるまでの医者といえば、先祖伝来の家業であり、父から子に医学を伝授するか、医師の弟子になって何年か年季《ねんき》奉公《ぼうこう》を経たうえでないと医師になれませんでした。

それが、明治元年（一八六八）一二月に、早くも政府は医術修行への道を一新、近い将来に医学校を設立して試験に合格した者だけに免許を与える、と宣言したのです。

明治八年二月、西洋に倣《なら》って試験制度を設けました。科目は、病理・薬剤学・内外科・解剖・生理・物理・化学の七科目で、受験資格は政府の認可した正式な医学校卒業生であるか、または新たに開業医になりたいものは東京・大阪・京都の三府庁の病院で試験を受けて合格しなければ医師免許を与えないことに改めたのです。

ただし、旧来からの漢方医が約三万人いましたが、それらのものについては、そのまま認めるということにしました。これは当初の漢方医たちの抵抗を緩和するためで、以後、政府は統制をきびしくしていきます。

何度か改正を重ねて、明治一六年一〇月、「医師免許規則」を法律として公布、翌年一月から施行としました。それまで安穏として開業していた漢方医たちは驚愕し、上層階級を通して猛抗議をしますが、内務省衛生局長の長与《ながよ》専斎《せんさい》は苦労しつつも、初期の方針を貫徹したのでした。

長与は、単に漢方医を排除しようとしたのではありません。

長与専斎（1838～1902）医師、医学者、官僚。

今後全国医生、医術の本意を弁《わきま》え、試験法の趣旨を体認し、漢医は実理を力《つと》めて臆想を除き、洋医は経験を累《かさ》ねて実際に通じ候《そうら》わば、皇国一種無類の医術と相成《あいなり》、早晩公衆の幸福を進め可申《もうすべく》……。

長与は内務大臣にこんな書簡を出していました。

これは漢方医学と西洋医学のどちらかではなく、両方の長所を取り込んでより良い日本独自の進んだ医学を確立し、国民の福利を向上させようということでした。

長与は、肥前《ひぜん》（現在の佐賀県）出身の人で、明治初期の遣欧使節団（岩倉使節団とも）に参加して欧米の医学を視察後、文部省医務局長を拝命、日本の医療制度の基礎をつくった人物です。息の又郎《またお》（東大総長）と善郎《よしろう》（劇作家）も有名ですが、長与の徳育の成果もあったことでしょう。旧来の古い慣習や封建的なものに対して抵抗した才人でもありました。

高島の助言むなしく

吟子は受験の願書を出しますが、女子の受験の前例がない、というので却下されます。諦めることなく、東京府に二度、埼玉県に一度、内閣府に一度出していますが、すべて却下でした。このときの心境について、吟子は後年、『女学雑誌』に次のように語っていました。

願書は何度出しても、差し戻されてしまいました、それは自分にとって、もっとも辛いことです。（中略）俵瀬《たわらせ》を出て早くも十数年。流転《るてん》人生の私の落ち着くところはなく、わたしは世の中にいまだに受けいれられていません。わたしはただ、まだ未踏《みとう》の女性の医者になり、その道をこれからの医者の道を進もうとする、あとから来る女性たちにつなげていきたいだけなのに。

吟子のやるせない気持ちがひしひしと伝わってきて不憫《ふびん》です。しかし、吟子は諦めることなく、「医師免許規制」を検討し直します。その条文には、外国の大学医学部を卒業して医師開業試験に合格していれば、日本においてもその免許にて開業を認めるとありました。

吟子は、突然、目の前の深い霧が晴れたような思いでした。外国に行って試験に合格すればよいのだと決意を新たにしたものの、その費用は決して安くはなく、吟子には用意できる算段はありません。思いあまって、子どもの家庭教師をしていた高島嘉右衛門に相談したのです。高島は、「吟子ひとりが洋行して帰国後に開業したとて、それは吟子ひとりだけのことであり、それではあとにつづく女性のためにはならぬ」とし、「まだ方法があるのではないか、再考してみよ」と助言しました。

さらに、内務省の下級役人ではなく上級幹部に直接請願すること、歴史を調べてこの国の歴史上女医が存在したか、先例があったのか、もしあったならばその事例を示して申し立てることを説いたのでした。

このころ、社会でも女医を求める思潮が出はじめています。福澤諭吉《ふくざわゆきち》が創刊した雑誌『交詢《こうじゅん》雑誌』（明治一五年四月五日）には、「女医学校の必要」という論文が掲載され、細部まで気がつく女性の性質は医師に向いている、婦人病患者を救うために必要、異常出産の妊婦を救うために必要、という論旨になっていました。

それなのに役人の頭は硬いのか、明治一七年一月に医術開業試験の大改正がなされたときも、女性の受験についてはなんら配慮された跡は見えませんでした。

日本という国の伝統には、誇れるものが多い反面、慨嘆《がいたん》すべきものも少なくなく、「男女雇用機会均等法」が制定されたのが、このときから一世紀を経た昭和六〇年（一九八五）なのです。しかもいまだにジェンダー格差について議論されています。

私は古い人間なので、現在においても、「男らしさ」「女らしさ」は存在しますし、各々の性差に基づく社会・家庭の役割に差別ではなく区別はあって然《しか》るべく、と考えています。ですが、職業に関しては、完全な能力主義の信奉者であり、四〇年以上も前から営んでいた会社では男女同一賃金、昇進も同条件でした。努力し、実力をつけて頑張る女性に対しては、「その心意気や、よし！」とエールを送っていました。

さて、その吟子に一大転機が訪れます。

歴史に残った女医たち

その転機とは、歴史上に女医の前例を見つけたことでした。資料によって異なりますが、吟子自身が見つけた、高島が見つけた、あるいは旧師の井上頼國が見つけたとさまざまあります。

天長一〇年（八三三）に編纂された「令義解《りようのぎげ》」に、三〇人を選抜し、医学知識を教え、修得した者は、内侍所《ないしどころ》の傍らに設けられた一室で出産に携わり、創傷・病気の治療、灸《きゆう》などをしていたという史実でした。

令義解巻第八に医疾令《いしつりよう》があり、そのなかに「女医」という文字が記されていたのです。宮内省の官奴司《かんぬし》に属した身分の低い女性のなかから、一五歳から二五歳までの賢い子を選んで、医学知識を習得させたうえで助産師・看護師・鍼灸師《しんきゆうし》を兼ねさせたということでした。修養年限は七年とされていました。

内侍所とは、天皇の側に仕える女官たちのいる所で、賢所《かしこどころ》（温明殿《うんめいでん》）の中にありました。賢所には、天皇の証《あかし》である三種の神器のうちの八咫鏡《やたのかがみ》が祀られています。

吟子が見つけた事蹟は「令義解」でしたが、日本の歴史をつぶさに見れば、神代の昔から女医が存在していたことがわかります。

『古事記《こじき》』神代の巻には、大国主命《おおくにぬしのみこと》が大火傷《やけど》をして死んでしまったときに、神産巣日之命《かむむすひのみこと》が蚶貝比売《きさがいひめ》と蛤貝比売《うむかいひめ》を出雲の国に派遣し、大国主命を治療して蘇生させた逸話がありました。

大国主命は出雲大社の主神です。蚶貝は赤貝、蛤貝は蛤《はまぐり》のことです。

時代を下れば、『続日本紀《しよくにほんぎ》』の巻第九に、女医を養成するための女医博士がいたことが記されています。ただ、性別は不明ですが…。それでも、古代に女医を養成していた事実は否定できません。

女医博士は、元正《げんしょう》天皇のとき、養老六年（七二二）に置かれたもので、一〇〇〇年も前のことでした。

さらに時を下れば、江戸時代に「婉子《えんこ》の糸脈《いとみやく》」という異称をもった女傑の女医がいました。土佐藩家老野《の》中兼山《なかけんざん》の娘で名を婉子《わかこ》といい、藩内の内紛で五歳から四〇年もの間流刑《るけい》にされたあと、赦免《しゃめん》されて郷里の高知で医者となった人です。患者が武士だと顔も見せず、その武士の手首に糸をくくりつけ、襖《ふすま》の向こうから脈をとって病気を当てたといわれています。生涯、独身を通し、振袖姿で暮らしていました。

同時代に女医として働いた人のなかに、度会園女《わたらいそのめ》がいます。女医としてよりも芭蕉《ばしょう》の弟子、俳人として名を残した女性です。

元禄四俳女のひとりでもあります。神官の娘でしたが、眼科医の斯波《しば》一有《いちゆう》の妻となりました。夫の死後、江戸に住み、眼科医と俳諧の道で活躍しています。晩年は尼になりました。『菊《きく》の塵《ちり》』『鶴《つる》の杖《えだ》』という句集も残しています。

文政年間（一八一八～三〇）には、女医としてはじめて著書を残した森崎保《もりさきほ》佑《ゆう》がいました。師匠の子息との共著ですが、『産科指南』乾坤《けんこん》二巻を出版しています。彼女の弟子には多くの男性がいて、これもはじめてのことでした。

天保年間（一八三〇〜四四）以降では、大坂に赤松たい子、京都に疋田《ひきた》千益《ちます》、播磨（現在の兵庫県南西部）の松岡小けん（通称、小鶴《こつる》）、シーボルトの娘の楠本イネ、などがいました。イネは、明治に入り、皇室の権典侍《ごんてんじ》の葉室光子《はむろみつこ》の妊娠とともに宮内省御用掛に任じられています。

この時代の医師は、漢方医二万七五二七人、西洋医五一二三人であり（明治七年）、そのうち女医は、イネと、もうひとりの二人しかいませんでした。イネの生涯も興味深いもので、明治三六年八月、東京の麻布狸穴で不帰の人となっています。七七歳でした。

女医といって私が条件反射的に想起する人がいますが、それが高場乱子（実際は乱子ではなく、「乱」と書いて「おさむ」と読ませていた）です。この人は福岡の人で、髪は総髪、つねに羽織《はおり》・袴《はかま》に腰には大小二本、完全な武士の装いで生活していました。

高場乱（1831〜91）江戸時代末期の女性儒学者で、眼科医、教育者。通称は「人参畑の先生」。

楠本イネ（1827～1903）日本人女性ではじめて産科医として西洋医学を学んだ。

眼科医ですが、それ以上に「興志塾《こうしじゅく》」の塾頭として勇名を馳せていました。福岡の青少年に大和魂や日本の伝統・誇り・忠君愛国を仕込んだ女傑でした。高杉晋作《たかすぎしんさく》や野村望東尼《のむらもとに》とも親交があり、骨の髄までバリバリの日本人、現代なら「ウルトラ・ライト」、極右と呼ばれるような豪快な人です。

塾生には、後年、日本の右翼の巨頭、ドンとなった頭山満《とうやまみつる》という、これまた規格外といわれた剛毅な人がいますが、生涯、高場の前では頭が上がらず、行儀よく正座していたそうです。

高場は、江藤新平《えとうしんぺい》が首領にされて蜂起した明治九年の「佐賀の乱」の際、拘束されたものの、裁判の法廷にて検事役の官吏をしこたまにやり込めて無罪放免された豪傑でした。

道は開ける

吟子に戻りますが、前例のあることを発見すると、高島からの紹介状を携えて、直接、内務省衛生局長の長与専斎《ながよせんさい》を訪問しました。このとき、もし許可されなければ、吟子は海を渡る覚悟でいたのです。

幸い、長与は海外事情にも通じた開明的な人だったことと、医学界の重鎮の石黒子爵も吟子を支援してくれたので、受験できることになりました。苦闘と煩悶《はんもん》の連続だった吟子にとってどれだけの喜びだったでしょうか。こうして女医への道は開かれました。

明治一七年六月、内務省は、「女医開業許否の儀は、種々評定《ひょうじょう》之末、女子たりとも相当の手続を為《な》し候上《そうろううえ》は差許《さしゆる》し候趣旨に省議決定致候」という通達を出しています。

吟子以前にも女医をめざす女性が三人おり、長与に請願していましたが、そのときは、まだ早いという回答でした。

このような働きかけのほかに、海軍軍医総監の高木《たかき》兼寛《かねひろ》・戸《と》塚文海《つかぶんかい》の両将軍が女子の受験・開業を認めよと衛生局に求めたこともありました。高木は、明治一四年五月から、のちの慈恵医大の前身となった、民間の医学教育校の「成《せい》医会《いかい》講習所」を創設した人物です。

高木兼寛（1849～1920）海軍軍人、海軍軍医総監。医学博士。東京慈恵会医科大学の創設者。

明治一七年九月、医術開業試験の前期試験に吟子は臨みました。ほかに三人の女性が受験していますが、合格したのは吟子だけでした。翌年三月の後期試験にも合格して、とうとう吟子は正式な女医第一号となったのです。時に吟子、

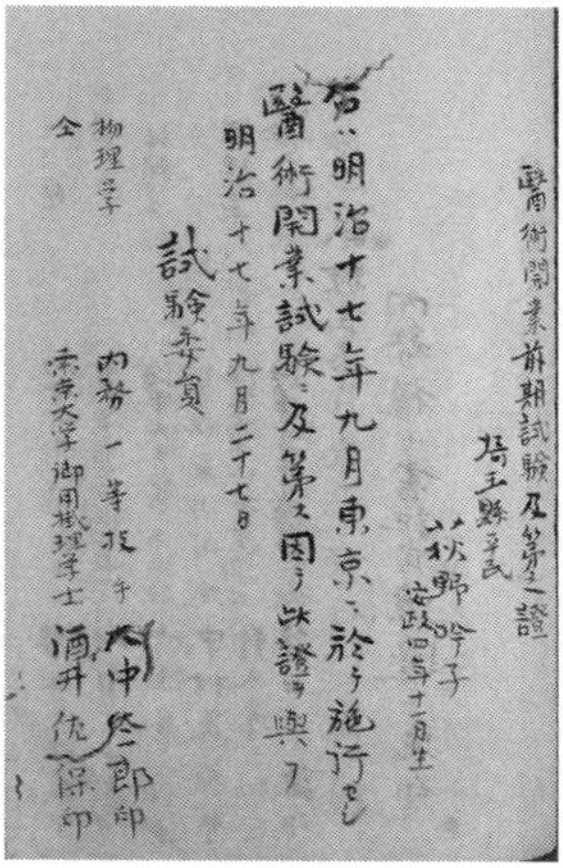

医術開業前期試験及第の証　試験委員に「大中太一郎」「酒井佐保」の名がある。明治17年

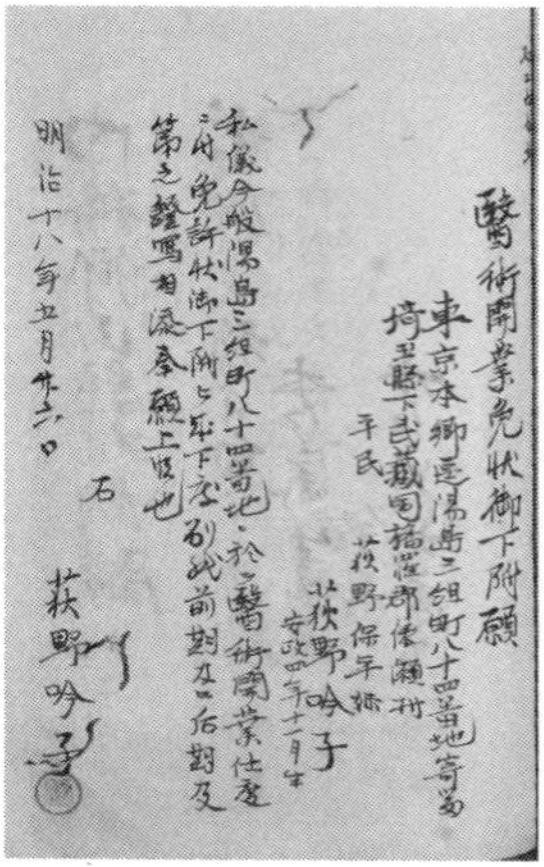

医術開業免状下付願　「湯島三組町84番地で開業したい」とある。明治18年

三五歳の春でした。女医を志してから一四年目のことです。

このとき、合格記念というので、鹿鳴館《ろくめいかん》風のドレスを着て、写真館で撮った写真が、吟子のことを紹介する際に使われる写真となりました。見るからに清楚で、清純さを感じさせる姿でした。

吟子の合格は、当時の新聞紙上でもさかんに報じられています。正式な免許の発出は同年一二月でしたが、吟子は五月から開業しました。場所は本郷湯島三組町《みくみちょう》です。

婦人科のほか、小児科・外科の看板を掲げた小さな一軒家ですが、新聞がたびたび報じてくれたことが宣伝となって女性患者が大勢押しかけ、繁盛してすぐに手狭《てぜま》となったので、下谷黒門町の広い家に移転しました。早朝や深夜の患者も断らず、生来の優しさと温かさもあり、患者から慕われる良医となっています。

現代でもそうでしょうが、当時は女性が自分の性病について他者に公開するなど、羞恥心のためにできない時代でした。そんなときに同じ女性の吟子が、婦人科医として登場したことは、一大エポックメイキングになったのです。

しかし、治療をつづけていく間に、吟子は、いくら親身に治療し指導しても同じことを繰り返す女性患者が少なくないことも知り、時には暗澹《あんたん》とした思いに包まれます。それでも、いくらかでも女性たちの苦痛が減るように、己を励ましたのでした。

吟子は、のちに明治女学校の校医になりますが、学校と関係の深い『女学雑誌』に広告も載せていました。明治二〇年、吟子は、「私立大日本婦人衛生会」を設立し、妊娠出産、育児や看護、家庭の衛生、婦人病予防、流行病予防などについての基礎知識の啓蒙に励みます。

人間、荻野吟子としての生き方

吟子が黒門町に移転して間もなくのころ、当時、知識と教養と女性の地位向上などを求める人たちに愛読されていた『女学雑誌』が、吟子を取材しました。訪れたのは、のちに二三歳で主筆、編集主幹となる清水紫琴《しみずしきん》でした。

この女性も歴史に名を残したひとりです。その紫琴が開業以来の苦労について尋ねた際、吟子は、開業したてのころは女医がいないので毎回試されている気がした、と語り、女医の必要性を問われると、婦人科と小児科でしょう、と答えています。

吟子の人柄につき、接した人は口を揃えて、静かで穏やかで優しいと応じていますが、吟子には外柔内剛という芯《しん》の強さのほかに、正義を重んじる心もあったのでした。

その逸話として有名なのは、のちに、初の文部大臣となった森有礼《もりありのり》の不義事件があります。森は英米に留学し、福澤諭吉・加藤弘之《かとうひろゆき》・中村正直らと学術文化団体の「明六社《めいろくしゃ》」を結成したインテリエリートです。

諭吉は説明するまでもありませんが、加藤は東大総長になる人、中村は民権思想家であり、明治の大ベストセラー『西国立志篇』を翻訳した人でした。

森が明治八年二月、アメリカ公使を退任して帰国し、日本ではめずらしい契約書を交わして広瀬つね子と結婚し、社会の注目を浴びました。そのとき、じつは森には別に婚約していた古市静子がいて、彼女は婚約破棄を悲嘆していたのです。

それを知って義憤にかられたのが吟子で、単身、森のもとに押しかけて談判し、森を論難したうえで、古市のために女子師範学校を卒業するまでの費用を出させることを約束させたのでした。外面からは窺《うかが》えない吟子の一面です。

人生の大転換

洗礼を受け、そして結婚へ

吟子は明治一七年（一八八四）、古市静子に誘われて新富座《しんとみざ》で開かれたキリスト教の大演説会に行ったことを契機として、信仰心をもつようになりました。大演説会では、女性の地位向上と男女同権が説かれ、吟子は、「これだ」と目覚めたのでした。

新富座とは、九世市川団十郎《いちかわだんじゅうろう》の演劇改良運動の拠点となった歌舞伎の劇場で、新富町にあったのです。明治二〇年六月、吟子は本郷教会の海老名弾正《えびなだんじょう》牧師の洗礼を受け、聖書を愛読書とするようになっています。

海老名は、この時代のスター的牧師で、近くの明治女学校の学生をはじめ、多くの信者を増やした人です。吟子の勤勉さは、聖書の文字が小さくて視力を低下させる恐れがあると考え、わざわざ自分で筆写して大きな文字の聖書をつくってしまったほどでした。

その他、禁酒と廃娼《はいしょう》運動に共鳴して、明治一九年一一月に発足した「東京婦人矯風会《とうきょうふじんきょうふうかい》」の発起人にも名を連ねました。明治時代、女性の地位向上のために矯風会が果たした役割には絶大なものがあります。吟子は以後、社会的にも名士の婦人として女性の地位・権利向上のための運動に参加しています。

女性に参政権を与えよ、という「普通選挙運動」にも参加しました。当時は治安維持法によって女性の政治結社への参加も禁じられていたのですが、矯風会などの活動によって撤廃され、女性も参加できるようになっています。

プライベートでの吟子は、和歌も詠《よ》み、手紙は巻紙を持ちながら流れるように書いたといいます。その気になれば、三味線を弾きながら義太夫《ぎだゆう》や小唄《こうた》も唄う人でした。

女性としての嗜《たしな》みが身についた人だったのです。それでいて美人ですから、才色兼備《さいしょくけんび》、天は二物も三物も与えたともいえます。もちろん、吟子を支えていたのは、強い意志と努力です。

その吟子に、好きな人が現れました。同志社大学の学生で、キリスト教徒の志方之善《しかたゆきよし》です。同志社は、この時代、キリスト教の本山のようなもので、海老名弾正も同志社の出身でした。

吟子が惹《ひ》かれたのは、志方が女性を男性と対等に扱うところで、明治二三年一一月、結婚しています。このとき、周囲は二人の年齢差もあることから大反対でしたが、怯《ひる》むような吟子ではありません。吟子四〇歳、志方二七歳でした。

北海道瀬棚村に移住

明治の世に女性が一三歳も上というのは、尋常ではありません。志方には大望があり、「北海道に理想郷をつくる」というものでした。時世はしだいにキリスト教にきびしくなりつつあり、志方はキリスト教徒による理想郷をつくろうとしたのです。

現在の北海道とちがって、当時は原生林ばかりでした。政治犯・凶悪犯で重罪となった囚人が移送されたのが、この時代の北海道の集治監《しゅうちかん》（のち監獄、そののち刑務所と改称）であり、ここでは重労働によって開墾《かいこん》や道路開削《かいさく》をさせていたのです。

金子《かねこ》堅太郎《けんたろう》が発した太政官布告（明治一八年）では、苛酷な労働で囚人が死ぬのは致し方なし、かえって経費が少なくなるのでよろしい、という趣旨が通達されていました。重労働に粗末な食事、加えて熊も襲ってくるというような土地でした。

志方は、目途がつくまでは自分だけで、と

志方之善（1865 ～ 1905）　中央の立っている人物。手前左は、同志社看護婦学校出身の富永はる。

荻野吟子の像　吟子生誕150年を記念して2001年に建立された。北海道せたな町

吟子開業の地標柱　吟子は、産科・小児科荻野医院を開業した。北海道せたな町

先に行っています。吟子は、開業医と、前年からの明治女学校校医を兼務しながら、開拓資金を送っていました。北海道の生活がきびしいから自分を呼んでくれないのか、と訝《いぶか》しんだ吟子は、明治二九年に北海道に渡ります。

周りは、女医の地位を捨ててまで行かなくても、との大合唱でしたが、吟子は意に介しません。吟子が入ったのは瀬棚《せたな》村（現在のせたな町）で、志方が、「インマヌエル」と呼んだ地でした。インマヌエルとは、ヘブライ語で「神は我らとともにいる」という意味です。

翌年、生計を立てるため、瀬棚に病院を開きます。ただ、ここでは地元の男性医師の病院に通う人が多く、経済的に苦しい状況でした。

吟子は、めげることなく、村長夫人や警察署長夫人らを募って婦人会をつくっています。また住民たちに、包帯《ほうたい》の巻き方や救急措置を教えるほか、日曜日には志方と二人でキリスト教の布教もしました。

冬の寒さの辛さは東京の比ではありませんが、吟子は不平を口にすることもなく、自分にできることに力を尽くしています。これまで幾多の壁を乗り越えてきた精神の強さがありました。

瀬棚の地で吟子は、女性の生き方についての所感を次のように綴っています。

・女性の価値は、貧富などの身分の差ではなく、心の持ち方で決まる。
・男女平等で、女性の社会的自立が大切。
・女性も自覚して、国について考えねばならない。

この間、志方は同志社に復学して牧師の資格を取って戻ってきますが、吟子は残っています。瀬棚では、志方の姉友子の娘のトミを養女にしました。このころ一〇歳です。

体調を崩しがちだった吟子は、トミを連れて一時、熊谷の姉の友子の家に帰りましたが、志方の北海道行きに合わせて瀬棚に戻ります。さあこれからというとき、志方は病のため亡くなってしまいました。明治三八年のことでした。

以後、三年間、吟子は志方の墓守をしたのち、一四歳になったトミを連れて東京に帰ります。

東京に帰ったのは、離婚して独り身になった姉の友子の体調が悪化して、戻ってくるようにと懇願されたからで、それがなければ北海道の地で志方の墓を守りながら骨を埋めるつもりでした。

もう俗世に欲はなかったのです。住まいは本所新小梅町（現在の墨田区向島）で、小さな病院を開きました。明治四一年、五八歳になっていました。

女医第一号として

生来、浮わついたところがなく真面目な気性のため、静かにひっそりと暮らしたい吟子でしたが、女医第一号の称号は重く、種々の団体や会合への引きがありました。この前後から吟子は、肋膜炎《ろくまくえん》の発作に襲われるようになっていたのです。

大正二年（一九一三）、日本女医会の会員も二〇〇人を越えるほどになり、会として雑誌を発刊することになりました。第一号の巻頭を飾ったのが、吟子の論稿でした。

穏やかに生きていた吟子の体内に、往年の情熱があふれてきた瞬間です。筆を執《と》って勇躍、執筆にかかります。しかし、病魔は待ってくれず、脳卒中となり、喋《しゃべ》ることも動くこともままならない身体になってしまいました。

二〇歳になったトミのことを気にかけつつ、大正二年六月二三日、吟子は黄泉路《よみじ》へと旅立ち

晩年の吟子　女医第一号としての論考が、日本女医会の会報第１号の巻頭を飾った。

ます。六三歳でした。

吟子はいつも聖書を座右に置いていましたが、なかでもヨハネ伝の「人その友のために己の命を捨つる、これより大いなる愛はない」（一五章一三節）を暗誦していました。

葬儀には、あとにつづいた多数の女医が参列し、分厚い壁に最初に穴を開けてくれた吟子を称えながら、感謝の言葉を贈っています。昭和五九年（一九八四）には、女医会が「荻野吟子賞」を制定し、男女共同参画推進に顕著な功績のあった個人・団体・事業所に贈っています。

明治という世相のなかで、女性のために医者になろうとした初志を貫き、女性の地位向上に尽力した吟子は、外は大和撫子《やまとなでしこ》の嫋《たお》やかさ、内には鋼《はがね》のような意志をもった聡明な女性でした。

晩年は寂しい人生だったでしょうが、愚痴も悔いもなく生きました。名誉も富も求めず、女性のために尽くした人生は、凛《りん》として美しい生き方でした。

荻野吟子に会いたい

旧荻野家長屋門　群馬県千代田町、光恩寺

荻野吟子顕彰碑　北海道せたな町、荻野吟子公園

荻野吟子の墓所　墓碑のそばには、優しい微笑みをたたえた洋装の吟子像が静かにたたずんでいる。東京都豊島区、雑司ヶ谷霊園

女医教育に生涯をかけた
肝っ玉かあさん

吉岡《よしおか》弥生《やよい》

生没：1871年4月29日～1959年5月22日

乙女の志

三〇歳で医科学校を設立

古い時代の女医の間では、女医第一号の荻野吟子《おぎのぎんこ》が「女医の生みの親」なら、同三号の高橋瑞子《たかはしみずこ》が「女医育ての親」と言われています。

そして、女医を大々的に世に送り出そうと、女性だけの医学校、のちの医科大学を設立した快挙を成し遂げたのが、吉岡弥生《よしおかやよい》です。

弥生の情熱と涙の結晶が、現在の東京女子医科大学です。単に女医を養成するのではなく、「女性は籠の鳥」という時世に、「女性は自由と自立のために経済的に自立せねばならない。そのためには手に職をつけること」という思いを具現化したのが、専門の学校を設立して女医を世に送り出す事業でした。

学校を設立するといっても、現在よりはるかにむずかしい時代であり、資金以外にも、いま以上に頭の硬い行政や役人との闘いが大きな壁になったのです。明治から現代にいたるまで、日本にも赫々《かくかく》たる業績を残した女性は数あれど、弥生ほどの遠大な大事業を成就した人は九《きゅう》牛《ぎゅう》の一毛《いちもう》というくらいに希少でしょう。

最初の医科学校を明治三三年（一九〇〇）に設立してから、文部省認可の東京女子医科大学を設置した昭和二七年（一九五二）まで、半世紀以上も奮闘してきた人生でした。その間、弥生は三〇歳から八二歳になっていました。

異能の父親、養斎

弥生は明治四年三月一〇日（太陽暦では四月二九日）、遠江《とおとうみ》国城東《きとう》郡上土方《かみひじかた》村（現在の静岡県掛川市）の医者、鷲山養斎《わしやまようさい》と母のみせの間に生まれました。父の養斎は前妻と死別していて、母は後妻でした。

養斎と前妻との間に二人の兄と一人の姉がいたので、弥生は鷲山家では四人目の子、次女として生まれています。弥生は母の胎内に一三か月もいたそうで、弥生の母のみせは、養斎いわく、「お尻がばかに大きい人だった」の言葉どおり安産で、以後、六人の女子を生み、弥生の兄弟は総勢一〇人になっています。

みせは、色白で一七貫（約六四キロ）もある、当時としては大きな女性でした。この時代の女性の平均身長は一四五センチくらいなので、体重も一〇貫（三七・五キロ）から一一貫くらいのものでしょうから、かなり立派なお尻だったのでしょう。

弥生が誕生したとき、養斎は三〇歳、みせは二六歳でした。当時としては、みせは遅い出産ですが、弘化三年（一八四六）の丙午《ひのえうま》生まれだったので、「丙午は夫を若死にさせる」という迷信のせいで、婚期が大きく遅れたのです。

弥生が生まれたころの世相を概観すると、この年の七月に廃藩置《はいはんち》県《けん》があり、従来の藩主の多くが知藩事に任命されています。一一月には岩倉使節団が欧米視察に出発、また、八月に散髪脱刀令公布、翌年七月に新しい学制公布となりました。八月には士族・華族と平民の結婚が認められています。現実的には上層階級と平民のなかの富豪の縁組が増えました。九月には官吏の給与が月給制になっています。

上土方村は桑畑・茶畑が広がる農村ですが、経済的には貧しい地域でした。父の養斎は、元から鷲山の人ではなく、近隣の村の医者の家から養子に来たのです。

ところが、もともと新しがり屋で進取の気性に富んでいたのに加えて、山師《やまし》的な面があり、ある日、突然、二人の幼な児がいながら江戸に出奔《しゅっぽん》してしまったのでした。江戸では湯島の昌《しょう》平黌《へいこう》の儒学者の塩谷宕陰《しおのやとういん》の弟子となり、漢学を学びます。

昌平黌は、正しくは昌平坂学問所といって、本来は朱子《しゅし》学《がく》を旗本・御家人に教える機関でした。間もなく慶応三年（一八六七）に塩谷が没したので、養斎は蘭方医《らんぽうい》のもとに行って学ぶことになります。

直後に戊辰《ぼしん》戦争となり、彰義隊《しょうぎたい》と官軍の戦乱で焼け出されたので、養斎は帰郷したのです。江戸にいたのは一年あまりでしたが、蘭方医の勉学が大いに役立つことになります。

この時代、社会は漢方医ばかりで、蘭方医、つまり西洋医学はごくごくわずかでしたから、病気の性質によっては、洋薬（西洋医の薬）や治療は速効性もあり効験《こうけん》あらたかで、一躍、「あの先生は名医だ」「神様だ」という評判が立ったのです。

村に戻った養斎は、村人が見たこともない聴診器《ちょうしんき》を使ったこともあり、「ゴムで病気をみる」とめずらしがられたそうです。養斎は洋式医学も用いて、咳《せき》には杏仁水《きょうにんすい》、腹痛にはモルヒネ、梅毒《ばいどく》には沃度加里《ヨードカリ》という西洋の薬を処方し、好評を博しています。

また、江戸から持ち帰った二十数冊の医学書を研究していたこともあって、村人ばかりか近隣の村々からも患者がやってくる「名医」となりました。杏仁水は、アンズの種の核を煎《せん》じたもので、咳止め・痰《たん》切りに効果がありますし、モルヒネにいたっては、たいがいの痛みは鎮めたでしょうから、「あの先生様は神様だ」くらいの評判は立ったでしょう。

養斎の診療は流行《はや》っていますが、財政的には火の車でした。理由は村人が貧しいことと、養斎が経済的欲望をもっていなかったからです。まして、子どもが一〇人もいる家ゆえ、少々の収入では焼け石に水だったでしょう。

鷲山養斎　漢方医、鷲山家に婿養子に入る。

鷲山医院長屋門　鷲山家は代々造り酒屋と醤油屋を営んでいたが、養斎を迎え医者の家となった。

加えて、治療費は師走の暮に村人がもってくるお歳暮が治療費がわりで、金を払えない家は、自分の所でつくった大根・人参《にんじん》・ごぼうを持参するか、あるいは炭を焼いてきたそうです。

年始には、村の組合の者が連れだって寺と医者の所に挨拶《あいさつ》に行くのがしきたりになっていましたが、貧しい村なので一厘《りん》五毛《もう》の文久銭《ぶんきゅうせん》を二、三枚包む程度でした。

その答礼に、養斎が弟子を連れて村じゅうを回って薬を各家に置いていくそうで、財政面だけをみれば、もうかるどころか、「医は仁術」の実践です。

往診《おうしん》には立派な塗駕籠《ぬりかご》が家にあって、往診を希望する家が塗駕籠を担ぐため四人ほどの若い衆を連れてくるそうです。これが人力車になるのは、明治一五年ごろのことでした。

養斎は村人には温情のある人で、往診先が貧しいとなれば、薬を取りにきたその家にコメを持たせてやりました。

その養斎は、やってくる村人たちを啓蒙《けいもう》しようと四書五経の講義をすることもあり、先見の明とともに、なかなかの父親だったと、後年、弥生は述懐しています。写真を見ても、養斎は夏目《なつめ》漱石《そうせき》に似た好男子、ナイスミドルで髭《ひげ》が似合っていました。

養斎は、徴兵を怖がって避けようとしていた時世において、「政府が国家の必要のためにすることに反対する法はない。武士がなくなった今日、百姓が国を守るのは当然のことだ」と周りに説いていたそうで、明治の初期に、このように「国家」を意識できて奉公を勧めていたことは、相当の識見の持ち主ともいえます。

弥生は、こんな父を見て育ったので、人命を預かる医者の社会的使命、民衆教育、社会教化の必要を教えられたと、回顧しています。

知能・行動ともに秀でた子ども時代

幼少時代の弥生は母に似て、色白で体の丈夫な子でした。本人は自伝で、「器量がいい」と人に褒《ほ》められたことがなく「お多福さん」という異名をもらったと語っています。

先妻の娘で九つ年上のつねが、ずいぶんと弥生のことを可愛がってくれたようです。弥生には、つねの下に二人の異母兄がいます。長兄の謙作は七歳年上、次兄の秋太郎は四歳年上です。二人とも、のちに弥生が上京する際に支え合う仲となります。

明治九年、弥生は小学校に入学します。義務年限は上等、初等ともに四年ずつです。明治政府は明治五年に学制を公布し、「必ず邑《むら》に不学の戸《こ》なく家に不学の人なからしめざるべからざるものなり（不学の人がいないように、という意味）」という布告も示していましたが、農家が主体の町村では、大事な働き手の子どもを学校に行かせるなんてとんでもない、まして女の子に学問など不要という思潮が圧倒的で、学校に行かせてもらえない子も多かったのです。

このころの小学校は授業料も弁当代も自費だったので、よけいに行かせられない家庭が増え、女児の小学校の就学率が九割を超えるようになったのは、明治三〇年代後半からでした。

ただ、日本の識字率の高さは、ペリー来航以降、来日した外国人たちの驚異のひとつになっていましたが、江戸時代には、「寺子屋」という優れた初等教育の場が村々にあり、読み書きのうえに、算盤《そろばん》を含む計算も教えていたのです。

ペリー一行が上陸した際に驚愕したことは、日本人は農民であろうと本を読めること、書店が多く、店にはつねに客がいたことが、のちの紀行文で述べられていますし、各国の外交官らも同じことを語るほどでした。

これはほかのアジア諸国にはまったく見られないことで、ペリーは即座に、日本を植民地化することは無理であろう、と政府高官に報告していました。往時の日本人の識字率の高さは、欧米とくらべても、いささかも劣るものではないどころか、ほとんどの国より高かったのです。

弥生が入学したとき、生徒数は五〇人ばかりでした。女子は弥生を含めて二人ですが、間もなく弥生ひとりになります。やはり、家の手伝いや、女子に教育は要《い》らん、という思潮が原因でした。明治一二年には、家庭の負担を軽くするため、義務年限を三年と短縮しています。

弥生は、家の環境に加え生来の頭の良さで、ずっと一番の成績でした。明治一七年三月、弥生は卒業します。一四歳でした。このときは、医者になるとは夢想だにせず、良き嫁になるつもりで、家事手伝いをしながら毎日、裁縫《さいほう》を習いに通っていました。

弥生が通っていた小学校

一五人から二〇人もの女子が習いに通ってきますが、農《のう》繁期《はんき》になると、弥生ひとりだけになったそうです。「お医者様のお嬢様」ということが伝わってきます。弥生は単に頭がいいだけではなく、一年に八四枚もの着物を縫い上げる手の速さなど、行動力・忍耐力を示します。

そのうち機織《はたお》りも自分でやるようになり、織り上げた布で着物をつくるようになるのです。この要領も旧式の作法にとらわれることなく、自分でくふうした方法で省力化、時間の短縮化を図っていました。

あるとき、弥生は世間の若い娘なみに美しい着物を着てみたくなり、自分でつくることにしたのです。染色だけは専門とする紺屋《こうや》に頼みましたが、あとは自分で仕立てました。

できあがったときに、いかに時間と労力がかかるかを痛感し、改めて母のみせの根気と努力に敬服の念を覚えています。と同時に、これだけの労力・精力をほかに向ければ、なにか、もっと大きな新しい仕事ができるのではないだろうか、という思いが湧き、二度と自分で着物をつくる気にはなりませんでした。

このような思考のできる点が、弥生の非凡さです。学問的な頭の良さだけではなく、つねにくふうし、既存の方法を無条件に踏襲する思考の怠惰《たいだ》はありません。

このことは、生きるうえで、かつ、仕事のうえでも、ものごとを達成できるかどうかの原動力にもなる要素なのです。能動的に新しい方法をくふうするには、なにをどうすればよいのか、要素分解的に思考しなければならず、論理的思考のできない人にはむずかしいことです。

弥生には、これができるうえに、着物づくりで気づいたように、「ものごとの本質」を見抜く洞察力・大局観に加え、抽象的思考力もありました。こうした能力は、才能のほかに、絶えず考究《こうきゅう》しつづける姿勢がなければできないのです。

弥生の家庭は、父の影響で複数の新聞を購読していました。現代風に表現すると、家庭の文化資本レベルが高いということです。そのおかげで弥生は、『郵便報知新聞』『朝野《ちょうや》新聞』『静岡民友新聞』を読んでいました。

女性が読むこと自体めずらしい時世です。『郵便報知新聞』は藤田《ふじた》鳴鶴《めいかく》が明治五年に創刊し、明治二七年に『報知新聞』と改称し、のちに『読売新聞』に吸収されています。『朝野新聞』は、元・幕臣の成島柳北《なるしまりゅうほく》が創刊しました。この人は幕府の会計副総裁も務めた人物で、鋭い文明批評で定評があり、文芸雑誌『花月新誌《かげつしんし》』も創刊しています。『静岡民友新聞』は現在の『静岡新聞』で、県下では圧倒的シェアを誇る左派系の新聞です。だいたいの地方新聞は、共同通信社からニュースをもらっているので、左派メディアになってしまいます。

当時の新聞の多くは政府批判が社論でした。もちろん、親政府の新聞もありますが。弥生は、それらの紙上で、女性の権利・地位向上の記事に興味をもちました。このとき、全国的に名が売れていた女性論客は中島湘煙《なかじましょうえん》と景山英子《かげやまひでこ》（のち、福田英子）ですが、景山は中島の演説を聴いて目覚め、「東洋のジャンヌ・ダルク」とも称された女闘士です。

弥生は、彼女たちの記事を読んで大いに触発され、女性の権利と地位向上に覚醒しています。同時に政治にも関心をもつようになりました。また、『女学雑誌』も愛読するようになり、都会や新しい文化の風も感じたのです。

希望あふれる東京へ

上京を決意

医者になる気がなかった弥生でしたが、不況の波に襲われた村の貧しさを見て、自分が偉くなってなんとかしてあげたいと考えるようになりました。

さらには、家の近くの川に架《か》けられていた小さな橋が、大雨のたびに流されるので、大きくて丈夫な橋を架けてやりたいとも考えたのです。そのためには金を稼がねばなりません。

加えて文化的な憧れもあって、弥生は上京することを決意したのでした。金をもうけて人を喜ばせたい、人の役に立ちたい、そのためには東京でもっともレベルが高い女学校に進学するのだ、と考えたのです。

当時、女学校の最高峰は、荻野吟子も入学した東京女子師範学校（現在のお茶の水女子大学）でした。弥生が調べたところ、入学資格に田舎の自分の学歴ではむずかしい点があり、それならば家業と同じ医者になろうとしたのです。

この点は、家が医者ゆえ、世間の人のようにむずかしいとは感じず、自然とそうなった感がありました。当人も自伝で、父や、東京で医者になるための勉強をしていた二人の兄からの刺激によるものと開陳《かいちん》していました。

兄たちの通っていた済生学舎《さいせいがくしゃ》には、学歴を問わず入校を許す慣習があったことも、決め手になっています。済生学舎は、明治九年に名物校長の長谷川泰《はせがわやすし》が創立した学校で、医師を目指す若者たちを多数教えてきた学校です。

ただし、女学生は、弥生のころでも少数派でした。いざ行かんというとき、大きな障害となったのは父の養斎でした。二人の兄が東京で勉強していることもあり、女は学問より家庭が大事という思いがあったようです。

長谷川泰（1842～1912）幕末期の越後長岡藩軍医、「済生学舎」（日本医科大学の前身）創立者。

弥生も結婚適齢期になっていたので、良い縁をみつけて幸せにしてやりたいという親心があったのでした。実際に田舎では一四、五歳で嫁に行くのがふつうで、弥生にも何度か縁談がありましたが、縁はなかったようです。

養斎は弥生が医者になることを断じて許しませんでしたが、弥生は医者の勉強をする準備をしていました。一七歳から一九歳まで家にいながら独学に励んでいます。

このような暮らしに転機を与えたのは、次兄の秋太郎の一時帰休でした。明治二二年三月のことで、帰省した秋太郎は、自分が学んでいる済生学舎にも少数ながら医学の道を志して学んでいる女学生がいることを話したのです。

これが弥生の胸の奥の炎に油を注ぎ、勇《ゆう》を鼓《こ》して弥生は養斎に嘆願、秋太郎も援護射撃で口添えしてくれたので、養斎の心も動き、結果、めでたく弥生の上京となりました。

なにごとも信念と情熱をもって叩きつづければ、扉は開くものでした。二年間の期限付きでしたので容易なことではありませんが、その年の四月一六日に東海道線が全線開通になることもあり、勇躍《ゆうやく》、上京する運びとなったのです。

出発前、母のみせは、期限の二年間のことは私からなんとでも話してあげるから、長く東京にいて一生懸命に勉強して偉い人になるんだよ、おまえがいなくなるのは寂しいが、それをなによりの楽しみにしている、という趣旨の話をして見送ってくれました。

弥生は感激し、成功して帰ったときには広々とした田んぼを買ってあげる、柔らかな絹の布団に寝かせ、楽をさせてあげます、と応えています。

全線開通を待っていられない弥生は明治二二年四月四日、夢と希望あふるる都《みやこ》、東京をめざします。

この年は、二月一一日に大日本帝国憲法が発布された年で、内閣は、酒を飲むと狂人のごとくと称された豪傑の黒田清隆《くろだきよたか》でした。一〇月には外国との条約改正の任に当たっていた大隈重信《おおくましげのぶ》が、不興を買って爆弾テロに遭って片足を失っています。

襲撃した来島恒喜《くるしまつねき》はその場で自裁しましたが、大隈はそれをあっぱれとし、終生、命日には使者を送って追悼し、自分の死後も養子に供養をつづけさせました。

同年秋、黒田内閣は崩壊しました。

東京での下宿生活

弥生がはじめて目にした東京は「大東京」そのもので、人は多く、建物が密集していました。兄の秋太郎との上京ですが、着いた当日に、名物の「いろは」に行って牛肉とネギを煮込んだ牛鍋を食べています。「いろは」は、現代風に言うならば、一大フランチャイズで東京に数十店の支店をもっていた、文明開化を象徴する飲食店です。小説にもたびたび登場します。神田や本郷では一人前五銭、ほかの支店では四銭で、牛肉の鍋が食べられました。五銭というのは一円の二〇分の一のことです。

弥生は本郷本富士町《ほんごうもとふじ》にある秋太郎の下宿に落ち着きます。その日、秋太郎に言われて、「ひとり歩き」をしました。にぎわっている商店街の洋服屋には、妹たちに着せてやりたい洒落《しゃれ》た

高橋瑞子（1852～1927）荻野吟子・生沢クノに次ぐ日本で第3の公許女医。日本女医の開拓者と呼ばれる。

毛糸の服を売っていたので、すぐに買い求めています。

ひとりで歩き、欲しいものが買える自由は、当時の女性にとっては格別のものでした。

弥生は済生学舎に入学しますが、少し前の荻野吟子の時代には、女性は入学できなかった医学校です。当初は女学生の入学を認めていませんでしたが、荻野吟子と同時代の人で日本で三番目の女医となった高橋瑞子《たかはしみずこ》が日々入学させてくれと通ったことによって、長谷川は許可したのです。

この高橋も豪快な女傑で、「日本の女医の育ての親」と称されています。弥生が医者として活躍していたとき、自分が死んだらこの体を解剖に役立ててくれ、と献体しました。

当時はほかに成医会《せいいかい》講習所から発展した慈恵医学校（現在の東京慈恵医科大学）がありましたが、知名度や学生数のうえで済生学舎が優っていたのです。

成医会は、海軍軍医総監（軍医のトップ）の高木《たかき》兼寛《かねひろ》が開設した学校でした。

済生学舎を開いた長谷川泰は、当代一の医者とされた佐藤《さとう》尚中《たかなか》の「門下三千人」と呼ばれたなかでの筆頭とされた卓越した能力の人でした。彼は、大学東校の次長にもなりましたが、総長の石黒忠悳と合わずに辞め、全国の農漁村を自分の育てた医者で満たすのだ、という志で済生学舎を開いたのです。

長谷川も有名人で、済生学舎の学生は年齢も幅広く、漢方医から西洋医への転向、巡査やほかの職業からの転職組など、さまざまな人が学んでいました。月謝さえ払えば入学を許可していたので、設備にくらべて人員超過で、机・椅子《いす》も不足している状態でした。弥生が入学したとき、約三〇〇人弱の学生のなかに女学生は一五人くらいだったそうです。

過密状態の教室の前列に女学生らが集まって座っていたので、弥生もその一員に加わります。体格がふくよかな弥生は、男子学生から、「小錦！」とも弥次られます。小錦は当時の名横綱のことです。こうした弥次や嘲笑《ちょうしょう》は女学生にとっての洗礼となっていたのです。

授業中にも、女学生への付け文（ラブレター）が、たびたび飛んできました。気の弱い女学生は、入学して数日でやめてしまったそうです。

女学生の質にも差があり、漢字を知らない人もいましたが、努力を重ねて八年か九年で医者になったともいいます。女学生たちの大半は勉学一筋で、装いも地味でした。

弥生は生来の積極性もあり、だれにでも出自をあれこれ尋ねるので、「戸籍係」という異名を授与されています。

このとき、弥生の家からの仕送りは、はじめのうちは月に六円、長兄が月八円、次兄が月七円です。そこから下宿代三円、月謝・講堂費一円三〇銭を納めた残りの一円七〇銭は小遣いで、これで十分に楽しめました。

前出の、ハイカラな牛鍋が四銭、ごはん二銭です。ごはんが牛鍋の半分とは、ごはんが高いのか、牛鍋が安いのか不明ですが、両方で六銭、これをいまの価格六〇〇円としてみると、弥生の小遣いは一万七〇〇〇円、物価が安いことと、浪費癖がなかったので十分だったのでしょう。

また、兄たちと合計で月に二一円の仕送りは、父の養斎が相応の経済力をもっていたことを示しています。

学校での友人たち

学校では相も変わらず、女学生への中傷・嘲笑がつづき、ある日などは黒板に「特異性バクテリヤ」と、あたかも黴菌《ばいきん》のごとく言われることもあり、いよいよ堪忍袋《かんにんぶくろ》の緒《お》が切れて、弥生たち女学生が一致団結して「女医学生懇談会」を結成することになります。

この会の顧問に前出の荻野吟子・高橋瑞子のほか、本多詮子《ほんだせんこ》・岡見京子《おかみけいこ》という女医が就任したほど、大がかりな組織になりました。弥生は、しっかり世話人として大役を果たしています。

本多詮子は四番目の女医ですが、彼女の夫が東京帝国大学教授の本多静六《ほんだせいろく》です。この人は資産形成、若者の生き方について、良質な著書を残しました。

岡見京子はアメリカのペンシルベニア女子医科大学を卒業して明治二二年に帰国し、東京慈恵病院婦人科に迎えられた才媛《さいえん》で、この人も女優ばりの容姿です。彼女を抜擢《ばってき》したのが、高木兼寛でした。これが、日本の大病院ではじめて女医を採用した例になります。

そして、本多詮子は、これ以降は岡見の助手役として働くことになります。その後、常陸宮《ひたちのみや》殿下の侍医となっています。このとき、弥生が同級生と岡見の自宅を訪問すると、応接間にはマントル・ピースがあり、書棚には分厚い洋書がぎっしりと並べてあり、その偉容に驚くとともに憧れたそうです。この時代にこんな部屋なら、憧れもします。「私も女医になるなら、こんな素晴らしい人になってみたい」と胸を躍らせました。

弥生は岡見の家を辞去すると蕎麦屋《そばや》に入りますが、もりそばに奮発して卵を入れた、と語っていて、この人の人柄の良さが伝わってきました。

美人女医の岡見の華麗なライフスタ

岡見京子（1859～1941）ペンシルベニア女子医科大学卒業。日本初の女性医学博士。ともに学んでいたインド人・シリア人と。

イルを見て興奮したのでしょう。この直後、萩野吟子宅を訪れます。
荻野の印象について、

見るからに清楚な優しい感じのする人で、アメリカふうにてきぱき応対する岡見さんとは、どこかちがったところがありました。心の奥の愛情が自然に外へあふれ出てくるといったような温《あたたか》い感じがして、医者として人に接するには、このような態度でなければいけないと思いました。

と語っています。そして、医者になったのちは、荻野の態度から学んだものが決して少なくなかったと言っています。

懇談会の目的は、男子学生と争うことではなく、女学生の利益のために主張すべきことは主張して、勉学上の便宜を図っていくことでした。ここは非常に賢く、大人の判断です。若い女学生たち、しかも根拠のない中傷を受けつづけていたことを考量すれば、秀でた選択でした。弥生は、そのまま幹事になっていますが、この人は生来のリーダーシップをもっていたようです。

演説の稽古もしたとあります。下宿生活では、二人の兄と一緒で、勉強には好都合の反面、兄たちは酒も飲み、食べるにも贅沢《ぜいたく》でさっさと金を遣い、あとは弥生の仕送りにぶら下がっていたようで、弥生は、男と女ではこうも経済観念が違うのか、と慨嘆《がいたん》しています。

異母兄の二人ですが、弥生とは仲がよかったことがわかります。こんな暮らしでしたので、弥生は通学途中の菓子屋を眺めて、「早く偉い女医になって、この店のお菓子を存分に食べてみたい」と考えていたそうです。かわいいものです。

明治二三年春、前期の試験を受けます。化学・物理・生理・解剖の四つで、一六人の女学生が受けて、合格は弥生を含めて四人でした。発表は五月で、ともに合格したなかで親しかった二人の友人と三人ではじめて浅草に遊びに行っています。

写真館で三人で写した写真を見ると、目の表情が現代の若者にくらべて大人です。この年は七月に日本初の総選挙があり、最初で最後のクリーンな選挙になりました。一一月に初の衆議院議会が開かれています。総理大臣は山県有朋《やまがたありとも》でした。

明治二五年一〇月、後期試験に合格し、順天堂医院に通って臨床を経験し、帰郷後、明治二六年に実家の鷲山医院の大坂村分院、横須賀町分院を任されています。

弥生の合格は、静岡県で大きなニュースになるほどの偉業でした。

浅草で記念写真におさまる吉岡弥生（右端）明治23年5月、医術開業前期試験合格記念写真

大願成就への道

ドイツ留学をめざして東京へ

日本で一七番目の女医となり、順天堂医院で臨床経験を重ねていた弥生ですが、父の養斎が郷里に戻すために上京し、一緒に帰ります。村では大変な歓迎ぶりで、本人が驚いているほどでした。

養斎は医院を二つも経営し、名士になっていました。多忙の養斎を助けるため、大坂村の分院を引き受けますが、近くに養斎の愛人の定吉という役者崩れがいて、その女との関係もあって、横須賀の医院に移りました。

この定吉のせいで、養斎の晩年はアヘン中毒者として悲惨なものになりますが、弥生は回顧して、「尊い貞操を金銭に変えて男子の玩弄物《がんろうぶつ》になり、人の家庭の平和を乱して恥じないような無自覚な女性があとを絶たないからだ」と語っていましたが、同感です。むろん、それ以前に、そんな女を囲う男にも問題がありますが…。

横須賀の医院は大繁盛となり、日に七〇人とも八〇人ともなる患者が来るようになりました。それでも弥生は東京で修行したいという思いがあって、明治二八年六月、上京します。また弥生は医学の本場ドイツにも留学したかったので、ドイツ語を習得するため、至誠学院という小さな私塾に通います。ここで弥生は、自分には人として女としての教養が欠けていると自覚しました。

そこで至誠学院のほかに、選修学舎という国文学の塾にも通います。さらに九月からは、女子教育で定評のあった跡見女学校に入学したのです。

従来までは、『女学雑誌』のモダンな思潮に共感していたのですが、このころになると、日本的なもの、落ち着いた気風に惹《ひ》かれるようになっていました。そこで愛読していたのが『女《じょ》鑑《かん》』であり、そこに論考を載せていた人が跡見女学校の人でした。早速、弥生は通学することにしました。弥生の選択したのは国文学と生花《いけばな》と茶道です。

弥生は国文学では落合直文《おちあいなおぶみ》の講義を受けていますが、この人は和歌の改良を目指し、典雅で流麗な作風を築きました。明治二二年に国語伝習所を開きましたが、弥生はそちらにも通い、『源氏物語』などの古典を習っています。

吉岡荒太との結婚

明治二八年一〇月、弥生は習いに通ったドイツ語学校至誠学院の経営者吉岡荒太《よしおかあらた》と結婚しました。荒太の良さは、寛容さと、旧来の男と違って弥生を家に縛りつけなかったことでした。明治の女性の不幸・不運は、家庭が鳥籠になっていたことです。弥生いわく、荒太には西洋流の新しい考えはなかったけれど、こせこせと細かいことを言わなかったことが、この人の偉さ、とのことでした。

至誠学院は、養斎の援助のお陰で大きくなったものの、夫妻が所持していたのはたったの二円三〇銭で、夫婦ともにおおらかだったのでしょう、そのままスタートします。ドイツ語のほかに英語・漢文・数学も教え、高等学校（といってもいまの大学以上のレベル）受験のための高等予備校にしたのです。

吉岡荒太（1867～1922）
佐賀出身の教育家。医学を断念、ドイツ語塾を開いた。

学校には学生が一五〇人前後も集まりましたが、寄宿舎の食事を豪華にしすぎたので、大赤字になっています。荒太が引き受ける翻訳や講義録の通信販売でなんとか凌《しの》いでいましたが、始終、金策に悩んでいました。

荒太だけは平然としていたようです。これでは行き詰まる、と弥生は医院を開きます。それでも自転車操業はつづいていました。

明治三二年、荒太に糖尿病が見つかり、学院を閉鎖します。この苦しいとき、弥生の家の女中として羽仁《はに》もと子がいました。もと子はのちに自由学園を設立する異能の人です。

翌明治三三年、弥生が学んだ済生学舎が、女学生の受け入れをやめることになりました。これは、女学生の入学により、男子学生との風紀上の問題があったとされていますが、学長の長谷川が専門学校への昇格を狙ったものと言われています。

女医専門学校の開設

その後、済生学舎は明治三六年に廃校となり、長谷川は衆議院議員になりました。こうして弥生は、投げ出された女学生や女医を目指す女性たちのために、「東京女医専門学校」を開きます。といっても普通の一軒家に看板を出しただけです。

明治三三年は、津田梅子《つだうめこ》の女子英学塾（現在の津田塾大学）、女子美術学校、翌年には初の女子高等教育を目的とした日本女子大学校（大学となるのは昭和二三年）が開校し、やっと女性の高等教育への道が開かれたのでした。

開校したものの、学生は四人です。それが二〇人くらいになると、新設された、「女子医学研修所」が東京女医専門学校の学生を近所で待ち伏せして引き抜いていくようになり、またも苦境を迎えます。

そんななか明治三五年六月、長男の博人《ひろと》が生まれました。このときの出産、なんと弥生は学生たちに見学させています。そして陣痛や出産の途中で、「ほら来た」「さあ来た」と言いながら産んでいるのです。

やることが、ただものではありません、「ほら来た」ですから……。本当に弥生は、「おおらかな肝っ玉母さん」でした。見学した女学生たちは、その後、競って博人の面倒をみたそうです。博人、のちに立派な東京帝国大学の医者になっています。

学校の建物が古いことと手狭《てぜま》になったことから、明治三六年に広い建物に移っていますが、このときも借金で綱渡りでした。弥生ははじめにすべてを整えるのではなく、見切り発車ですが、なにかを成し遂げる人の共通点です。なにもかも揃えてからというのは、行動できないパターンのひとつになります。

設備が整わないので解剖にも困り、訪ねてくる人のなかには犬や猫の死骸を持ってくる人もいたくらいです。実習のために学校の近くを歩いていて、顔色の悪い人を連れてきたというのにも笑ってしまいましたが、体裁にとらわれずにできることをするという姿勢が大事なのです。

東京女医専門学校　明治39年

以後、音楽会を開いて資金を集める、明治三八年には、『女医界』を創刊、明治四一年には合格者を出して第一回の卒業式を挙行し、営んでいた医院を移転、正式な病院組織にしています。二年後に養斎が逝去し、翌年、文部省の認可が出て、「東京女子医学専門学校」と改称しました。

以後は波乱を乗り越えて拡大しつづけ、大正九年には文部省から無試験検定の資格を与えられています。同年四月、日本女医会会長に就任、弥生は五〇歳になっていました。

大正一一年、闘病中の荒太は糖尿病により冥界に旅立ちます。五五歳でした。夫の死について、弥生は医者であっただけに、遠くない日にこの時が来ることを知っていました。世間並みの夫婦のように、年老いてからも二人で仲睦まじくいられないことへの悲哀を抱きながら、運命の日への道程を歩いてきたのです。

大正一二年の関東大震災で病院を焼失しますが、弥生は奮起して建て直しました。以後の弥生は公私ともに役職・叙勲が多くなりました。社会的に名士となって次々と公職を引き受けています。

東京盲人教育会名誉会員、生活改善中央会評議員のち理事、愛国婦人会評議員、大日本婦人教育会評議員、国民精神総動員委員会理事、婦人同志会会長、東京連合婦人会委員長、大日本連合女子青年団理事、全国女子教育者同盟会長、国防婦人会会長などのほか、公職はこの倍を軽く越えます。

女医育成の志

平成一〇年（一九九八）には、世界的に有名なアメリカのメイヨークリニックでの、「医学に貢献した女性達」という展示会で、世界初の女医となったエリザベス・ブラックウェル、ノーベル賞を二度受賞したキュリー夫人とともに弥生が並んで展示されました。

メイヨークリニックは一八八九年に創立された臨床医学施設で、現在にいたっても、その卓越性と権威は揺るぎなく、弥生がモデルにした施設でもあります。

弥生の「女医を育てる、女子教育を充実させたい」という志は、絶えずピンチとの闘いでした。財政的な危機、男尊女卑が当然という世間・官庁・為政者との闘い、女医になにができるかという偏見と差別と妨害との闘い、理不尽を感じながらも決して屈しませんでした。

日本女医会会長になった翌年には、取引先の銀行オーナーに狙われて預金を奪われる詐欺事件にも遭っていますし、戦争中に国防婦人会の大幹部だったというので戦後の数年は公職追放

エリザベス・ブラックウェル（1821～1910）
イギリス生まれ。アメリカで医学校を卒業した初の女性で、イギリスではじめて公的に医師登録された。

となり、汗と涙と苦悩の結晶である学校と病院は、跋扈《ばっこ》してきた共産主義の医者らに乗っ取られそうにもなりました。それらを乗り越えてふたたび学頭に就任しています。

終戦の日に仏教運動家の高島米峰《たかしまべいほう》にあてた手紙には、

> ラジオの前に直立し叡慮《えいりょ》（天皇の御心）のほど拝察、嗚咽《おえつ》禁ずることができませんでした。（中略）遅きに失したとはいえ、国体護持のできますことは何よりのことと諦むるのほかありません。今後は国民各自が従来の如《ごと》き利己的精神を一掃して、協力一致、唯愛国家の挽回策を講ずるほかなきことと考えます。かく極まりました上は、学校も復興の構想を練ることができます。

と叙述していました。

弥生は、多くの国民と同様に、終戦の日まで日本が勝つと信じていたひとりでしたが、敗戦にショックを受けながらも即座に学校の再開再建を決意しています。この心の持ち方が、大事業を成功させた源動力ともいえるでしょう。

昭和二六年に「学校法人東京女子医科大学」が認可され、翌年、公職追放解除となった弥生が学頭につきました。これが現在にいたる東京女子医科大学です。昭和三三年には博士課程も開設しています。

弥生は女医だけではなく、看護師・保健師・美容師の養成も手がけていました。弥生は、自分ばかりが注目され、学校を創立したとの世評に対して、荒太という、大きな心で協力してくれた夫がいたおかげであり、夫の力は大きなものだった、と讃えています。

昭和三四年五月二二日、弥生は不帰の客となりました。八八歳でした。没後、正五位に叙され、四度目の叙勲として勲二等瑞宝章《くんにとうずいほうしょう》を授与されています。

鋼《はがね》の心をもちながら楽天家でおおらかな人であった弥生は、女性の自立、そのための女子教育、女医輩出に生涯をかけました。

はじめは村人の貧しさをなんとかしてあげたいという一念から、弥生は大奮闘したのでした。なんとみごとな人生だったでしょうか。

吉岡弥生に会いたい

吉岡弥生の生家　吉岡弥生記念館に隣接して移築されている。静岡県掛川市

吉岡弥生の墓　東京都府中市、多磨霊園

川上音二郎

一第五章一 新しい芸術と向き合う

与謝野晶子

明治になっても、芸術の分野では古くからの勢力が主流でした。歌舞伎に独占支配されていた演劇界では、ずぶの素人《しろうと》だった川上《かわかみ》音二郎《おとじろう》が大胆な改革に挑みます。女優の起用、芝居茶屋の利権独占の打破、舞台装置係の既得権益の排除、ヨーロッパ風の斬新《ざんしん》な演出などにより、新しい興行形態と収益スタイルをつくりました。

さらには観客層も学生など中間層以下の民衆に広げ、演劇の大衆化に先鞭《せんべん》をつけたのです。

他方、歌においてもそれは同じで、西洋の新体詩が出現したとき、既存の勢力からは正統なものとは認められませんでした。そうしたなかで、まず与謝野鉄幹《よさのてっかん》が新しい歌を鼓吹し、つづいて晶子《あきこ》が瑞々《みずみず》しい感性と情感のほとばしる大胆な言葉を用いて、世の中に一大センセーションを巻き起こしたのです。

晶子の歌は一八世紀から一九世紀にかけてヨーロッパで花開いたロマン主義のように、人間の感情を生き生きと表現するものでありました。

それでは、新しい世界を拓《ひら》いた二人をご紹介しましょう。

猪突猛進の
ジェットコースター人生

川上《かわかみ》音二郎《おとじろう》

生没：1864年2月8日～1911年11月11日

エンターテイナーへの道

東京で「演舌つかい」に

川上音二郎《かわかみおとじろう》が生まれたのは幕末の文久四年（一八六四。二月二〇日に改元して元治元年）一月一日（現在の暦では二月八日）のことでした。筑前博多の藍問屋《あいどんや》が生家です。

祖父の弥作は藩主黒田家の御用商人として帯刀《たいとう》を許されていましたが、次男である父の専蔵は遊芸好きで、音二郎の母ヒサは、このような遊び人になってはいけないと往年の豪傑や偉人の話を語って聞かせつつ育てています。

明治一〇年（一八七七）、音二郎が一四歳のときにヒサは病没しますが、「父のもとにいないで郷里を出るべき」と遺言しました。音二郎は、ヒサ没後すぐに郷里を出て、以後一〇年間は根なし草、風来坊の暮らしをしています。

東京に流れてきたときには、増上寺《ぞうじょうじ》（浄土宗の本山）の供物《くもつ》を盗んで食いつないでいたところを見つかって、寺の小僧にしてもらいましたが、境内《けいだい》を散歩していた福澤諭吉《ふくざわゆきち》に誘われて慶応義塾の学僕《がくぼく》となりました。学僕とは、雑用をしながら勉強する人のことです。

音二郎は学生の門限破りに加担してクビになり、裁判所の給仕や巡査ほかいくつもの職を転々として、明治一五年、名古屋で開催された政談演説会の弁士になっています。

弁士になってからの音二郎は、新聞を賑《にぎ》わす人となりました。この当時は、各地で自由民権運動が真っ最中のころであり、自由党総理の板垣退助《いたがきたいすけ》を筆頭に名高い民権家や壮士《そうし》に混じって演説をして歩く若者が続出し、彼らは、「演舌《えんぜつ》つかい」と呼ばれていました。音二郎も、放浪の末にこのひとりとなったのでした。

「演舌つかい」になった音二郎は、滑稽政談を得意として、「自由童子」の名で有名になっています。巷《ちまた》では民権数え唄が流行《はや》っていましたが、音二郎はこれをもっと過激にして民衆の前で唄いました。

一つとせ、人のこの世に生まるるや、民権自由のあればこそ、このあればこそ
二つとせ、不自由きわまる世の中も、これも官ちゃんがなすわざぞ、この憎らしや

音二郎はとくに臨検の警官を皮肉るのが「芸風」で聴衆は喜びますが、警官は、この「官ちゃん」という言葉を官吏《かんり》侮辱罪《ぶじょくざい》として、その場で逮捕しています。

大黒座（『明治初期神戸写真帳』）　神戸湊川神社の前にあった芝居小屋。のち八千代劇場となる。

この時代、新聞も、ちょっとしたことですぐに発禁になりました。発禁になると、名称を変えて発行するのですが、明治一六年に新聞紙条例が改正されて、それもできなくなっています。

音二郎は演説会場の入り口に、「民権酒」と命名した薦《こも》樽《だる》を積み上げ、「民権酒飲みしだい（放題）」と張り出して唄っていました。明治一六年九月には、集会条例違反により「政談演説禁止一年間」を申し渡されています。

禁止解除後の明治一七年一一月、音二郎は神戸大黒座《だいこくざ》で仏教演説会を開いてますが、明治に流行《はや》ったコレラも、「コレラ退治」という歌にしていました。その口舌がはげしい政府批判というので、中止解散、逮捕・罰金・禁錮刑などを科され、拘禁刑二〇回あまり、逮捕は一七〇回あまりにもなっています。

逮捕されても名前を変えてまで出没し、音二郎は偽名を使ったということで戸籍詐称でも捕まっていました。いやはや、懲《こ》りないというか、反骨精神の塊でした。

オッペケペ節を披露

明治一八年三月、音二郎は講談師になります。正式な鑑札を掲げて「自由亭雪梅」と名乗っています。これは本当の転身ではなく、講談にして民権論を啓蒙しようという目的からでした。

翌一九年一月、音二郎は六回目の出獄というので、「六出居士《ろくでなし》」と称して、「出獄第一声盗賊秘密大演説会」を開いています。この気骨が愉快で、大向こうから、「いよっ！　ろくでなし、頑張れっ！」と、私は声を掛けたくなりました。

音二郎、こんどは落語家の桂文之助《かつらぶんのすけ》（のちの二代目曽呂利新左衛門《そろりしんざえもん》）に入門して、「浮世亭○○《まるまる》」と名乗ります。そうして政治談義を繰り返しますが、当局も要注意人物としてマークしているので、逮捕が重なっていくのでした。

このとき、音二郎は政治小説の『経国美談《けいこくびだん》』や『仏国《ふっこく》革命史』を寄席で語っています。どうやっても官憲の手から逃れられないとなり、音二郎は芝居に着眼しました。

同年二月、知人の紹介により、京都で中村駒之助《なかむらこまのすけ》を座頭とする二月興行に加わります。音二郎がはじめて舞台を踏んだのは、「東洋のロビンソン・クルーソー」と呼ばれた田中鶴吉《たなかつるきち》の伝記を劇化した作品でした。音二郎の役どころは田中の書生役として、田中の履歴を演説するもので、得意の弁舌で好評を博しています。

そうしているうちに、社会では民権運動熱が高まり、条例違反で東京を追放された運動家や「演舌つかい」らが続々と大阪に集結してきたのです。追放というのは、法律によって「東京から何里以上離れよ」ということで、江戸時代の「所払い」と同じでした。

年を追って、警察の取り締まりはきびしくなり、「演舌つかい」たちは追いつめられ、無頼《ぶらい》の徒《と》に身を落とす者も少なくなかったのです。そうした連中の救済のためにも、音二郎は芝居に注目したのでした。

運動家のなかでも代表的な中江兆民《なかえちようみん》（東洋のルソーと称された人）が援助をして、「大日本壮士改良演劇会」が大阪で開かれました。明治二一年一二月のことです。この年、音二郎は、歴史に残ることになった、オッペケペ節を披露しています。

このオッペケペ節、私は子どものころに、音二郎に扮した俳優が唄う場面をテレビで見ましたので、その節《ふし》の調子、リズムの良さをいまもよく覚えています。ド派手な陣羽織《じんばおり》に鉢巻きをして、片手には日の丸のついた軍扇《ぐんせん》を持って、

権利幸福きらいな人に、自由湯《じゆうとう》をば飲ましたい。オッペケペ、オッペケペッポーペッポーポー

かたいかみしも角取れて、マンテルズボンに人力車、いきな束髪《そくはつ》ボンネット。貴女に紳士

のいでたちで、うわべの飾りはよいけれど、政治の思想が欠乏だ。天地の真理がわからない、心に自由の種をまけ。オッペケペ、オッペケペッポーペッポーポー。

と唄うのですが、愉快な歌でした。

この時代、「自由」というのが流行語になり、「自由歯磨粉」「自由米」「自由足袋《たび》」など、なんにでも自由をつけるのが流行っています。

音二郎、このころ、オッペケペ節の共作者の若宮万次《わかみやまんじ》郎《ろう》、雑誌『活眼』記者の藤澤浅二《ふじさわあさじ》郎《ろう》と親しくなっています。少しのち、藤沢は音二郎の番頭・補佐役として長く付き合うことになります。

音二郎は、政談を語ることを捨て切れず、「演舌つかい」と講談・落語・芝居の間を行きつ戻りつしていましたが、明治二三年六月、自身の出演停止に加えて、音二郎を出演させた会場も営業停止となっています。

この年は初の衆議院選挙と国会開設を控えた年で、政治には、ことのほか熱い視線が集まってい

川上音二郎（1864～1911）ド派手な陣羽織に鉢巻き、片手に日の丸のついた軍扇を持ってオッペケペーを歌う。

蔦座（『横浜手彩色写真絵葉書図鑑』）明治９年に増田座として開場。明治１３年に焼失、のちに再建され「蔦座」と改称して煉瓦造りで開場 した。

ました。八月、音二郎は横浜伊勢崎町の蔦座《つたざ》に出演して喝采を浴びています。『国民新聞』『東京日日新聞』『東京朝日新聞』には、「書生芝居、滑稽演劇家、川上音二郎大人気」と報じられています。

書生とは本来、学問を志す若者のことですが、ここでは素人という意味のほうが近いです。

音二郎はその後、明治一五年に板垣退助《いたがきたいすけ》が演説中に襲われて負傷した折、「板垣死すとも自由は死せず」と語った名場面を題材とした『板垣君遭難実記』を上演しながら、各地を回っています。

脚本は事前に警視庁に提出して認可を得なければならず、少しでも脚本と違ったならば、即座に差し止めでした。

音二郎の脚本による芝居は、従前の型にはまったものではなく、社会の現実を取り入れたものだけに、観客の反応も熱く音二郎たちとの交流も深いものでした。その多くは、音二郎が構想し、藤沢が書きおこしたものです。多くが民権運動を取材して練られた作品でした。

このとき、劇芝居というのは歌舞伎のことであり、それ以外の演劇は確立されてなく、社会での認知度も低く、歌舞伎関係者・評論家・マスコミからも無視されるか、嘲笑されるか、酷評されて相手にされない、というのがふつうでした。

そうした状況下、音二郎はホームランを放ちました。江戸三座として権威と格式のある、浅草の中村座の舞台を踏めることになったのです。

出演した音二郎は、その舞台の大きさに感激します。はじめて舞台上で勢いよく走れたからでした。観客も空気を突き破る熱気、活気に度肝《どぎも》を抜かれています。

音二郎は十八番のオッペケペ節を唄います。すると、かつてないほどの大喝采が起こります。

お妾嬢さん権妻《ごんさい》に、芝居を見せるは不開化だ。勧善懲悪わからない。色けのところに目をとめて、大事の夫を袖《そで》にして、浮気をすること必定《ひつじょう》だ。お為《ため》にならない、およしなさい。国会開けた暁に、役者にのろけちゃいられない。オッペケペ、オッペケペッポーペッポッポー。

このように、観客のなかに多い妾や権妻（愛人）と見える人をからかい、喜ばせるのが音二郎流でした。現代であれば、綾小路《あやのこうじ》きみまろのように客をいじる芸の先がけといえるでしょう。

こうして音二郎、花柳界《かりゅうかい》の女たちにもてにもてまくり、名だたる名妓《めいぎ》たちが争って音二郎に入れ込んだそうです。

貞奴との出会い

そのなかに、妻となる貞《さだ》、のちの貞奴《さだやっこ》がいました。貞もほかの芸妓に負けずに、着物羽織や、九枚笹《きゅうまいささ》の川上家定紋《じょうもん》入りの人力車まで贈っています。音二郎、あちこちから招待され、にわかに金回りも良くなったのです。硬派のはずが途端に芸者遊びにハマる軟派に変身しました。

貞は明治四年（一八七一）七月一八日（太陽暦九月二日）、東京日本橋の両替商「越後屋」の一二番目の子として生まれました。生家の没落によって、七歳のとき、葭町《よしちょう》の芸妓置屋「浜田屋」の女将《おかみ》、可免吉《かめきち》（可免）の養子になります。

この世界では名誉とされる「奴」の源氏名をもらい、水揚げは一六歳、相手は天下の伊藤博文です。終生、伊藤とは交流がつづき、音二郎もなにかと世話になっています。伊藤との関係で、井上馨《いのうえかおる》をはじめ井上毅《いのうえこわし》・金子《かねこ》堅太郎《けんたろう》・末松謙澄《すえまつけんちょう》とも親しい間柄となっています。

子どものころから常識はずれのおてんば娘で、気性のはげしい人でした。女だてらに乗馬の稽古や、水泳・玉突き・柔道をするので、「女西郷」とも呼ばれています。貞は、書生が大好きと語っていますが、すでに出世した人よりもこれからの人がいいな、ということです。

養母の可免が、伊藤と親しかったこともあり、貞の芸の巧みさと美貌も相俟《あいま》って伊藤に水揚げされました。音二郎と海外公演に行ったときの写真を見ると、明治の人と思われないほどの目鼻立ちで、現代ふうのメイクをしたなら、どれだけの美女になるのか、という人です。

音二郎は、二度目の中村座公演前に、「書生演劇八か条」を発表しています。歌舞伎役者の因習《いんしゅう》を排し、技芸錬磨・品行方正・勤倹力行《きんけんりっこう》を掲げていました。「専《もっぱ》ら活劇を旨とすべし」「社会教育の先導者を以《も》って任ずべきこと」「貧民救済」「婦人の招きに応ず間敷候事《まじくそうろうこと》」などとなっていますが、最後の一条には笑ってしまいます。

音二郎、座員たちからは先生と呼ばれ、楽屋住まいから一軒家を与えられるまでに「栄転」します。そして、「自宅に来談あれ」と新聞各紙に広告を出すと、俳優志願者が大挙して押しかけたそうです。

川上貞奴（1871 ～ 1946）
日舞の技芸に秀で、才色兼備の誉れが高かった。

それまで演劇というのは歌舞伎のことで、梨園《りえん》に生まれるか、特別の縁がなければ役者になれなかったのですが、川上一座の成功は、素人でも役者になれるのだという意識改革になり、業界の一大革命となったのでした。

ありもしなかったところに突如として道ができ、志願者が殺到したというわけです。この音二郎の成功によって歌舞伎とは別の演劇界ができ、一座が続々と生まれています。それだけに、歌舞伎ファンや劇評家・知識人らは音二郎の一座を嫌っていました。

この年、明治二四年は新演劇の芽吹いた年でした。そうであっても音二郎への非難と嘲笑は強いもので、『日本』では、音二郎以下、座員の履歴を洗って素行を含めた人身攻撃をつづけています。『日本』は、元官僚の陸羯南《くがかつなん》が明治二二年に創刊した日本主義の新聞だっただけに、伝統を壊す者として音二郎を攻撃したのです。

音二郎は、こうしたことに異常にファイトを燃やす人なので、歌舞伎の因習を並べたてています。ただ、この時点での音二郎たちの書生演劇は、セリフ回し・発声・衣裳・かつら・音楽など在来のもので、歌舞伎にくらべると完成度は低いものでした。

完成度が低かろうと観客に訴えかける情熱がありましたから、民衆の間での評判は悪くありません。評論家・マスコミに叩《たた》かれても、観客は大入りだったのです。

音二郎、乱心か⁉

明治二五年四月、音二郎は黒田《くろだ》清隆《きよたか》侯爵主催の園遊会に招かれて上演し、来賓の詩人アーノルドに称賛されています。翌五月、金子堅太郎の案内で、東京慈恵病院に皇后を迎えて上演し、ただの書生演劇の枠から脱しています。

皇后の台覧《たいらん》以後、音二郎の演劇についての非難の嵐は衰えるものの、それでもつづきました。明治二六年の元旦、音二郎はだれにも告げることなく、突然、いなくなります。音二郎には、このような癖《くせ》があったのです。事情を知っていたのは、神戸まで同行していた貞だけでした。貞は、音二郎がほかの芸者とも付き合うなかで、もっとも親密な仲となり、結婚も決まっていたのです。音二郎、洋行が目的でした。マスコミから素行の悪さや不義を叩かれて、いやになったということもあります。

音二郎は演劇について新機軸を次々と打ち出し、番付（パンフレット）の体裁も改変、わかりやすくし、宣伝の看板も従来の鳥居《とりい》派の画ではなく洋画にしていました。

また、旧来の観劇システムでは、劇場は入場料以外に芝居茶屋制度があり、そこから飲食物を買う、客の世話をする出方へのチップ、桟敷《さじき》に入れば座布団代、冬ならば火鉢《ひばち》代といった費用がかかり、そうした諸経費が茶屋にかかわる人びとにとっての収入源になっていたのです。

音二郎は、それも改めようとしたので、脅迫やいやがらせが絶えませんでした。そうしたことへの嫌忌《けんき》と、かねてから考えていた欧州演劇研究を兼ねて、突如、出奔《しゅっぽん》したわけです。

この珍事は、事前に同郷の金子堅太郎、その親分の伊藤博文から勧められたこともあり、駐フランス公使の野村靖への紹介状をもらってのことでした。この段取りは貞がしています。

演劇に新風を吹き込む

音二郎、心機一転

音二郎は四か月で帰国しましたが、フランスとの往復に三か月かかっているので、フランス滞在は一か月でした。現地では、ギリシア悲劇の『オイディプス王』も観劇し、いたく影響を受けています。これは息子が神託によって父を殺し、母と交わるという筋書きですが、息子が母親への強い愛着を示すエディプス・コンプレックスの諸源となっています。

音二郎は、これを『意外』という芝居にアレンジし、好評を博すると、『又《また》意外』『又々意外』と発展させたのです。音二郎の企画は大当たりとなりました。

当時の座員の給与は、番頭格で脚本も手がける藤沢が一興行三〇円、いまならだいたい四五万円、座員は甲部と乙部に分けて、それぞれ、一七円～一三円と五円～六円でした。このとき、高級公務員（高等官）の月給は五〇円、銀行員（大卒）の月給四〇円、銭湯一銭三厘《りん》、理髪四銭、婦人の内職が一日に五銭から一三銭です。

当時の役者の収入につき、歌舞伎界の大御所市川団十郎《いちかわだんじゅうろう》が、明治三一年に大阪歌舞伎座の柿落《こけらお》としの興行で、四〇日で五万円、いまの約七億五〇〇〇万円という記録がありますが、これは別格です。

さて、音二郎が出奔していた間、一座は代役を立ててなんとかやり繰りしていましたが、経済的な面倒をみていたのは貞でした。彼女の収入である花代は、売れっ子だけに日に二円五〇銭、貧しい人の生活費二〇人分です。往時の高級呉服は、小紋縮緬《こもんちりめん》が一五円、朱珍《しゅちん》の丸帯が二四円程度でした。

ちなみに芸者の花代をみると、一流は新橋・柳橋で一円、葭町《よしちょう》は日本橋・新富町・数寄屋橋と並んで二番手で、八〇銭から六〇銭、烏森・吉原が三番手で三〇銭、深川・神楽坂は四番手で三〇銭以下となっていました。

芝居が大当たりで羽振りも良くなった音二郎、明治二七年、貞と結婚しました。音二郎は三一歳、貞は二四歳で、仲人は貴族院議員の金子堅太郎が務めています。新居は神田駿河台に一五室もある庭つきの邸宅を借りていました。音二郎一座の者も同居です。

音二郎は、自分の娯楽は芸者買いと広言する男ですから、貞以外に日本橋の小かね、新橋近江家のとん子、同じく新橋の清香とも付き合っていました。ただ、時代が時代だっただけに、これが並外れて不謹慎とはならず、男の甲斐性《かいしょう》とされていたのです。

音二郎の魅力について貞は、

あの人は生来非常に陽気な質《たち》です。非常なウソつきで、ちょうど狐《きつね》を馬に乗せたような人、いまここでウソを言ったかと思うと、また向こうでウソを言うという調子でした。あの人は女にかけては一種の魔力とでもいうのですか、それは色男ですよ。

と『東京日日新聞』で語っていました。

音二郎との家庭については、貞のほうが一枚上手で、音二郎を子どものように思って接することのほうが多かったようです。

音二郎は、貞も語っているように、ウソつきでした。いや、ウソつきというよりホラ吹きというほうが適切でしょう。このこと自体は決して褒められたものではありませんが、音二郎は憎めない奴でした。これは計算によるものではなく、むしろ逆だったからでしょう。

舞台革命

音二郎の生き方には先の先を考える大局観や戦略はなく、その点では大半の人と変わりません。ですが、その場その場での己《おのれ》の欲望・思いに対しての率直さ、直面する難題について安定や屈服を望まず挑んでいく姿勢が魅力であり、一種の場当たり的生き方が、ウソつきとなる所以《ゆえん》でした。

結婚した明治二七年は、音二郎の川上一座にとって大ヒット連続の年となりました。前述の、『意外』シリーズのヒットは、専門家たちに川上一座を見直させる契機となっています。

音二郎は、これを機に座員を甲部・乙部・付属（見習い）の三つに分け、不平の多い幹部の一部を除名しました。さらに書生演劇からの脱皮を意図して、『意外』の番付に「川上演劇」と命名したのでした。

フランスで視察してきたように、舞台照明を採用し、座席を暗くし、舞台には電気照明による月明かりを見せ、最新文明の利器である電話も使っています。このころの芝居では、客席は飲食する場でもあり、明るかったのです。

大道具・小道具にもくふうを凝《こ》らし、瞬時に場面が変わる趣向も客を驚かせています。汽車の大道具、本物の水で雨を降らすなど、斬新な舞台は大人気でした。

当時、明治維新以来、はじめての対外戦争である日清戦争がはじまると、音二郎は早速、『壮絶快絶日清戦争』を演じています。舞台上で花火や癇癪玉《かんしゃくだま》を鉄砲の撃ち合いに見立てて戦闘場面を再現して観客を興奮させました。

桟敷では軍人の家族が涙を流して見入っていたそうです。ニュース映画がつくられるように

香朝楼豊斎『川上音二郎 戦地見聞日記』（1894 年）　配役は、戦地視察俳優が川上音二郎、中尉子息初雄が久川竹太郎、小島中尉夫人貞子が藤澤浅次郎。

なったのは昭和に入ってからで、音二郎のこの芝居は歌舞伎以上に現地のようすを伝えたと評価されました。

　音二郎、このあとは現地に視察に行き、帰国後、『川上音二郎戦地見聞日記』を上演しています。この年の一二月九日、東京市主催の旅順《りよじゅん》占領祝賀会に招かれ、上野公園の野外劇に皇太子（のちの大正天皇）を迎えて、『戦地見聞日記』を上演するという名誉に輝きました。

　その勢いで、翌年には歌舞伎界の二大巨頭である市川団十郎・尾上菊五郎の本拠地、歌舞伎座で上演することとなりました。音二郎は団十郎専用の楽屋を使い、「親の仇《あだ》を討ったよりもうれしいと思った」と語っています。

　このときの演目は『威海衛《いかいえい》陥落』と『因果灯籠《とうろう》』でしたが、一週間分の切符が三日で売り切れとなりました。団十郎の楽屋を使ったというのは役者にとってたいへんな名誉です。演劇・映画の世界では大物になると専用の楽屋が与えられ、これが役者の勲章でもありました。

戦争が終わり、せっかくの戦勝気分が、ロシア、フランス、ドイツ三国による「遼東《りようとう》半島を返還せよ」という三国干渉によって一気にしぼんでしまい、音二郎の芝居にも空席が目立つようになると、なりをひそめていた音二郎批判が息を吹き返しました。

音二郎は、批判した各新聞社に次々と乗り込みますが、打開策はなく、それまでの慣例にしたがって芝居担当記者たちに金をばらまきます。この後、川上一座は内紛になり、音二郎を排除して新しい一座を結成する相談が進められていました。

音二郎は、リーダーとしての人望はさほどなかったようです。下の者への配慮や、物事を行う際の説明、意思統一などに欠けていたのでしょう。

時は音二郎が「川上座」と命名した新劇場を建設中のことであり、資金難から工事は停滞していました。それでも一座の収入を建設に回し、貞も資金集めに走り回っています。

音二郎は、ここで座員の給与を二倍に引き上げますが、座員の不満を解消することはできませんでした。川上座の建設は調子に乗ったわけではありません。演劇の改良は劇場の構造から直さねばならない、という考えが土台になっていたのです。

また も 乱心、音二郎

明治二九年六月、高利の金貸しからの借金で川上座は完成しました。建坪二一二坪、三階建ての洋風建築で、桟敷《さじき》一五〇人、平土間五七二人、大入場《おおいりば》三五四人、計一〇七六人収容の劇場でした。歌舞伎座が二〇〇〇人ですから、半分の規模です。

川上座は開場はしたものの、高い利息に苦しむことになります。日清戦争後、産業の革新化が進み、貨幣の需要が高まり、質屋と高利貸は儲かっていましたが、高利に苦しむ下層の民衆が増えていました。

音二郎も同じで、高利貸是正と新演劇の保護を叫んで、代議士に立候補することにしたのです。猪突猛進、思い立ったら大局観のない音二郎の真骨頂です。いやはや…。

現在の大田区大森、このときは荏原《えばら》郡新井村字不入斗《いりやまず》から立候補します。明治三〇年三月の第五回総選挙、翌年八月の第六回総選挙に出馬するも落選でした。

当時の選挙は、第一回以降は買収・賄賂《わいろ》当たり前の汚れた選挙ですから、音二郎も一票二〇円か三〇円で買い、川上座は、それが原因で人手に渡ることになりました。音二郎は典型的な愚か者です。このときの相場は一票五円から一〇円で、音二郎はその何倍も払ったのでした。

選挙といっても地租一五円以上を納める男子のみが選挙権をもっているので、音二郎の大衆

川上座　現在の東京都千代田区三崎町に建設。明治29年6月、音二郎33歳のときに完成した。

人気は役に立たなかったのです。またもマスコミに叩かれます。「河原こじき」と揶揄《やゆ》されていた音二郎の反骨心は、無惨に散りました。

　あまりに叩かれるので、批判する急先鋒『万朝報《よろずちょうほう》』の黒《くろ》岩涙香《いわるいこう》社長を殺して自分も死のうと、黒岩をつけ狙いもしましたが、幸い会うことなく終わっています。世の中もなにもかも厭になった音二郎でした。

　音二郎は貞を連れて、わずか一三尺（約四メートル）、幅六尺（約一・八メートル）の小舟で外洋を目指しました。音二郎は、のち大正一五年（一九二六）、失意の極みに陥って、海外に行くか、それが無理ならいっそ奇抜な自殺をして世間をあっと驚かそうとしたと語っています。

　途中、海軍と警察に見つかり、無謀だ、不可能だ、と説得されますが、音二郎はここで持ち前の闘志が湧いてきます。不可能と言われると、やってみたくなるのです。結局、五か月かかり、途中で何度も死にそうになりながら、着いたところは神戸でした。

女優貞奴の誕生

大変な思いをした音二郎と貞ですが、ひょんなことから興行のためにアメリカに渡航できることになりました。強運の持ち主だったのかもしれません。

幕末以来、海外に渡った日本の芸人は多数に及んでいました。手品・綱渡り・独楽《こま》回《まわ》し、足芸・角兵衛獅子・義太夫・講談師など、数多《あまた》あったのです。

明治三二年四月、音二郎を座長とする一行一九人が神戸から出航します。途中、ハワイのホノルルで一晩泊まるというので、音二郎は得意の演説会を開いて三九〇ドルも稼いでいます。一ドル二円のときなので、七八〇円となり、現在の約一二〇〇万円と、結構な額です。

五月下旬、サンフランシスコに到着しました。町に貼り出してあったポスターでは、貞が主役のように宣伝されています。貞は必死で違うと弁明しましたが、劇場主は承諾しません。相手は貞を中心とした演目でなければ公演をさせない、とまで伝えています。仕方なく、『心外千万・遼東半島』をやめて、『児島高徳《こじまたかのり》』『楠公《なんこう》』『道成寺《どうじょうじ》』をやることになりました。このとき、はじめて貞は、「貞奴」と名乗って舞台を踏み、女優となったのです。

意外だと思われるでしょうが、日本に女優と名のつく職業はありませんでした。歴史を遡ればば三代将軍家光《いえみつ》の世の寛永六年（一六二九）に男女合同の狂言が風紀紊乱《びんらん》を招くとして、女舞・

女歌舞伎が禁止となったので、女性は舞台に立つこと、女優になることはできなかったのです。そこから女形が生まれたのでした。俳優の伊井《いい》蓉峰《ようほう》が女性を起用して男女混合劇を上演したのが明治二四年とされています。

一座は九日間の興行で一二七一ドル、約二五四二円を稼ぎますが、日本人興行主に金を持ち逃げされてしまいます。音二郎たちは支払い一切ができず、衣裳や道具も差し押さえられ、劇場・ホテルから追い出されたのです。しかし、在留邦人の支援で七〇〇ドルを稼ぐことができ、帰国も考えましたが、このまま帰ってはまたも嘲笑されるだけと奮起し、帰る気になっていた一座の者を励まして公演することにしました。

それに翌年には、パリで万国博覧会が開かれるので、以前、パリに視察に行ったことのある音二郎は、パリこそ演劇のメッカだとして、そのパリをめざそう、そのためにアメリカ公演で旅費・滞在費になる金を稼ごうと画策したのです。音二郎、ゼロか百かの思考なので、ポジティブなほうに向いたときには、しぶとさを発揮します。逆に耐性がないのが残念なところです。

金がないので一日一食、宿泊もホテルを騙して一室に何人もが寝泊まりしながら、出演できる劇場を探す日々で、日本の領事館でさえ、役者風情など相手にしてくれません。

音二郎は、「河原こじき」と見下されて闘志を湧かせます。やっと上演できる劇場を探しあて、空腹でふらふらになりながら演じることができました。そして、事態は変わります。

世界の音二郎か、単なる道化か

音二郎、メッカに乗り込む

追い詰められた音二郎一座でしたが、初日の公演は大成功となり、久々にまともな食事にありつけました。

貞奴は『道成寺《どうじょうじ》』で華やかな衣裳の早替わりを見せて、一夜にして大スターになっています。これが評判となり、公演の条件も格段に良くなりました。途中、イギリスの名門一座の『ベニスの商人』を見て、『日本趣向の人肉質入裁判』のタイトルで演じたのが大いにウケています。芝居は大当たりとなりますが、座員がひとり病死、音二郎も盲腸炎で手術することになりました。貞奴たちの稼いだ金は、音二郎の入院費に消えています。

ワシントンでは、小村寿太郎《こむらじゅたろう》が公使をしていて、なにかと労をとってくれています。ニューヨークでは貞奴の『道成寺』がマスコミで絶賛され、大統領と国務長官の前でも演じるほどでした。このとき、小村は気を良くして通訳を買って出ています。ニューヨークでは俳優クラブと演劇学校も視察しました。

一九〇〇年（明治三三）六月末、イギリスのロンドン公演を大成功させたあと、一座は花の都パリに入ります。革命記念日（七月一四日）の少し前で、パリ万博には一日平均二四万人、多い日は六〇万人の入場者があったといいます。一七八九年のこの日がフランス革命の初日）の

音二郎はアメリカで稼いだ金をすべて注ぎ込んで座員に立派な服を着せ、船室・ホテルも一流を利用します。貧相なことでは相手にされないと知っていたからで、これでまたまた一文なしになりました。

ニューヨークでの評判もあって、劇場には困りません。ロンドンでの高い評価も追い風でした。ロンドンではバッキンガム宮殿に招かれてウェールズ皇太子（ビクトリア女王の息子）の前で演じ、日本円で四〇〇〇円相当の銀行手形ももらっています。

これでも金は残らないというのが、音二郎らしさというか大局観のなさであり、いつでも、なんとかなるさ、なんとかするさの生き方でした。パリでも、リクエストに応えた『切腹』の演技で大当たりとなり、公演は延長につぐ延長となっています。おまけにギャラは週に六〇〇〇円という超高額でした。いまの六〇〇〇万円から九〇〇〇万円です。

貞はパリ社交界のトップレディともてはやされ、和洋折衷のような「ヤッコ服」も流行しました。香水で知られるゲランでは、「ヤッコ」の名が付けられた香水まで売り出されています。

パリっ子たちは一座のセリフまで覚え、これが街中で使われたほか、『児島高徳』の立ち回りが、自動幻画（映画）に収められたのです。音二郎、パリ万博閉幕の一一月三日まで一二三日間休みなしのロングランで、貞は夜会や新聞・雑誌に引っ張りだことという超人的スケジュールをこなしています。

時のルーベ大統領から、音二郎と貞に花束とネームの入ったゴールド・ピン、それに「オフィシエ・ド・アカデミー」の勲章まで授与されたのでした。

音二郎一行はベルギーでも公演、大好評を博し、名誉記章まで贈られました。そうしてロンドンに立ち寄ったあと、日本に凱旋帰国します。

天上界から地の底へ

音二郎は、アメリカで盲腸の手術をした痕《あと》が痛むので、帰国後は有馬温泉でゆっくり湯治《とうじ》をと考えていましたが、帰朝公演での人気が許しませんでした。

「世界の檜舞台《ひのきぶたい》を踏みし川上と貞奴。東洋西洋を打って回りし川上と貞奴」と新聞で報じられ、漫遊記が二冊も出る騒ぎです。しかし、日本での公演は、マスコミや批評家たちから大ブーイングの嵐となり、「恥さらし」「国辱《こくじょく》もの」とまで非難されたのでした。

これらの非難は、伝統ある歌舞伎の演目を勝手に改変したというので、はじめから音二郎を貶《おとし》めるためのもので、パリで観劇した大文豪のアンドレ・ジイドや世界的大女優のイサドラ・ダンカンは、貞奴の舞い、早替わり、表情としぐさなどを高く評価していました。ジイドは、音二郎一座の『芸者と武士』をなんと六回も見に行っています。

ピカソも立ち回りのようすを絵にしていますし、大彫刻家のロダンも貞奴を批判する人びとに、「もう一度サダヤッコをご覧なさい。よくご覧なさい！」と言っていました。

このように称賛された貞は、日本公演には一度も出ていません。役者なんぞまっぴらごめんだったからで、音二郎がいくら説得しても頑《がん》として承知しませんでした。いい女です、貞。

音二郎、まったくの不評のうえ、あれだけのギャラをもらいながら五三〇円余の税金を怠納して財産差し押さえとなっています。かくなるうえは再渡航だ、と貞は金策に走り回ります。

この時代、海外渡航は命がけといわれたほどで、希望者を募ってもなかなか集まらず、貞の親族の少女まで動員しました。一行は五歳の少年を含めて二一人。明治三四年六月四日、イギリ

川上貞奴の舞台姿　フランスの雑誌『ル・テアトル』に掲載された。

雪中を進む川上一座　第２次欧州旅行。サンクトペテルブルクにて。1902 年

スに到着します。

興行主はパリで世話になったロイ・フラーです。翌年六月一六日までの一年間、昼二回、夜六回の公演で、ギャラは前半六か月が週一〇〇〇ドル、日本円で二〇〇〇円、いまなら二〇〇〇万円～三〇〇〇万円ですから悪くありません。後半の六か月は週一五〇〇ドルです。

パリのあとはドイツ、オーストリア・ハンガリー、チェコ、ユーゴスラビア、ルーマニア、ポーランド、ロシア、イタリア、スペイン、ポルトガルなど六九の街の七八劇場を一年で巡業しています。

多くは、到着日にすぐ公演する「乗り打ち」でした。

ドイツでは訪欧中の伊藤博文と会っています。

ロシアでは、皇帝のニコライ二世から音二郎と貞に金時計が贈られました。貞は熱狂的人気です。貞は巡業中、「日本のドゥーゼ」と称されています。イタリアの名女優エレオノーラ・ドゥーゼのことです。気品ある女優で、内面的感情表現に秀《ひい》でた人でした。

明治三五年八月、一行は帰国しました。

音二郎、ここで政治への思い入れをばっさり断ち切ることができ、芝居一筋に生きることを決意するのです。貞は相模湾に面した茅ヶ崎に約三〇〇〇坪の松林を手に入れ、和洋折衷の新居を建てます。伊藤博文によって「万松園」と命名されました。

よみがえる音二郎

音二郎は心機一転、「旧俳優と新俳優の間に、一つ世界的演劇を仕組みたいと思っております。それには完全な俳優を養成しなければなりませぬ。彼女（貞のこと）は女俳優《やくしゃ》をこしらえる決心でおります」と語り、女優の養成機関をつくって貞に指導してもらおうと話し合っていたのです。

同時に音二郎は、帰朝公演の演目を『オセロ』にすると決めて貞の出演を求めますが、舞台に立つのは海外のみとする貞は拒否します。今回は音二郎も引けず、とうとう仲人役の金子堅太郎の仲裁で貞の出演となったのです。

こうしている間にも音二郎は、版権侵害で訴えられる、劇場側と観客の飲食代で争う、新しく西洋画で背景を描き代々つづいてきた大道具係の一四世長谷川勘兵衛《はせがわかんべえ》と衝突する、などなど対立が絶えません。旧来の慣習を墨守《ぼくしゅ》するのか、壁を打ち破るのかの戦いですが、歴史を見れば、音二郎は一〇年先取りしたせいで闘争の連続となったのでした。

この公演では、市川団十郎門下の女役者も参加しています。脚本家の江見水蔭《えみすいいん》には脚本料を一〇〇〇円で依頼しましたが、これは相場の四〇倍から五〇倍で、話題作りとも言われました。音二郎は経済観念がない男だったのです。

こうして明治三六年二月一一日の紀元節に、明治座にて『オセロ』一本で幕を開けたのです。森鷗外《もりおうがい》・三木武二《みきたけじ》（森鷗外の弟）・坪内逍遥《つぼうちしょうよう》・尾崎紅葉《おざきこうよう》・与謝野鉄幹《よさのてっかん》・佐佐木信綱《ささきのぶつな》・上田敏《うえだびん》・井上哲次郎《いのうえてつじろう》・新村出《しんむらいずる》など、歌人・学者・画家など当代を代表する文化人らが来たのです。鷗外・逍遥とも初回の感想は好評でした。

マスコミや専門家の間では、賛否両論入り混じっています。観客は、舞台の数々の新しいくふうに加え、貞の演技もあり、好意的です。貞の役どころは当然デスデモーナ（オセロの妻）でしたが、これを機に「世界的演劇」の呼称は、「正劇《せいげき》」と改められ、貞はなくてはならぬ存在となっています。

このあと、歌舞伎の旧派と音二郎の新派が芝居で対決する「俳優合戦」も勃発し、音二郎は、「従来の日本演劇一般の悪風たる荒唐無稽淫猥《こうとうむけいいんわい》なる時世おくれの劇風を刷新仕《つかまつ》りたく候《そうろう》」と自信満々でしたが、旧派は一戦を前に退却しています。

このころから、「新派」という用語が使われはじめましたが、その意味では、音二郎の革新

茅ヶ崎の万松園にて　前列右３人目が貞奴、その左が音二郎。

は歴史を変えたともいえるでしょう。新俳優の数も明治三六年で約六八〇〇人あまりにもなりました。

女優の頂点となり、どこに行っても大人気の貞は、自分は音二郎の手助け・裏方でよかったのにと強い不満を抱き、時には一夜で五升《しょう》もの酒を飲んだそうです。五合《ごう》ではなく五升とは、ものすごい酒量です。

音二郎は、『ハムレット』やほかの演目を含めて公演をつづけるかたわら、新派の統合を呼びかけます。併行して劇場側と、入場料の低廉化《ていれんか》および切符制の採用、客席での飲食禁止、人力車の乗車券の前売り、興行時間の短縮、舞台装置では洋画家を主任とすることなど、五か条の改革に成功しています。

開演一週間前には、音二郎は飲食を担当し

ていた出方たちに襲われて負傷しています。このような苦難の末の『ハムレット』は大成功します。舞台装置の照明による光線の変化も斬新で、初のオーケストラボックスもつくられ、マスコミにも称賛されました。客層も庶民・学生が目立つようになり、新派は民衆の間に普及していったのです。

これを見て、『読売新聞』が音二郎一座を後援するようになります。新聞が売れるだけの人気があったからです。貞も光輝あふれる大女優のように扱われましたが、世間様の援助のおかげ、と殊勝なことを言っています。

逆に音二郎は、そんなものはない、俺の力だ！　でした。音二郎は、自分が河原こじき、下賤の者だというコンプレックスが強烈で、世間を見返してやろうという意地の火の玉になっているのです。興味深いのは、貞がインタビューで「川上は優しくありません。ぶったり蹴ったりします」となかば笑いとともに、相も変わらず浮気に精を出す音二郎のことを、ちくりと刺していたことです。

それでも貞は、音二郎のためにも舞台でもプライベートでも真摯《しんし》に尽くす美しい女でした。

音二郎は、日露戦争時、開戦翌月に朝鮮の仁川《インチョン》に視察に行き、帰国後は、『戦況報告演劇』を上演、観客を集めています。

また、明治四〇年七月から翌年二月まで、貞のほか五人を連れてパリに渡航し、俳優養成所と各劇場を視察し、帰国後は女優養成所を創設しました。むろん日本初です。

そのあと明治四三年二月二七日、大阪にこれまた日本一の設備を誇る「大阪帝国座」をオープンさせました。これは音二郎の個人経営ですが、音二郎の死後、人手に渡っています。この人は、商売がとんとできない人でした。貞の懸命の努力も水泡に帰しました。

そうしている間に、音二郎は健康を害し、何度も入退院を繰り返しています。最期は腹膜炎を起こし、腹水四升あまりを排水したのち、昏睡《こんすい》状態になる前に貞に、「立派な役者を育ててくれ。金のために理想をまげてくれるな」と言い残し、意識不明が八日間つづいたあと、幽明《ゆうめい》境《さかい》を異にしました。

明治四四年一一月一一日のことでした。享年四八、早すぎる死といえるでしょう。亡くなってみると、音二郎を慕う人は多く、盛大な葬儀となりました。東京の芸者衆による追悼会も開かれました。

音二郎はどこまでも世間や既成勢力との妥協を嫌って己の意地を通そうと、あがきつづけたのです。しかし、成就したとはいえぬ生涯でした。

川上音二郎に会いたい

川上音二郎の銅像　福岡県博多市

川上音二郎の碑　東京都台東区、谷中霊園

彗星のごとく現れた
火の鳥の女

与謝野《よさの》晶子《あきこ》

生没：1878年12月7日～1942年5月29日

箱入り娘、句作にはげむ

早熟の少女

現在においても、男女はその権利や生き方においてまったく平等とはいえませんが、明治の世は、江戸時代からの儒教の影響をほとんど希釈《きしゃく》することなく、「男尊女卑」の空気が濃厚な世の中でした。この空気の濃密さは、旧来の桎梏《しっこく》を排して自由に呼吸しよう、自在に羽ばたこうとした女性にとっては息苦しいものでもあったのです。

あまりにも「当たり前」すぎて、その息苦しさを常としていた大半の女性たちは、社会でも家庭でも男性によって限定された枠内での自由・生き方に甘んじるほかありませんでした。

そうであっても、明治維新というひとつの大きな体制からの転換は、その濃密な息苦しさに楔《くさび》を打ち込んでいました。その打ち込まれた楔によって生じたひびに対して、少なからぬ自立自尊の魂をもった女性たちが挑みつづけ、やがては大きく割ろうとしたのです。

そうした女性たちのなかで、文学を武器に、閉塞した空気をセンセーショナルに切り裂いた

与謝野晶子の生家　「大阪の駿河屋」から暖簾分けしたのが堺駿河屋。晶子は、店番をしながら和歌の投稿をつづけていたという。『住吉・堺名所並ニ豪商案内記』

のが、与謝野晶子《よさのあきこ》でした。

晶子は、その詞藻《しそう》における才能と常人を超越したエネルギーによって、明治から昭和にかけての文壇のみならず、社会においても尋常ならざる足跡を残したのです。

晶子は明治一一年（一八七八）一二月七日、大阪堺で父鳳宗七《ほうそうしち》、母津祢《つね》の間に三女として生まれました。津祢は後妻で、晶子の上の二人の姉は前妻と宗七との間の子です。晶子の戸籍での名前は「志やう」です。幼いころは「しょうとはん」と呼ばれていました。

生家は、「駿河屋」という老舗《しにせ》の菓子屋でした。駿河屋は菓子のなかでも特別に小豆《あずき》を中に練り込んだ蒸《む》し羊羹《ようかん》の「夜の梅」で有名で、明治に入ってからは堂々たる豪商としても名高い店でした。

津祢は晶子の六年前に長男の秀太郎を生んでいます。晶子が生まれるときは男児を期待されていたのですが、女児だったので、次の男児つまり弟が生まれるまでの二年間、津祢の妹の家に預けられています。

晶子が生まれたとき、宗七は失望して一週間ほど家を出たので、津祢は申し訳なさで晶子を妹の家に預けたのでした。

また、前妻の子、晶子の二人の姉に対する津祢の気遣いから、晶子は老舗のいとはんらしい美しい装いはなく、着古しを着せられていたそうです。

父の宗七は、商売は番頭らにまかせて読書や俳句の道で遊ぶ風流人で、堺でも「旦那のなかの旦那」と言われていました。堺というのは、その昔から明《ミン》やポルトガルなどの貿易で栄えた町で、自治都市でもあり、自由で洒脱《しゃだつ》な気風がありましたが、宗七は、そんな空気に合っていたようです。そして、派手好き、西洋好き、時代を先取りした人でもありました。そのため、店も西洋風の丸窓に洋時計を備えていました。

女学校時代の晶子

明治二一年、堺女学校（現在の大阪府立泉陽高校）に入学しました。三歳時に宗七の勧めで尋常小学校に入学していますが、早過ぎて退学しての再入学です。通学のかたわら、漢学塾にも通って、『論語《ろんご》』や『長恨歌《ちょうごんか》』にも親しんでいます。

『長恨歌』は唐の白居易《はくきょい》の長編詩で七言《ごん》一二〇句からなります。七言とは漢字七文字のことです。テーマは、玄宗《げんそう》皇帝と世界三大美人のひとり楊貴妃《ようきひ》とのロマンスから終末までで、日本の『源氏物語』などの文学に影響を与えています。

女学校の主たる科目は裁縫《さいほう》で、晶子は終生、裁縫を好んでいました。このとき、新任の高等師範出身の若い女性教師が言った「女が裁縫さえ上手にすればいいというのは昔風な考えで、世界にはいろいろな国があり知恵の進んだ人が多い。日本もそれに負けていてはならない」という言葉を胸に留めたそうです。

女学校の校則は旧態依然としたもので、衣服は質素であること、持ち物に役者・俳優の名前や肖像・写真を貼《は》らぬことなど、きびしいものがありました。これを不快に感じた晶子は、のちに妹の里子の進学先を両親に頼んで京都にしています。

晶子の成績は中の上でしたが、無類の本の虫で、暇をつくっては読書に没頭する日々でした。幸い、家には読書好きな宗七の蔵書が山のようにあり、『大鏡《おおかがみ》』『源氏物語』『枕草子』『栄華物語』『古今和歌集』『新古今和歌集』など、一二歳くらいでは難解でしたが繰り返し読み返すことによって理解し、韻律《いんりつ》を心に刻みつけています。

これが、大歌人の晶子を生んだ土台、養分となったことは否めません。その昔、子どもたちは『論語』ほかの素読《そどく》をさせられました。幼いときには意味などわかりませんが、反復することで言葉の意味やリズムまで体得し、これが一生の財産となります。

晶子は大正八年（一九一九）刊行の、『晶子歌話《あきこかわ》』のなかで、「身は店の労働に服して忙しく暮らして居る中で、心は源氏物語の貴女にも変身し」と述べているように、幻想の平安の世、平安の女性の世界に親しんでいたのです。

晶子は裁縫が得意だったので、店の小僧（丁稚《でっち》のこと）が着る、「お仕着せ《しきせ》」も縫《ぬ》ってしまいます。それも午前中に一枚、午後に一枚という早業《はやわざ》でした。のちに八人の子どもたち（産んだのは一二人）の服も縫っていますが、ひと晩で片付けるほど手が早かったといいます。

店では接客、帳簿つけ、雇人《やといにん》の菓子づくり、羊羹《ようかん》切り、とあらゆる仕事を引き受けていました。堺女学校を一五歳で卒業、さらに補習科を二年、その後は、遊び人の父、病弱の母の代わりに店の要となって働いています。

両親は晶子に対して、悪い虫がつかないように厳重に管理指導していました。夜には晶子の部屋に鍵をかけるほどで、屋根の上の火の見台に上がることすら許しませんでした。要は男衆の目に極力、触れないようにしたのです。

晶子も意地になって外に出ないようにしています。母は化粧すらさせませんでした。徹底した「箱入り娘」です。年ごろになっても地味な身形《みなり》で化粧っ気もない晶子は、一見、従順な乙女に見えますが、内心の世界では別でした。

あなかしこ楊貴妃のごと斬《き》られむと思ひたちしは十五の少女《おとめ》

の歌にあるような、ませた空想も抱いていたのです。実際の楊貴妃は絞殺《こうさつ》でしたが、晶子の幻想の世界は詞藻とともに広がっていったのでした。

晶子が歌を詠《よ》むようになった動機について、『晶子歌話』に収録されている「私が歌を作り始めた動機」によれば、当時の自分の鬱屈《うつくつ》した思いを表出し、緊張した自分を緩和したくてならず、その手段が芸術的創造であり歌だった、と述べています。

晶子は東京帝国大学に在学していた兄の秀太郎から、『文学界』『めざまし草』『文芸倶楽部』を送ってもらいます。こうした文芸誌にはじめて晶子の歌が載ったのは、明治二八年の秋でした。堺の鳳晶子という名で『文芸倶楽部』に、

露しけき葎《むぐら》か宿の琴の音《ね》に秋を添へたる鈴むしのこゑ

という一首が載っています。

その後、晶子の投稿した歌は、あちこちの文芸誌に掲載されるようになります。この年、晶子は一八歳、世は日清戦争後の好況の時代でした。

晶子、プラトニックな愛を知る

極度の箱入り娘で自分でもそれを励行していた晶子にとって、女性とは貞淑で純潔な存在でした。自分もそうありたい、そうあろうと心がけていたのです。

このとき晶子は、宗七が株に手を出して家業が傾いたのを立て直そうと、必死の思いで働いていました。店の品物の陳列や新製品製作にくふうを凝らし、家業の繁栄につなげています。のちに晶子は貧乏が常という結婚生活を送りますが、このときの店の再建にくらべたらたいしたことはない、と語っていました。兄を東京帝大に、妹を晶子の口添えで京都府立高等女学校に学ばせ、自分ひとり、家業に没頭していたのです。

その晶子が、さまざまな重圧から解放されるときは、文学文芸の世界に身を置くときだけでした。翌明治二九年、晶子は、「堺敷島会」という旧派（昔からの伝統による歌作り）の会に入ります。

次々と歌をつくっていく過程で、旧派の歌作りに疑念が生じました。こんなに古くさく、題材への情熱もなく、季節によって詠む歌の型も定まっている窮屈さを感じたのです。そのため、一年あまりで退会しています。

明治三一年四月一〇日付の『読売新聞』に載った一首が、そんな晶子の歌への思いに火を点《つ》けました。

春あさき道灌山《どうかんやま》の一つ茶屋に餅《もち》くふ書生袴《はかま》つけたり

のちに生涯の伴侶《はんりょ》となる与謝野寛《よさのひろし》（鉄幹《てっかん》）の歌でした。

この歌について、後年、歌にはなっていないが旧来の歌風を破壊する手段として粗朴《そぼく》な写実主義を試みていたのでしょう、これを見て、このように無雑作《むぞうさ》に率直に詠んでよいのなら自分にも歌が詠めそうだと思った、と語っていました。

鉄幹は、従来の歌風を一新して、新しい歌風を立てようと模索していたところでした。のちに明治浪漫《ろうまん》主義と称される歌風を晶子と確立しています。鉄幹の師匠は、国学者で和歌の改良を志した落合直文《おちあいなおぶみ》でした。

鉄幹は和歌の世界に新風を吹き込むべく、明治三二年に新詩社を設立し、重要な役割を担った機関紙の『明星《みょうじょう》』を発刊します。『明星』は明治歌壇・文壇において一世を風靡《ふうび》することになりました。

鉄幹の句を知った晶子は、新しい歌風を探求する「関西（浪華とも）青年文学会」に入会します。鉄幹が新詩社を設立した明治三二年のことでした。会には河井酔茗《かわいすいめい》・河野鉄南《こうのてつなん》もいまし

与謝野寛（1873～1935）歌人。号は鉄幹。のち慶應義塾大学教授。文化学院学監。

た。晶子は、この二人の先輩歌人に対して、情感あふれる手紙を出しています。

河井酔茗は堺生まれで晶子より四歳年上です。鉄幹の友人でもあり、新体詩・口語詩の発展に尽くしました。

酔茗は、老舗の呉服屋「河又」の若主人でしたが、家業に身が入らず、たびたび上京していました。晶子はひとりで出歩くことは許されず、中年の女中をお供にして挨拶《あいさつ》に出向いて酔茗と対面しています。

そのときの晶子の印象を酔茗は、「きっぱりした個性が感受された。（中略）つつましやかな口吻《こうふん》(口ぶり）の底に冒《おか》し難《がた》い自尊心の潜在しているともわかり、これはただの女ではないと思った」と昭和二六年（一九五一）に雑誌に投稿していました。「冒し難い自尊心」とはよく看破《かんぱ》したもので、晶子の行動の規範のひとつが自尊心の堅固さだったのです。

新体詩というのは、それまで漢詩しかなかった世に、西洋の詩を題材に、漢詩と和歌を融合させたものです。主唱者は東京帝大の教授たちで、外山正一《とやままさかず》・井上哲次郎《いのうえてつじろう》・矢田部良吉《やたべりょうきち》たちで、『新体詩抄』を発刊しています。

新体詩が発表されたときは、驚きと嘲笑《ちょうしょう》をもって迎えられていましたが、山田美妙《やまだびみょう》（尾崎紅葉と硯友社《けんゆうしゃ》をつくった著名作家）も新体詩に注目、森鴎外や落合直文も新体詩を土台にした創作を試み、のちには新体詩が当たり前となっています。島崎藤村《しまざきとうそん》もそのひとりでした。

河野鉄南は晶子より四歳年上で、晶子の家から一〇町《ちょう》ばかり離れた所にある覚応寺《かくおうじ》の一人息子でした。美男子で気性もおっとりしていて、会の男たちにからかわれて困惑している晶子に助け舟を出してくれる人でもありました。

これは、あくまで親切心でしたが、晶子は恋心を抱いたのです。「二三日も御返事まち申してもなおなき時は私は死ぬべく候」という物騒《ぶっそう》な手紙まで出していましたが、いつしか恋する自分に恋をするように、自分がヒロインとなった幻想、空想世界で生きていたのです。これが、晶子の日常のストレス発散のカタルシス（浄化）でした。

この間にも晶子は鉄幹の主宰する『明星』に歌を投稿しつづけていました。対して鉄幹は褒めまくっています。これはお世辞ではなく、この人はものになるかもしれないという鉄幹の直感によるものでした。

むろん晶子は喜んでいます。晶子にとって鉄幹は雲の上のような存在であり、歌の世界の師匠以上の存在と仰いでいたからです。以後、晶子は毎月投稿し、『明星』の常連のひとりとなっています。新しい風を吹き込んだ都のスターに認められた喜びだったのでしょう。

晶子と鉄幹

晶子と登美子

もうひとり、女性読者として投稿していたのは山川登美子《やまかわとみこ》で、三年ほど前から雑誌に和歌を送るようになり、関西青年文学会にも入会したのです。鉄幹は登美子にも称賛の便りを送っています。

晶子と登美子が、まだ見ぬ憧れの君の鉄幹とはじめて会うのは、明治三三年（一九〇〇）八月四日のことでした。鉄幹は、新詩社拡大のために堺に来たのです。それを機に晶子は、鉄幹の宿泊している旅館を訪問して会っています。

午前中に登美子、午後に晶子が訪れていたのです。鉄幹は当初の予定を一〇日延ばして八月一九日まで滞在しましたが、晶子とは五度、登美子とは六度、会っています。このとき、三人で多くの歌を詠《よ》み交《か》わしていますが、晶子は、

　　　師とよぶをゆるしたまへな紅させる口にていかで友といはれん

と詠んでいました。自分のことを先生と呼ぶ晶子に、友人でいいではないか、と言ったであろう鉄幹への歌ですが、「紅させる口」というところに晶子の媚態《びたい》がのぞいています。

私は俳句・詩への情熱・情緒を持ち合わせていませんが、今回、晶子を書くにあたり、彼女と鉄幹ほかの夥《おびただ》しい歌を目にして、限定された三一文字《みそひともじ》の中に、よくぞこれだけのイマジネーションの宇宙を展開できるものよ、と改めて日本の文学・文芸の奥深さや、卓越性・ユニークさを痛感するばかりでした。

登美子はひとつ年上の晶子のことを、「お姉さま」と呼んでいますが、晶子とは恋のライバルとはいえ、仲睦《なかむつ》まじくやっています。晶子は鉄幹に剛弓でハートを射抜かれたごとく、以来、鉄幹へ盲目的な情愛をもつことになるのです。

鉄幹は、晶子と登美子を両天秤にかけます。帰京した鉄幹は体調を崩して寝込み、『明星』にもその旨を載せました。すると晶子から、

山川登美子（1879～1909）福井県小浜市出身の歌人。弟は小説家の山川亮。

病みませるうなじに繊《ほそ》きかひな捲《ま》きて熱にかわける御口《みくち》を吸はむ

と、過激な歌が送られてきます。もう完全に晶子は鉄幹への恋の虜《とりこ》になってしまったのです。鉄幹の編集を手伝っている妻の滝野《たきの》（旧姓林。山口県の豪農の娘）にすれば、「この女の人はなんなの？　夫とどういう関係なの？」と疑念を抱えることになっています。

このように晶子、もう燃えまくっていますが、鉄幹もどんどん油を注ぐのです。鉄幹は自分のことを恋多き在原業平《ありわらのなりひら》やバイロンだと自負していますから、妻のほかに何人もの女性を恋人にすることも自分だから許されるのだと信じて疑わない男でした。晶子と登美子の一夫多妻がよいな、とも語っているような男ですから。

京の紅は君にふさわず我が噛《か》みし小指の血をばいざ口にせよ

これも、きわどく過激な歌ですが、こうして歌と手紙によって両者の情熱は高まるいっぽうのなか、同年九月二三日、滝野は男児を出産します。子は萃《あつむ》と名付けられました。

そこで鉄幹は一計を案じます。滝野の父との約束は、自分が養子となって林家を継ぐことでしたが、いまさら実家である山口県の田舎で豪農となる気はさらさらなく、萃を後継者として林家にやればいいであろう、と独りよがりの考えで、一〇月二七日に滝野の実家の山口県に向かいます。

それを聞いた父親は、いまとなって手のひらを返すようなことは承服できぬ、文学者だから、そういう没義道《もぎどう》が許されると思っているなら大きな間違いである、どうしても望むなら離縁してもらうと応じたのです。鉄幹は文壇で名の上がっていたこともあり、楽観視していただけに呆然《ぼうぜん》として、収拾できぬままに帰るしかありませんでした。

粟田山の一夜

このとき、鉄幹は滝野への愛情がまったくなかったのかといえば違います。あったのです。同時に晶子や登美子へも愛情を感じていたのです。鉄幹は、結婚生活を晶子たちともともにうまくやれると疑いませんでした。自分の身勝手さ、破倫《はりん》については少しも考えていないところが、この人のいい加減さです。

山口県からの帰途、大阪で下車して、ここでほかの知人らと会うなかで晶子と登美子とも会って三人で京都に行っています。一一月五日のことです。のちに、「粟田山《あわたやま》の一夜」と称される再会でした。

このとき、登美子には縁談があり、帰郷することになっていました。晶子・登美子・鉄幹の三人は、京都の粟田山麓の旅館で一泊し、夜を徹して語り合います。登美子が若狭に帰って外務省に勤めているエリート外交官の山川駐七郎と仮祝言を挙げたのは一一月末のことでした。晶子は登美子に心から同情しつつも、自分が鉄幹との恋に勝ち残ったことに安堵と喜びを感じますが、結婚後も歌と『明星』への投稿はつづけましょうと、互いに励ましあいます。この点、晶子は本当の姉になった気分で、邪心はありません。

わすれじなわすれたまはじさはいへど常のさびしき道ゆかむ身か

登美子が帰郷に際して数十首も詠んだ歌のひとつですが、鉄幹との別れの寂しさ、鬱屈《うつくつ》が表出されています。

それとなく紅《あか》き花みな友にゆずりそむきて泣きて忘れ草つむ

これは数あるなかでも有名になった登美子の歌です。登美子の心情がなまなましく表れています。

晶子と登美子は粟田山で別れるときに二人で写真館で写真を撮っています。

妻の滝野は、『明星』の編集を手伝っていたので、同誌あての手紙を開封する権利があり、晶子・登美子のことは二人の情熱的な歌と手紙の内容を読み、「夫とはどういう関係なのか」と怪訝《けげん》に感じていました。鉄幹は晶子に滝野とのことを、

石よりつめたき人をかき抱き我世むなしく沈むべきかな

と詠んでいます。

これは、不倫している男が相手の女に、妻は冷たくてね、仲はとっくに冷めてるのさ、と愚《ぐ》痴《ち》って自分の不義を少しでも正当化しようとする卑怯《ひきょう》なレトリックですが、鉄幹の「我は星の子、特別なのだ」という思考を表しています。

明治三四年一月、鉄幹は粟田口に行き、晶子と二人だけの数日をすごしました。ここで二人はプラトニックではなく男女の深い仲となったのです。

『明星』を発行するための費用や生活費は、滝

山川登美子（左）と晶子　明治 33 年

野が実家に無心して仕送りしてもらっているのに、なんと身勝手な男なのか、それでも恋は盲目、晶子には鉄幹は憧れの君、スターでしかありませんでした。

鉄幹には妻がいる、が、そのうち別れるという甘言《かんげん》も口にしています。息子の萃は自分が引き取ることも晶子に伝えていましたが、本心は逆です。萃は林家の後継者にして、自分は滝野と一緒にいて、実家から援助をしてもらう、という腹づもりでした。

同年二月、滝野と同郷の青年が、昨年実家を訪ねた鉄幹に応対した父親のことを滝野に告げます。離縁してくれ、という一件です。

滝野は鉄幹からひと言も聞いていませんでしたが、そういうことだったのかと、憤りを感じます。滝野は、鉄幹が女にルーズなことも生活苦のことも実家には伝えていませんでしたが、それだけに大きな裡切りと感じています。

鉄幹を詰問すると、自分は離縁を承諾したわけではない、君と別れるなど考えたこともない、と弁明しました。滝野は、そこで晶子のことを問い糺《ただ》します。

すると鉄幹は、彼女のことを愛しているが文学者・芸術家同士の愛なのだ、わかってくれ、と臆面《おくめ》もなく言うのです。いやはや、業平もバイロンも呆《あき》れるかもしれません。

滝野はここで、「やれ業平だ、バイロンだ、私はそういう考えについていけません」とはっきり伝えました。ここですぐに離婚、滝野は実家に帰る、となるところですが、それを阻む事件が起こったのです。

文壇照魔鏡事件

明治三四年三月、「文壇照魔鏡《しょうまきょう》　第一　与謝野鉄幹」というタイトルの小冊子が発行されました。本文一二八ページで、序文に、この会は有力なる探偵二十余名を持つとあり、仰々《ぎょうぎょう》しい文句を並べていました。

照魔鏡とは、魔の本性や隠れた本体を映し出す鏡のことです。「あえて文壇と社会の諸氏に問う、あえて与謝野鉄幹に問う」として、「鉄幹は妻を売れり」「鉄幹は処女を狂せしめたり」以下、「鉄幹は」として、強盗を働けり、強盗放火の大罪を犯せり、食い逃げに巧妙なり、『明星』を舞台にして天下の青年を欺罔《ぎもう》せり、と鉄幹を糾弾したのです。

鉄幹の名声を妬《ねた》んだ怪文書の類でしたが、少なくとも女性に関する部分はまったくの虚偽ではなく、首肯《しゅこう》できるものでした。鉄幹は、晶子・登美子以外にも何人かの女流歌人に似たようなことをしています。

鉄幹は相手にしないつもりでしたが、『毎日新聞』『万朝報《よろずちょうほう》』『日本新聞』など大手新聞にもこの件をとりあげられ、これは事実であるという流れで報じられてしまったのです。『万朝報』『日本新聞』は発行部数も多く、鉄幹の名声は一気に地に落ちてしまいました。

新詩社で同志だった大町桂月《おおまちけいげつ》は、『太陽』（日本初の総合雑誌）誌上で、見過ごすべきに非ずと提案しています。この時点の桂月は、鉄幹の「詩才を愛する者」と断りながらも、文壇を廓《かく》清《せい》せんとの同誌の宣言には肯定的な意見表明をしていました。

鉄幹の油断もあり、この事件は新詩社の賛同者、鉄幹を師と仰ぐ者、『明星』の読者を大きく減らすことになったのです。鉄幹は誹毀《ひき》（いまなら名誉毀損）で訴訟に持ち込みましたが、証拠不十分で却下されています。

多くの研究では、この事件の犯人は、前年に『明星』の表紙に裸体画を描いて発禁になった折に、装画師の一条成美《いちじょうせいび》と鉄幹が仲違いして一条が鉄幹の生活の一部始終を洩《も》らしたとされています。

鉄幹、さすがに落ち込みますが、評論家の木村鷹太郎《たかたろう》（のちに鉄幹と晶子の結婚の媒酌人になる）は、「バイロンが弱くなったらいかんよ。大いにやるべし、やるべし」と励ましていました。

他方、晶子のほうは、この年の二月に滝野から手紙をもらったようで、三月に返事を出していました。その内容は、己《おのれ》の歌を売るために奇矯《ききょう》に詠み、それで鉄幹様にあらぬ疑いをかけた自分は罪の子、今後は、穏当な歌のみ送るのでお許しください、というものでした。

そして、晶子は、その月の『明星』に、

いさめますか道ときますかさとしますか宿世《すくせ》のよそに血を召しませな

を投稿しています。愛しているのに、諌《いさ》めたり、道徳を説いて私の恋を思いとどまらせようとする、そんなことはどうでもいい、さあ、私の血を吸ってください、という意味で、「血を召しませな」は、肉体関係への誘いであり、時代を鑑みれば、おそろしく大胆であり、これは挑発でもありました。

恋は盲目といいますが、このときの晶子は前方しか見えない遮眼帯《しゃがんたい》をつけて、何があるかわからない、ひょっとすると崖かもしれないのにひたすら前に前に走る馬のようでした。

その熱意が天に通じたのか、滝野は子どもを連れて実家に帰り、晶子は「愛する君」のいる東京に出てきます。堺の実家からは突如、出奔したかたちでです。

家には滝野に仕えていた老女中がいて、滝野に、「奥様を送って新橋駅に行かれた旦那様は、その日、髪をふり乱した、その髪の間から眼が光っている、一見、おばけのような女を、物好きにもつれてこられた」と書き送っています。

大歌人、与謝野晶子の誕生

鉄幹と同居生活

「おばけのような女」という晶子に対する女中の表現は、偏向したものではありません。晶子が登美子の家を訪問した際、姉のいよは、「髪を乱した見るからにヒステリーじみた女友達」とみていましたが、ヒステリーは晶子本人も認めていることでした。

晶子と登美子の二人で撮った写真を見ても、晶子にはその印象があります。私も晶子の写真をはじめて見たとき、「この人は相当に癇《かん》の強い人だ」と感じましたが、晶子の写真のなかでの眼は尋常ではないものを感じさせるのです。

他方、滝野はのちに詩人の正富汪洋《まさとみおうよう》と結婚していますが、正富の著書『明治の青春』によれば、滝野は「山火事のような狂熱が嫌いで（中略）、山上の湖とでもいうような境地を好みます」という性格でした。髪の乱れも嫌って、いつもきっちりと結《ゆ》っている人で、料理好きの家庭的な人です。

こうして晶子は、待ち望んだ「星の人」鉄幹との生活に入ります。「この里に迎えられたのは夏のはじめ、野は美しく青く輝いていた」と、のちに『明星』に投稿したほど、晶子には嬉しかったのです。

家に来てわかったことは、貧しいことでした。以来、晶子の生涯は貧しさとの戦い、自転車操業、それも、「こいで、こいで、こぎまくらないと止まって倒れてしまう」ほど極度の自転車操業の日々となります。

鉄幹、この期《ご》に及んでも、滝野へ、恋しい、君がいないと淋しい、結婚しないでくれ、と手紙や葉書を出していました。ついでに金の無心までして、滝野も、「捨て金と知っている」のに送ってやるのです。それは、なんであれ萃の父親だからという理由からでした。

鉄幹と同居して晶子は幸せだったかというと、そうも言えません。なぜなら鉄幹は滝野に未練たらたらでしたし、加えて三度に一度は「金送れ」と書き、さらには『明星』に投稿している増田《ますだ》雅子《まさこ》や玉野花子にも恋文じみた手紙を送っていたからです。

照魔鏡事件で読者と支援者を激減させ、高かった評価も低落、妻には家を出られた鉄幹、弱り目にたたり目ですが、目の前には恋の火の玉となった晶子がいます。そうして、事態は急変するのです。

鉄幹は、この苦しいなかでも、自身の第三詩集『鉄幹子』を刊行していますが、心の内では、起死回生の作品を世に送ってやるという野望の炎が燃え盛っていたのでした。

『みだれ髪』の刊行

そうして明治三四年八月一五日に刊行されたのが、金字塔として歴史に燦然《さんぜん》と輝くことになった、『みだれ髪』でした。

白馬会の新進洋画家藤島武二《ふじしまたけじ》による表紙は、豊かな乱れ髪に包まれた女性の顔をハートの中に置き、その左上から矢が刺さって三輪の花を散らすという、斬新かつ挑発的でモダンなものになっています。

本文一三八ページで一ページに三首、計三九九首の晶子の歌が収録されています。そこには、皆さんもご存知の、

やは肌のあつき血汐にふれも見でさびしからずや道を説く君

もありました。

初出が前年一〇月の『明星』だったこの歌には、多くの解釈がありますが、当時の晶子の心情に近いものとしては、これほどまでに慕っているのに妻子がいるからと諦めさせようとなさ

る、そうして私の柔肌の下に脈うつ情熱的な血潮に触れようともせず、寂しくはならないのですかという、時代を考えるとはげしすぎるくらいの一首でした。ほかにも、

乳ぶさおさへ神秘《しんぴ》のとばりそとけりぬここなる花の紅《くれない》ぞ濃き

という往時の性愛の規範を大きく突き破った歌もあり、『みだれ髪』は世間に一大センセーションを起こしたのです。

『みだれ髪』　明治34年8月15日、東京新詩社と伊藤文友館の共版として発表された。装丁は藤島武二。

樋口一葉（1872～96）中島歌子に和歌や古典文学を、半井桃水に小説を学んだ。明治28年

詩人や批評家の間でも、時代を突き抜けた斬新な歌だ、いや、なんとみだらで不道徳な歌だ、という声が渦巻き、大ベストセラー、時世を騒然とさせた一冊となりました。

彗星のごとく現れた超弩級《ちょうどきゅう》の女流歌人として鳳晶子の名前が知れ渡ったのでした。

それまでに名を知られていた女流歌人といえば、桂園派《けいえんは》の税所敦子《さいしょあつこ》、樋口一葉《ひぐちいちよう》の和歌の師の中島歌子《なかじまうたこ》であり、どちらも旧来の歌風です。そうしたところに新詩社の新派の晶子が登場したのです。

『みだれ髪』には、「臙脂紫《えんじむらさき》」「黒髪」「うなじ」「血潮」「やは肌」「乳ぶさ」「小指」「わかき唇」「もゆる口」「ひと夜妻」「湯あがり」など、衝撃的な言葉が自在に使われ、タブーだった「大胆な恋愛」を高らかに歌いあげる青春真っ只中の女が生き生きと描かれ、文学を超えた社会的現象となったのです。

世間は驚いたでしょうが、鉄幹の「どんなもんだ。世間の諸氏よ、見たか、これが新しい詩なのだ！」という得意顔が浮かびます。この大胆な恋の歌、恋心の表出と対比されるのが、樋口一葉の、師の半井桃水《なからいとうすい》への秘めた恋、忍ぶ恋です。

諸研究によれば、晶子という人は自己の肉体へのうぬぼれが強く、中年期に及んでも、自分の体と髪の美しさを誇ったそうです。また、自己崇拝・自己陶酔は肉体以上に才能や精神に及んでいたと報告されていますが、芸術家とは、それくらいでないと独自性を維持できないのでしょう。

こうして一大センセーションとなった、『みだれ髪』、現在なら巨額印税で左団扇《ひだりうちわ》、メディアに引っ張りだこで、すぐ次の作品をとなるのでしょうが、経済的には大きな利益にまではならず、鉄幹との貧乏暮らしがつづきました。

鉄幹は、滝野のこと、出版事業の財政上のこと、文壇照魔鏡事件のことなど、晶子にその苦しさを愚痴るのですが、晶子は、

悔いますなおさへし袖《そで》に折れし剣《つるぎ》つひの理想《おもい》の花に刺《とげ》あらじ

後悔してはなりません、私は紫の袖であなたの剣を押さえ、折ってしまいましたが、私たちの理想は立派なものであり、新しい道を迷うことなく堂々と生きていきましょう、危ないことなどありません、とはげましています。

晶子の試練

明治三五年一月一三日、晶子は晴れて鉄幹と入籍し、与謝野晶子となりました。結婚につき、長兄の秀太郎は大反対ののち、晶子と縁を断っています。秀太郎は、後年、東京帝国大学の工学系の教授として電気工学界の重鎮となりましたが、親の葬儀の際も、自分の前では晶子が遺体に近付くことを許しませんでした。

その年一〇月には長男の光《ひかり》が生まれています。名付け親は、晶子の歌を高く評価していた詩人の上田敏《うえだびん》です。愛する人と一緒になり子までなした晶子、幸福感にあふれているはずでしたが、現実は簡単ではありません。

晶子は貧しさゆえ、夏冬、各一枚ずつしか着物もないほどの暮らしに加え、大きな試練が訪れたのです。

結婚のために泣く泣く鉄幹と離れることになった山川登美子が、夫の死去により上京したのです。目的は日本女子大学に入学するためで、女として自活する手段として教職の道を目指したからでした。

明治三七年の春のことで、鉄幹が滝野にこの大学への進学を勧めていたことから、登美子へも同じように手紙を送ったとされています。日本女子大学には、『明星』の投稿者の増田雅子も国文科に在学していて、翌明治三八年元旦の、晶子・登美子・雅子の三人で『恋衣』の出版につながりました。

同年、鉄幹は不便という理由で引っ越しをしますが、これは登美子と会うためでした。そうして外泊が増えたのです。『明星』の明治三九年八月号には、「ふたなさけ」という鉄幹の歌が載っていますが、これは晶子と登美子への愛は、どちらも偽りではないという意味の込められた歌で、またまた世間の不評を買ったのでした。

他方、登美子の鉄幹への思いは、往年の晶子を思わせるほど情熱的になっています。

狂ふ子に狂へる馬の綱あたへ狂へる人に鞭《むち》とらしめぬ

狂う子は登美子、狂える人は鉄幹です。晶子は、以前は登美子を妹と思っていましたが、こんな歌を詠まれては穏やかではありません。

恋ひぬべき人をわすれて相《あい》よりぬその不《ふ》覚者《かくもの》この不覚者

を詠みました。未亡人になってから鉄幹と会うなんて、なんと情けない人でしょうか、という意味です。それでも鉄幹は登美子との関係をつづけましたが、登美子は明治四二年四月一五日、肺結核で早逝しました。

おつとせい氷に眠るさいはひを我も今知るおもしろきかな

という歌とともに短い生涯を閉じたのでした。

反戦歌か、否か

『みだれ髪』の大成功で、『明星』は、すっかり晶子のものと化していました。それに反比例して鉄幹の名声は落日の太陽のごとくで、明治三八年四月号以後、新しい歌風をということもあり、鉄幹の号を捨て本名の寛を名乗るようになります。

この年、晶子は日露戦争について、これまた有名な、「君死にたまふこと勿《なか》れ」を発表し、世間を騒然とさせています。二年前に父の宗七が亡くなり弟が店を継いでいましたが、戦争に駆り出され、乃木大将指揮の第三軍の兵として出征していたのです。

すべて現代かな遣いに直して紹介します。

ああ、おとうとよ、君を泣く、君死にたまうことなかれ、
末に生まれし君なれば、親のなさけはまさりしも、親は刃《やいば》をにぎらせて、人を殺せとおしえしや
（中略）
堺の街のあきびとの、旧家を誇るあるじにて、親の名を継ぐ君なれば、君死にたまうことなかれ（この「あきびと」という語にも批判が起こっています。商人は特別なのか、と）
（中略）
すめらみことは戦いに　おおみずからは出でまさね、（略）

実際はもっと長いのですが、論争になった部分のみを掲示しました。初出は、『明星』明治三七年九月号です。乃木大将の第三軍が、旅順《りよじゅん》攻略で苦境にあるときでした。この歌の土台は、トルストイが前年にイギリスの『タイムズ』に寄稿した非戦論の、「なんじ悔い改めよ」でした。日本では幸徳秋水《こうとくしゅうすい》と堺利彦《さかいとしひこ》が訳して、『平民新聞』にて発表しています。それを晶子が読んで、モチーフとなったと言われています。

この歌に対して、大町桂月が総合誌『太陽』一〇月号で、国家観念を蔑《ないがし》ろにしたる危険思想と憤りの論稿を発表しています。また世間では、天皇陛下に対しても不敬であるという声が

轟々《ごうごう》とあがり、晶子は、『明星』一一月号で弁解のための「ひらきぶみ」を発表し、苦しい言い訳をしています。

後年、晶子は、この歌についてみずから語ることを避けていたとのことでした。河井酔茗の夫人となった島本久恵が、本人から聞いたと叙述しています。

母性優先か、女性の自立か

次に社会的に注目を浴びたのは、『青踏《せいとう》』の平塚らいてうとの論争です。

『青踏』は、「女性のための思想、文芸、修養の機関」として、「女流文学の天才を生む」ことを目的に発刊された雑誌でした。

青踏とは、イギリスのロンドンで上流階級の女性が男性と論じ合うときに、青い靴下をはいていたことにちなんで命名されました。ブルーストッキング、というのが原語です。

日本女子大学出身の五人の女性たちが、女性だけの文芸雑誌を発刊しよう、という文芸家の生田長江《いくたちょうこう》の勧めによって刊行したのでした。

中心になっていたらいてうにとって、晶子は生田がつくった女流文学者育成を目的とした「閨秀文学会《けいしゅう》」の文学講座での詩文の師にもあたる人で、創刊時、晶子は、「山の動く日」という、これまた歴史に残った詩を寄稿し、創刊号の冒頭に掲載しています。

「山の動く日きたる」からはじまり、「すべて眠りし女、今ぞ目覚めて動くなる」で結ばれた詩は、女性たちよ、目覚めよ！　と高らかに詠んでいる詩でした。

このように晶子は、らいてうや『青踏』に対しては好意的にスタートしましたが、『青踏』の主張には過激すぎるものや、編集に携わる女性たちの不品行、らいてうが抜けて伊《い》藤野《とうの》枝《え》に代わると、批判的な面ももつようになっています。

晶子自身は、詩歌にとどまらず、小説や評論、はたまた社会時評にと、現代風に表現するなら、「マルチ」に活躍する大御所のような存在になっていました。

明治四一年一一月に、鉄幹の『明星』が財政事情のため第一〇〇号を最後に廃刊、翌年、『すばる』創刊にかかわりますが満足せず、鉄幹は晶子と『トキハギ』を発刊しています。同時に両人は自宅で文学講演会をはじめ、入

平塚らいてう（1886～1971）思想家、評論家、作家、フェミニスト、女性解放運動家。

生田長江（1882～1936）評論家、翻訳家、劇作家、小説家。写真は明治36年ごろ。

門料と聴講料を徴収していました。生活苦は相変わらずで、当時の印税・原稿料の低さがうかがえて気の毒でもあります。

ともあれ、晶子は希少な女性のオピニオンリーダーとして、メディア・世間に認知されるような存在になっていたのです。同時に鉄幹は居場所のない立場になり、時には、「どうせ、俺は妻のおかげで、なんとかやっているのさ」という、この人らしからぬ自嘲《じちょう》もみられ、晶子は気を遣っていました。

山川菊栄（1890 ～ 1980）婦人問題研究家。労働省初代婦人少年局長。昭和３年ごろ。

そうして大正五年（一九一六）、らいてうとの、「母性保護」に関する論争がはじまったのです。らいてうは、ヨーロッパの母性保護推進者のエレン・ケイの主張に賛同して「妻、母という立場は大変なので、国家は、もっと保護するべきだ」と主張しました。

これに対して晶子は、「日本の女には、男と平等であることを自覚させることが急務、結婚・出産にあたって男と同じく自活できる経済力をもつことが重要で、はじめから国家を頼るべきではない」という主張でした。

このとき、らいてうは結婚して二人の子を育てていましたが、家も親に買ってもらい、経済力のない夫との生活費も親に頼るような暮らしでした。

対する晶子は、この年にも出産して、五男五女の母として、文筆家・評論家として生活していたのです。

中年以降には女中を置いていましたが、あれだけの執筆と出産・育児をこなすスーパーマダムでした。晶子は、「恋愛は大いにしなさい。ただし、女といえども自立できる経済力をもってからです」とも唱えています。

論争は、これも閨秀文学会で晶子の教え子だった山川菊栄が参加して、二人の主張を止揚するみごとな論法で収拾しています。大正の世にあって、女性も経済力をもて、という晶子の主張は、大半の女性にとってむずかしい要求水準でした。

晶子は、大正五年に刊行した評論集『人及び女として』のなかで、「日本の女もまた真実に思想し、真実に発言し、真実に行為することを許さるべき時機に達している」と述べているだけに、「自立」「自助」がモットーでした。

晶子の心の内は、らいてうに対し、「親抱えなのに、たった二人の子育てで音《ね》をあげるなんてだらしない。あなたも女性の目覚めについて声高に叫んでいたひとりなら、それくらいは乗り越えなさい。私なんかどうするのさ、悩める夫と一〇人の子の面倒をみてるのよ！」です。

名実ともに良き夫婦に

夫婦でパリを逍遥

当時の晶子の一日を見ると、午前六時半に起床、上の二人の子を学校に送り出し、下の娘たちにリボンを結んでやり、書斎に入って煙草《たばこ》を二、三本吸ったあと仕事にかかり、四、五枚書いたところで鉄幹が起きてきます。

早朝に仕事をはじめるのは、鉄幹の朝ののどかな気分を害したくないからでした。晶子は、どこまでも夫に気配りする妻でいたのです。晶子は、批評家が自分を称賛し鉄幹を批判すること、訪問客も自分のほうがずっと多いことを、気にかけています。

晶子にとって鉄幹はつねに師でした。その師のためにみずからを励まして大車輪で仕事をしたのです。それでも鉄幹の社会的評価は低下する一方で、「地におちて大学入らず聖書読まず世ゆえ恋ゆえうらぶれし男」という自嘲の歌まで詠む鉄幹でした。

晶子は、この夫をどうしたらよいのか脳漿《のうしょう》を絞った結果、ヨーロッパに留学させようとしました。本人も乗り気ですが、先立つものがありません。そこで晶子は、自分の歌を一〇〇首も書いた屏風《びょうぶ》を売ろうと企画します。

一〇〇首も書くのはたいへんに骨の折れることで、それをいくつもつくろうというのです。並の精神ではできませんが、愛情はいささかも衰えていなかったのでした。

思いに反して屏風の予約は少なく、鉄幹は知人から借金したほか、森鷗外の斡旋《あっせん》で、晶子が原稿を書くということで借金をして花の都パリに行きます。明治四四年一一月のことでした。

鉄幹は現地から、「巴里《パリ》だより」を送ってきています。この見送りにも、晶子は別れが辛く、横浜で見送るつもりが、神戸まで同行していました。これで鉄幹が元気になり、文学的にも新境地が開ければ、という期待が膨《ふく》らんでいたのです。

なんと健気《けなげ》な妻でしょうか。晶子は女性の自立、権利の向上を謳《うた》っていましたが、家庭では徹底して鉄幹を立てる良妻賢母、日本型の妻だったのです。

鉄幹はパリから、晶子にも来いと手紙を出しました。鉄幹がいなくなってから意気消沈していた晶子は、子どもたちのこともあり迷いますが、行くことにします。鉄幹の妹が、子どもたちの面倒をみることになりましたが、このとき、九歳の長男をかしらに一歳まで七人いたのです。それでも鉄幹が渡航したあと、

君こひし寝てもさめてもくろ髪を梳《す》きても筆の柄《え》をながめても

と詠むほどに鉄幹のことを恋慕していた晶子は、旅立ったのです。

明治四五年五月五日、晶子は出発し、五月一九日、パリに着きました。パリでは、「ああ五月仏蘭西の野は火の色す君も雛罌粟《コクリコ》われも雛罌粟」を詠んでいます。

フランスの『ル・ミロアル』誌には、「いま、パリに日本最大の女流詩人が来ている」と報じられましたが、誇張ではないでしょう。記事には、晶子が単なる女流詩人ではなく、婦人たちの先頭に立っている女権拡張者と書いてありました。

パリではロダンとも会見し、帰国後、生まれた男児にオーギュストと命名しています。これはロダンが、私の名を付けよ、と語ったからです。こうして海外でも時の人となった晶子ですが、子どもたちのことが気にかかり、妊娠もわかったので先にひとりで帰国しています。

同年一〇月末（この年、大正元年と改元されました）に帰国し、従前通り、さまざまな仕事を引き受け、「貧乏の自転車操業」をつづけました。鉄幹は翌大正二年一月に帰国しますが、日本では相変わらずパッとせず、師の森鷗外を頼って慶応義塾大学の教授になろうとしましたが、慶応から断られています。

次は大正四年二月の衆議院選挙に京都から立候補しますが、わずか九九票という惨敗でした。

このとき、選挙運動を軽蔑《けいべつ》していた晶子は、夫のために涙をのんで協力しています。以来、晶子は政治家を嫌うようになりました。選挙で裏側の汚さを知ったからです。なので、落選して汚い世界で生きなくてよかったと喜んでいました。

妻はメディアと文壇の巨星、それなのに自分は、いまや「星の子」ではなく「星くず」に落ちぶれたと自覚する鉄幹、時には家を出てしまいます。晶子は一方的に詫び、知人・友人を動員して家に帰ってきてもらうのです。

与謝野晶子夫妻

ちなみにこの当時、晶子の一か月に生産する原稿は二〇〇～三〇〇枚ですが、このころの日本の印税は知れたもので一冊刊行して約一〇〇円、現在価値にすると五〇～六〇万円で、これは一か月の晶子の家の生活費と同じくらいでしかありません。

大正七年には、新設の東京女子大学から講師の誘いがきますが、鉄幹に気がねしたのと多忙のために断っています。晶子は、どこまでも鉄幹の「妻」が優先なのです。

翌年、待望の慶応義塾大学教授のポストが鉄幹に与えられました。じつはこれ、晶子に森鷗外から声がかかったのを、晶子が、なんとか頼みます、と鉄幹に代えてもらったのでした。鷗外は樋口一葉を高く評価したのと同じく、晶子を女流の第一人者と絶賛していた人です。

同年、晶子は四一歳で六女の藤子を生んでいます。このころから、結婚後、はじめての経済的安定が訪れました。

以降、晶子は詩歌集や評論の書を発刊、新聞をはじめとするメディア界の女流のドンとして多方面で活躍するのです。とくに女権拡張、女性の自立には熱を込めていました。

晶子にとっての女性とは、「マイナスの符号のついた個人」であり、「女は独立自治の個人に帰らねばならぬ」身なのでした。

そのほかにも、「愛せない人は人生を断片的に生きるにすぎない」「女子が自活しうるだけの職業的技能をもつということは、女子の人格の独立と自由とをみずから保証する第一の基礎である」など主張しています。

晩年の晶子

大正一〇年四月、文化学院学監となり、若者の教育にも熱を注いでいます。このとき、鉄幹は同学院の本科長になりました。

晶子のモットーは、「自由と個性」です。学生には、歌に上達しようと思うなら恋愛をしなさい、と語り、女学生には、男子と同等に社会的義務を負担できる能力をもつこと、男子に頼るだけの女子にその資格はありません、と釘《くぎ》を刺しています。

この年、鉄幹の念願だった『明星』が復刊されました。夫妻への報酬も良く、昭和二年（一九二七）にははじめて家を新築しています。鉄幹も、このときから亡くなるまで、晶子に優しく接するようになりました。

晶子は、夫は才能があるのだから自分のように馬車馬のようには働かせたくない、と考えていました。昭和一〇年三月、その鉄幹が逝去します。

その柩《ひつぎ》の中に子どもたちが筆・原稿用紙・硯《すずり》などを入れるのを見て、

　筆硯煙草を子等は棺に入る名のりがたかり我れを愛《め》できと

と詠み、あの世でパパがなによりも傍に置きたいのは、この私なのよ、という心を表しています。なんとみごとな妻の愛でしょうか。

それに対して、晩年の鉄幹も意地プライドを捨てて晶子に感謝と情愛を直接的に示しています。昭和八年、西那須温泉の旅館「山楽」で晶子が狭心症の発作《ほっさ》で倒れた際、鉄幹は動転し、

東京に引き上げましたが、半月後にもふたたび発作が襲ってくる晶子のことが気が気でなりません。そうして、

一切を身より放てる我なれどただ抱けるは妻の真心
妻病めば我かわらんと思うこと彼女も知らぬ心なりけれ

と詠み、ほかにも、

人の屑われ代わり得ば今死なむ天の才なる妻の命に

と詠んでいたのです。晶子は周りの人が、あまりの貧しさに見かねて、鉄幹にもしっかり働いてもらいなさい、と言うたびに、「あの人は詩人です、あの人の詩の才を想うとなにもかも一切忘れて、あの人を尊敬したくなります」と応えるのでした。

鉄幹にしても満六〇歳の祝賀の短歌集発刊への感謝の言葉の終わりに、

ああ、晶子よ、君こそは現代の極東における天成の叙情詩人なれ。

君の歌に触れて開眼せられ、君の創作の神輿によって激励せらしこと無量なり。
絶大なる感謝を君に捧ぐ。

と述べていたのです。ああ、鉄幹、いい男になりました。それに対して晶子は、感無量だったことでしょう。

晶子の人生の後半、日本は日中戦争を皮切りに、戦時態勢となりますが、その際に晶子は、

ああ大御代《おおみよ》の凛々《りり》しさよ、人の心は目ざめたり
責任感に燃ゆる世ぞ、「誠」一つ励む世ぞ
空疎の議論こえを絶ち、妥協、惰弱《だじやく》の夢破る（以下、略）

という詩を、『日本国民』に発表しています。

以後、『新訳源氏物語』を昭和一四年に完成させて発刊しました。足掛け三〇年にわたる畢生《ひっせい》の大作です。ほとんどできあがっていた原稿が、関東大震災で焼失してから一六年目の秋でした。

昭和一五年五月、脳溢血で倒れてから左半身不随となりますが、なんとか右手で書いていま

す。そうして米英と開戦となった翌昭和一七年五月二九日、狭心症の発作から尿毒症を併発し、最愛の鉄幹の待つ黄泉の客となりました。

満六三年と六か月の、まことに濃密で燃えつづける火の玉のような生涯でした。戒名は、「白桜院鳳翔晶耀大姉」です。

晶子の門下生のひとり近江満子は、

師よ見ませ手鏡とりてまいらせんおん死の相のこのうるわしさ

と死相の美しさを涙ながらに詠んでいます。メディアは一斉に、この巨人の死を報じました。

晶子という人は、己に忠実な人でした。歌も鉄幹流ではなく自分の心にしたがってつくっています。自分がこうと決めたら、周りや外の状態に関係なく、自分の意志を貫きます。

私は晶子の一生を知ったとき、遠き過去に読んで感銘を受けた、スタンダールの『パルムの僧院』でのサン・セベリーナ公爵夫人を想起しました。

彼女は自身が決めたことについて悔いることを、「なんたる自己への侮辱《ぶじょく》か！」というような、覚悟ある高貴な淑女でしたが、晶子にも同じ高貴さ、覚悟の深さを感じます。

与謝野晶子に会いたい

南海線堺駅前の銅像

与謝野公園　与謝野夫妻が晩年を過ごした家があった場所。昭和 57 年開園、平成 24 年 4 月に再整備した際「与謝野公園」と改称された。園内には、二人が詠んだ歌碑などがある。東京都杉並区

晶子の歌碑　夫妻が昭和 6 年 6 月 6 日、函館に来遊したときの歌から選んだもので、昭和 32 年 8 月 15 日に建立された。北海道函館市、立待岬

おわりに

志と気骨のある彼ら、彼女らの生き方、いかが感じられたでしょうか。

現代においても、世間の眼や風が人びとの言動や思いに対しての桎梏《しっこく》となっていることは否めませんが、本書の人物たちが生きた時世は、はるかにそれが強い時代でした。

男でさえそれが強かったのですから、女性にとっては全身を鉄鎖《てつさ》で縛られるような世の中だったでしょう。

その状況下で、彼ら、彼女らは己《おのれ》と闘い、己を励まし、世の中の旧習や偏見、封建制の名残《なごり》とも戦ったのです。

桐野・山岡・田中・山室のように、ただひたすらに無私無欲に生きる、あるいは、国家や社会的弱者のために生きる精神には敬服するばかりです。

従来の制度の壁を突き崩して女医への道を切り開いた荻野、その道を大きく広げた吉岡、同じく女子教育と女性の地位向上のために献身的に尽力した下田、福田の処世も、不自由な時代の空気に負けないみごとなものでした。

芸術の世界では、与謝野・川上が旧来の常識を突き破る自分流の風を吹かせました。両人ともに、既成勢力の枠を破って新しい流れをつくっています。

志半ばで冥府《めいふ》に赴くことになってしまった川上ではあるものの、新派劇は紆《う》余曲折《よきよくせつ》を経て現代の世にも継承されていますし、与謝野の残した業績はいま以上に評価されるべきだと感じています。

こうした人物たちの来し方を鑑みるとき、私たち人間は、決して志なく日々安逸にすごす存在ではないのだ、と思わざるを得ません。

人には、それぞれ、「自分にしかなり得ないなにものかになる」権利と自由、そして使命があるのだとしか考えられないのです。

ちょっと努力すればできてしまう目標や志しか抱けないというのは、生きる上での大きな不幸・災いではないでしょうか。

たとえ、それが前述の人物たちのように遠大な、あるいは前例のない目標・志でなくても、私たちは日々、どのように生きるのか、自分を活《い》かすとはどのようなことか、問われているように感じます。

本書をお読みになって、みずからの来し方を省察《せいさつ》し、新たな思いで己を鼓吹《こすい》、激励する契機となりましたら、書き手として大きな喜びです。

人生は一回性のものゆえ、自分への背信あるいは侮辱することなく、驥足《きそく》を伸ばしてほしい、と衷心から願って筆を擱《お》きます。

今回は、最後までお付き合いくださり、ありがとうございました。

なお、最後になりますが、今回の出版のため原稿のデータ化や連絡などでご協力くださった皆さんに、心より感謝いたします。ありがとうございました。

二〇二四年一〇月吉日

美達　大和

参考文献

本書を成すにあたり、以下の書籍ほかを参考にさせていただきました。記して感謝の意を表します。なお、参考文献は刊行年順に並べました。

●全体に関するもの
帯刀貞代『日本の婦人』岩波新書、１９５７
島本久恵『明治の女性たち』みすず書房、１９６８
竹西寛子『人と軌跡』中央公論社、１９７０
水田珠枝『女性解放思想の歩み』岩波新書、１９７３
山川菊栄『女性解放へ』日本婦人会議中央本部出版部、１９７７
岩崎爾郎『物価の世相１００年』読売新聞社、１９８２
五味百合子『社会事業に生きた女性たち』ドメス出版、１９８３
中村彰彦『明治を駆けぬけた女たち』ダイナミックセラーズ、１９９４
森まゆみ『明治快女伝』文春文庫、２０００
榊原千鶴『烈女伝』三弥井書店、２０１４
植松三十里『時代を生きた女たち』新人物文庫、２０１４

●山岡鉄舟
勝部真長『山岡鉄舟の武士道』角川ソフィア文庫、１９９９
高野澄『山岡鉄舟　剣禅話』タチバナ教養文庫、２００３
大森曹玄　禅ライブラリー『山岡鉄舟』春秋社、２０１７
小島英記『山岡鉄舟　決定版』日本経済新聞社、２０１８

●桐野利秋
新人物往来社・編『桐野利秋のすべて』新人物往来社、１９９６
三好徹『桐野利秋』上下　学陽書房、１９９８
栗原智久『史伝　桐野利秋』学研Ｍ文庫、Gakken、２００２
桐野作人『薩摩の密偵桐野利秋』（ＮＨＫ出版新書）２０１８

●田中正造
林竹二『田中正造の生涯』講談社現代新書、１９７６
理崎　啓『辛酸佳境』哲山堂、２０１３
小松裕『田中正造』岩波現代文庫、２０１３
三浦顕一郎『田中正造と足尾鉱毒問題』有志舎、２０１７

●福田英子
福田英子『妾の半生涯』岩波文庫、１９５８
絲屋寿雄『女性解放の先駆者たち—中島俊子と福田英子』清水書院、１９７５
村田静子『福田英子　婦人解放運動の先駆者』岩波新書、１９９６

●下田歌子
林真理子『ミカドの淑女』新潮社、１９９０
南條範夫『妖傑下田歌子』講談社、１９９４
山本博雄『妖婦下田歌子』風媒社、１９９９

●山室機恵子
山室武甫『機恵子』玉川大学出版部、１９６５
山室軍平『山室機恵子伝』大空社復刻版、１９８９
春山みつ子『山室機恵子』大空社、１９９９

●荻野吟子
奈良原春作『荻野吟子　実録・日本の女医一号』図書刊行会、１９８４
加藤純子『荻野吟子　日本で初めての女性医師』あかね書房、２０１６

●吉岡弥生
竹内茂代『吉岡弥生先生と私』金剛出版、１９６６
神崎清『吉岡弥生伝』大空社、１９８９
酒井シヅ『愛と至誠に生きる女医　吉岡弥生の手紙』エヌ・ティ・ティ出版、２００５

●川上音二郎
山口玲子『女優貞奴』新潮社、１９８２
『自伝音二郎・貞奴』三一書房、１９８４
井上理恵『川上音二郎と貞奴』社会評論社、２０１５
井上理恵『川上音二郎と貞奴Ⅱ』社会評論社、２０１６

●与謝野晶子
山本千恵『山の動く日来たる』大月書店、１９８６
西尾能仁『晶子・登美子・明治の新しい女：愛と文学』有斐閣、１９８６
赤塚行雄『与謝野晶子研究』学芸書林、１９９０
桂木寛子『与謝野晶子』ぎょうせい、１９９６

✣ 著者紹介

1959年生まれの無期囚。ノンフィクションに『人を殺すとはどういうことか』『死刑絶対肯定論』（共に新潮社、2011、2010）、『罪を償うということ』（小学館新書、2021）、『塀の中の残念なおとな図鑑』（主婦の友社、2021）、『日本と韓国・北朝鮮未解決問題の真相』（育鵬社、2020）、『中国共産党大解体』（ビジネス社、2021）、『女子高生サヤカが学んだ「1万人に1人」の勉強法』（小学館文庫、共著、2016）、『天晴！な日本人』（ワニプラス、2024）ほか小説など多数あり。現在 live door と note にて「無期懲役囚　美達大和のブックレビュー」で歴史、偉人伝、政治、投資、その時々のトピックス、仕事について各種企画公開中。

百折不撓を生きる　明治編

高潔・無私をみごとに生き切った明治の10人

2024年12月13日　第1版 第1刷発行

著　者　　美達 大和
発行者　　柳町 敬直
発行所　　株式会社 敬文舎
〒160-0023　東京都新宿区西新宿 3-3-23
ファミール西新宿 405号
電話　03-6302-0699（編集・販売）
URL　http://k-bun.co.jp
印刷・製本　中央精版印刷株式会社

造本には十分注意をしておりますが、万一、乱丁、落丁本などがございましたら、小社宛てにお送りください。送料小社負担にてお取替えいたします。

Printed in Japan ISBN978-4-911104-08-8